Psychologie der Dienstleistung

Wirtschaftspsychologie

Psychologie der Dienstleistung
von Prof. Dr. Friedemann W. Nerdinger

Herausgeber der Reihe:
Prof. Dr. Heinz Schuler

Psychologie der Dienstleistung

von
Friedemann W. Nerdinger

Prof. Dr. Friedemann W. Nerdinger, geb. 1950. 1977–1982 Studium der Psychologie in München. 1989 Promotion. 1994 Habilitation. Seit 1995 Professor für Wirtschafts- und Organisationspsychologie an der Universität Rostock. Forschungsschwerpunkte: Psychologie der Dienstleistung, Arbeitszufriedenheit und Motivation, Partizipative Unternehmenskultur und Innovation.

Bibliografische Information der Deutschen Nationalbibliothek
Die Deutsche Nationalbibliothek verzeichnet diese Publikation in der Deutschen Nationalbibliografie; detaillierte bibliografische Daten sind im Internet über http://dnb.d-nb.de abrufbar.

© 2011 Hogrefe Verlag GmbH & Co. KG
Göttingen · Bern · Wien · Paris · Oxford · Prag · Toronto
Cambridge, MA · Amsterdam · Kopenhagen · Stockholm
Rohnsweg 25, 37085 Göttingen

http://www.hogrefe.de
Aktuelle Informationen · Weitere Titel zum Thema · Ergänzende Materialien

Das Werk einschließlich aller seiner Teile ist urheberrechtlich geschützt. Jede Verwertung außerhalb der engen Grenzen des Urheberrechtsgesetzes ist ohne Zustimmung des Verlags unzulässig und strafbar. Das gilt insbesondere für Vervielfältigungen, Übersetzungen, Mikroverfilmungen und die Einspeicherung und Verarbeitung in elektronischen Systemen.

Gesamtherstellung: Hubert & Co, Göttingen
Printed in Germany
Auf säurefreiem Papier gedruckt

ISBN 978-3-8017-2352-1

Vorwort

Vor über 15 Jahren habe ich ein Buch mit dem Titel „Zur Psychologie der Dienstleistung" veröffentlicht – ein Thema, das damals noch recht ungewöhnlich war. Die Idee hinter einer Psychologie der Dienstleistung war folgende: Im Kern von Dienstleistungen steht die Begegnung zwischen zwei Menschen, dem Dienstleister (Kundenkontaktmitarbeiter) und seinem Kunden (Klienten, Patienten etc.). Diese beiden Personen produzieren gemeinsam die Leistung, für die der Kunde zahlt. Die Qualität der Interaktion zwischen den beiden Produzenten entscheidet demnach über das Gelingen bzw. das Scheitern des Produkts „Dienstleistung". Im Zentrum dieses Tätigkeitsfeldes steht also ein (sozial-)psychologisches Phänomen – die Interaktion zwischen Menschen. In diesem Merkmal unterscheiden sich Dienstleistungen von den meisten gewerblichen Tätigkeiten und erfordern daher eine eigenständige psychologische Untersuchung.

Sofern diese Überlegungen richtig sind, sollte die Psychologie Wesentliches zum Verständnis der Tätigkeit „Dienstleistung" beisteuern können. Als ich mich daran machte, die Literatur daraufhin zu sondieren, was denn die Psychologie bis dato zur Erforschung dieses Feldes beigetragen hatte, war ich sehr erstaunt, wie wenig genuin psychologische Untersuchungen zu finden waren. Deshalb musste ich mich damals weitgehend darauf konzentrieren, die psychologisch relevanten Fragestellungen des Feldes herauszupräparieren. Dabei half mir ein einfaches Modell, das die Struktur der Beziehung zwischen Dienstleister, Kunde und Dienstleistungsunternehmen beschreibt.

Vor einiger Zeit wurde an der Universität Rostock ein Master-Studiengang „Dienstleistungsmanagement" eingeführt, zu dem mein Lehrstuhl u.a. ein Modul zur Personalführung beisteuert. Für die Führung von Mitarbeitern mit Kundenkontakt ist das Wissen um die Zusammenhänge, die eine Psychologie der Dienstleistung beschreibt, zentral. Daher habe ich versucht, dieses Feld – das ich natürlich von Seiten der Forschung seit dem ersten Versuch nicht mehr aus den Augen verloren habe – neu aufzubereiten. Im Vergleich zu meinem ursprünglichen Ansatz haben sich mir bei diesem Unterfangen zwei grundlegende Erkenntnisse aufgedrängt: Zum einen wurde in den letzten 15 Jahren – speziell im angelsächsischen Sprachraum, aber auch in Deutschland – außerordentlich intensiv über psychologische Aspekte von Dienstleistungen geforscht. Das hat es erfordert, gegenüber dem ursprünglichen Buch eine große Zahl völlig neuer Inhalte aufzunehmen und die nach wie vor aktuellen Fragestellungen vollständig neu zu konzipieren. Dabei hat sich aber, und das war die zweite – sehr erfreuliche – Erkenntnis, das damals entwickelte Strukturmodell weiterhin als tragfähig erwiesen: Die meisten neuen Forschungen lassen sich problemlos in diese Struktur integrieren. Die Struktur dessen, was ich einmal als „Psychologie der Dienstleistung" konzipiert habe, leitet deshalb auch das vorliegende Buch, obwohl sich die konkreten Inhalte ganz erheblich gewandelt, vor allem weiter entwickelt haben.

Da dieses Buch nicht zuletzt für Studierende im Master-Studium gedacht ist, wird darin großer Wert auf den Stand der Forschung sowie die etwas ausführlichere Darstellung einzelner empirischer Untersuchungen gelegt. Ziel ist es, das vorliegende Wissen zu systematisieren und dabei auch zu verdeutlichen, wie dieses Wissen zustande gekommen ist (was immer zugleich auf die Grenzen des Wissens verweist). Darüber hinaus will das Buch auch allen interessierten Wissenschaftlern sowie den mit diesen Fragen befassten Praktikern – wobei in erster Linie an Führungskräfte, Marketing- und Human-Resource-Manager im Dienstleistungsbereich, aber auch alle professionell in diesem Bereich tätigen Psychologen bzw. Sozialwissenschaftler zu denken ist – einen wissenschaftlich fundierten Überblick über den Stand der Forschung vermitteln.

Um dieses Ziel zu erreichen, habe ich einige Unterstützung erfahren, für die ich mich an dieser Stelle bedanken möchte. Zunächst gilt der Dank meinen Mitarbeitern, die mich im Rahmen eines Forschungsfreisemesters so weit entlastet haben, dass ich mich dieser angenehmen Aufgabe intensiv widmen konnte. Besonders bedanken möchte ich mich bei Frau Dr. Christina Neumann, die alle mit dem Buch verknüpften Dienstleistungen souverän organisiert und die letzten Formatierungen des Textes sehr gründlich ausgeführt hat. Frau Ulrike Wolf danke ich für die Erstellung der Abbildungen, Frau Anika Radder für das äußerst sorgfältige Lektorat und die vielen hilfreichen Hinweise aus Sicht der Master-Studium-Kundigen. Den letzten formalen Feinschliff hat das Manuskript durch Herrn Dr. Jörg Zimmermann erhalten – dafür herzlichen Dank. Mein ganz besonderer Dank gilt meiner Frau Jutta, die wie immer den notwendigen social support geliefert hat, ohne den so ein Buch nicht entstehen kann.

Rostock, im Herbst 2010

Friedemann W. Nerdinger

Inhaltsverzeichnis

Teil I: Grundlagen 11

1   Ökonomische Bedeutung und das Definitionsproblem 13

2   Klassifikationen von Dienstleistungsbranchen 16

3   Mitarbeiter- und Kundenzufriedenheit: Die Service-Profit-Chain 21

4   Das Feld einer Psychologie der Dienstleistung 23

Teil II: Dienstleistungsdyade 25

5   Modell der Dienstleistungsdyade 27

6   Die Person des Dienstleisters 31
6.1   Persönlichkeitsmerkmale von Dienstleistern 31
6.2   Einstellung zur Tätigkeit: das Konzept der Kundenorientierung 36
6.3   Verhalten im Kundenkontakt 41
6.3.1   Rollenverhalten 41
6.3.1.1 Konzepte der Rollentheorie und Dienstleistungsskripts 41
6.3.1.2 Rollenkonflikte 43
6.3.2   Instrumentelles Verhalten 47
6.3.2.1 Formen des Arbeitsverhaltens 47
6.3.2.2 Produktives Verhalten: Anpassung an Kunden und Umgang mit Beschwerden 49
6.3.2.3 Extraproduktives Verhalten: Organizational Citizenship Behavior 56
6.3.2.4 Kontraproduktives Verhalten: Service-Sabotage 60
6.3.3   Soziales Verhalten 65
6.3.3.1 Sprechhandlungen, Kommunikation und Kommunikationsstil 65
6.3.3.2 Rapportstiftendes Verhalten 70
6.3.4   Die Relation von instrumentellem zu sozialem Verhalten 74
6.4   Grundlegende Anforderungen: Emotionsarbeit 76
6.4.1   Emotionspsychologische Grundlagen 76
6.4.2   Konzepte der Emotionsarbeit 78
6.4.3   Strategien der Emotionsarbeit 80
6.5   Konsequenzen für den Dienstleister 86
6.5.1   Burnout und Emotionsarbeit 87
6.5.2   Wirkungen in Abhängigkeit von den Regulationsstrategien 90
6.5.3   Dienstleistungsarbeit und Stress 93

7	Die Person des Kunden	98
7.1	Erwartungen an die Dienstleistung	98
7.2	Zufriedenheit mit der Dienstleistung	100
7.2.1	Das Konzept „Kundenzufriedenheit"	100
7.2.2	Antezedens: Dienstleistungsqualität	103
7.2.3	Konsequenzen: Bindung und ökonomische Folgen	105
7.2.4	Einflüsse von Emotionen und Stimmungen	108
7.3	Einflüsse anderer anwesender Kunden	112
7.4	Wahrnehmung der Ko-Produktion	116
8	Interaktion zwischen Dienstleister und Kunde	119
8.1	Begriff und Formen der Interaktion	119
8.2	Einfache Formen der Interaktion: emotionale Ansteckung	122
8.3	Komplexe Formen der Interaktion: abweichendes Kundenverhalten und seine Folgen	126
8.3.1	Bedingungen und Formen abweichenden Kundenverhaltens	127
8.3.1.1	Aggressives Verhalten von Kunden	127
8.3.1.2	Sexuelle Belästigung von Mitarbeiterinnen im Kundenkontakt	129
8.3.2	Die Wirkung auf Dienstleister: kognitiv-emotionale Theorie der Kundenungerechtigkeit	132
8.3.3	Taktiken im Umgang mit abweichendem Kundenverhalten	135
8.3.4	Konsequenzen abweichenden Kundenverhaltens	137

Teil III: Dienstleistungstriade 141

9	Modell der Dienstleistungstriade	143
10	Die Beziehung Organisation zu Kunde	145
10.1	Der Dienstleistungs-Marketing-Mix	145
10.2	Beeinflussung des Erlebens durch Raumgestaltung	147
10.3	Steuerung des Zeiterlebens	152
11	Die Beziehung Organisation zu Mitarbeiter	159
11.1	Funktionen und Determinanten des Verhaltens im Kontakt mit Kunden	159
11.2	Interventionsmöglichkeiten aus Sicht der Organisation	163
11.2.1	Auswahl	163
11.2.1.1	Persönlichkeitsbasierte Tests	163
11.2.1.2	Die ökonomische Bedeutung der Auswahl	166
11.2.2	Führung	168
11.2.2.1	Dimensionen des Führungsverhaltens	169
11.2.2.2	Transformationale Führung von Dienstleistern	171
11.2.3	Training	175
11.2.3.1	Training sozialer Fähigkeiten: Techniken des Tiefenhandelns	176
11.2.3.2	Training von Servicequalitätsführern	178
11.2.4	Arbeitsgestaltung: Produktionsansatz vs. Empowerment	180

11.2.5   Dienstleistungsklima 184
11.2.5.1 Dienstleistungsklima und seine Folgen 185
11.2.5.2 Antezedenzen des Dienstleistungsklimas 188
11.2.5.3 Gestaltung des Dienstleistungsklimas 190

Literatur 193

Teil I: Grundlagen

1 Ökonomische Bedeutung und das Definitionsproblem

Bereits im Jahre 1954 hat Fourastié Dienstleistungen als „die große Hoffnung des 20. Jahrhunderts" bezeichnet (Fourastié, 1954; vgl. zum Folgenden Nerdinger, 2005a, 2007a). Seine Hoffnung basierte auf ökonomischen und gesellschaftlichen Entwicklungen in den hoch industrialisierten Ländern, die sich zu dieser Zeit kaum erahnen ließen. Hinter der programmatischen Aussage verbarg sich nicht weniger als die Prognose der völligen Umstrukturierung entwickelter Industriegesellschaften, die sich anhand der weit verbreiteten Gliederung von Volkswirtschaften in drei Sektoren verdeutlichen lässt. Der *primäre Sektor* – auch als „Urproduktion" bezeichnet – umfasst nach dieser Konzeption Land- und Forstwirtschaft, Viehzucht und Fischerei. Zum *sekundären Sektor* der industriellen Produktion zählen in erster Linie die metallverarbeitenden Industrien sowie Bergbau, Energiewirtschaft und Handwerk. Verbleibt eine Restkategorie, der *tertiäre Sektor*, die sämtliche Dienstleistungen umfasst.

Nach Fourastié (1954) ist der Übergang von der vorindustriellen zur industriellen Gesellschaft durch eine Abnahme der Beschäftigung im primären Sektor bei gleichzeitiger Zunahme im sekundären Sektor gekennzeichnet. Dieser Wandel war bei der Veröffentlichung der Prognose bereits weitgehend vollzogen. Für die zweite Hälfte des 20. Jahrhunderts prognostizierte er einen weiteren, noch dramatischeren Wandel von der industriellen zur Dienstleistungsgesellschaft. Demnach sollte es im sekundären Sektor zunächst zur Stagnation und dann zu einer stetigen Abnahme der Beschäftigung kommen, für den Dienstleistungssektor erwartete er dagegen ein überproportionales Wachstum der Arbeitskräfte. Für das Jahr 2000 prognostizierte Fourastié, dass ca. 80% der Beschäftigten im tertiären Sektor arbeiten werden, eine Prophezeiung, die sich annähernd erfüllt hat: In den USA machte der Anteil des tertiären Sektors zu diesem Zeitpunkt bereits nahezu 80% aus, in Deutschland waren es knapp 70%. Seitdem setzt sich dieser Trend – wenn auch abgeschwächt – in der Bundesrepublik Deutschland weiter fort (vgl. Abbildung 1).

Im Jahre 1970 waren rund 45% der damals 26,6 Millionen Erwerbstätigen in der Bundesrepublik Deutschland im tertiären Sektor beschäftigt, 2007 waren es bereits 72% von 39,8 Millionen Erwerbstätigen (inkl. der Neuen Bundesländer). Dieser Entwicklung in den Beschäftigtenzahlen entspricht auch die damit verbundene Veränderung der ökonomischen Bedeutung des tertiären Sektors. Im Jahre 1970 haben der sekundäre und der tertiäre Sektor jeweils ca. 48% zur Bruttowertschöpfung beigetragen, 2007 lag der Anteil des produzierenden Gewerbes nur noch bei 30%, der Dienstleistungssektor steuerte dagegen 69% zur Bruttowertschöpfung bei (das ist natürlich auch auf die in diesem Zeitraum zu beobachtende, zunehmende Zahl von Ausgründungen vormals unternehmensinterner Dienstleistungen in eigene, rechtlich selbstständige Unternehmen zurückzuführen; Statistisches Bundesamt, 2009).

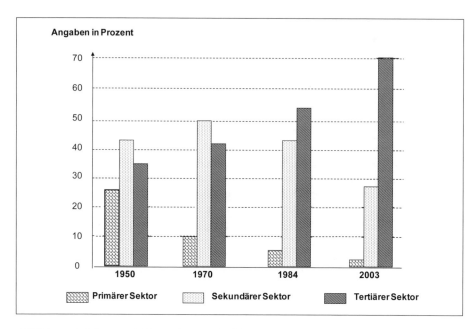

Abbildung 1: Die Entwicklung der Beschäftigung in den Sektoren der deutschen Volkswirtschaft (seit 1990 inkl. der Neuen Bundesländer; Statistisches Bundesamt, 2009)

Ein zentrales Problem bei der Interpretation dieser Entwicklung bildet die Frage, was unter dem tertiären Sektor zu verstehen ist. In der Statistik wird dem tertiären Sektor alles zugeschlagen, was nicht eindeutig zum primären oder sekundären Sektor zählt (vgl. Statistisches Bundesamt, 2009, S. 7):

- Handel,
- Gastgewerbe,
- Verkehr und Nachrichtenübermittlung,
- Kredit- und Versicherungsgewerbe,
- Grundstücks- und Wohnungswesen, Vermietung beweglicher Sachen, Erbringung von sonstigen wirtschaftlichen Dienstleistungen,
- Gebietskörperschaften und Sozialversicherungen,
- Erziehung und Unterricht,
- Gesundheits-, Veterinär- und Sozialwesen,
- Sonstige öffentliche und persönliche Dienstleistungen.

Diese heterogenen Branchen und Leistungen bilden in der volkswirtschaftlichen Statistik den tertiären Sektor der Dienstleistungen. Dienstleistungen haben nach dieser Klassifikation den Charakter einer residualen Sammelkategorie, in die alles eingeordnet wird, was sich in den gängigen Sektoren der Ur- bzw. gewerblichen Produktion nicht unterbringen lässt. Das ist auf eine Reihe von Besonderheiten zurückzuführen, in denen sich Dienstleistungen von Produkten unterscheiden (vgl. Ryan & Ployhart, 2003; Meffert & Bruhn, 2009). Als zentrale Merkmale von Dienstleistungen werden am häufigsten genannt:

1. *Intangibilität* bzw. *Immaterialität*: Dienstleistungen sind materiell nicht greifbare Güter. Dieses Merkmal führt u.a. dazu, dass Kunden Schwierigkeiten bei der Bewertung der Qualität von Dienstleistungen haben.
2. *Uno-actu-Prinzip*: Produktions- und Konsumtionsprozesse fallen räumlich und zeitlich zusammen, wobei der Kunde an der Erstellung der Leistung mehr oder weniger beteiligt ist. Für Dienstleistungsunternehmen resultiert daraus eine Einschränkung des Leistungsangebots, Dienstleistungen sind aufgrund dieses Prinzips nicht lager- und transportfähig und der Leistungsfähigkeit sind zeitliche (und körperliche) Grenzen gesetzt.

Diese Merkmale von Dienstleistungen sind letztlich auf *(sozial-)psychologische* Qualitäten der Erstellung von Dienstleistungen zurückzuführen: Aus psychologischer Sicht steht im Zentrum einer Dienstleistung die Interaktion zwischen Anbieter und Kunde[1], zwischen der Person des Dienstleistungsgebers (im Folgenden *Dienstleister* genannt) und der Person des Dienstleistungsnehmers, d.h. dem *Kunden* (vgl. Nerdinger, 2005a). Die eigentliche Leistung bilden demnach die Handlungen des Anbieters, wobei die Erstellung der Leistung immer eine gewisse Beteiligung des Kunden erfordert. Das ist der entscheidende Grund für die Schwierigkeit der wirtschaftswissenschaftlichen Disziplinen, eine umfassende, allgemein anerkannte Definition von Dienstleistungen zu entwickeln.

Im Sinne einer Arbeitsdefinition werden im Folgenden unter Dienstleistungen „selbstständige, marktfähige Leistungen [verstanden], die mit der Bereitstellung und/oder dem Einsatz von Leistungsfähigkeiten (z.B. Friseurleistungen) verbunden sind. Interne (z.B. Geschäftsräume, Personal, Ausstattung) und externe Faktoren (also solche, die nicht im Einflussbereich des Dienstleisters liegen) werden im Rahmen des Erstellungsprozesses kombiniert. Die Faktorenkombination des Dienstleistungsanbieters wird mit dem Ziel eingesetzt, an den externen Faktoren, an Menschen (z.B. Kunden) und deren Objekten (z.B. Auto des Kunden) nutzenstiftende Wirkungen (z.B. Inspektion beim Auto) zu erzielen" (Meffert & Bruhn, 2009, S. 19). Die Schwerfälligkeit dieser Definition lässt die großen Probleme erahnen, mit denen sich diejenigen herumschlagen, die versuchen, das äußerst heterogene Feld der Dienstleistungen begrifflich zu fassen. Zur besseren Handhabung diese Heterogenität wird häufig versucht, das Feld durch Klassifikationen zu strukturieren.

---

[1] Hier ist der Hinweis vonnöten, dass allein aus sprachlich-ästhetischen Gründen mit der männlichen Form immer auch alle Kundinnen, Dienstleisterinnen, Mitarbeiterinnen … gemeint sind.

2 Klassifikationen von Dienstleistungsbranchen

Aus betriebswirtschaftlicher Sicht hat die Frage, wie die Qualität einer Dienstleistung von den Kunden eingeschätzt wird, entscheidende Bedeutung für die Steuerung der Produktion bzw. des Absatzes. Aufgrund der Intangibilität bzw. Immaterialität von Dienstleistungen lässt sich deren Qualität aber kaum bzw. sehr viel schwerer als im Falle von Produkten beurteilen. Zeithaml (1981) hat diese Problematik verdeutlicht, indem sie drei Arten der Qualität unterscheidet: Prüf-, Erfahrungs- und Vertrauensqualitäten (vgl. Abbildung 2).

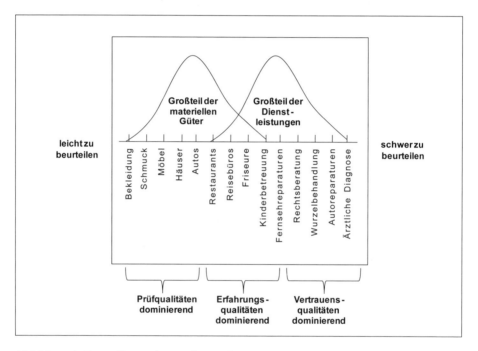

Abbildung 2: Beurteilungsschema für Sachgüter und Dienstleistungen (nach Zeithaml, 1981)

1. *Prüfqualitäten* bezeichnen Eigenschaften (von Produkten), die der Kunde bereits vor dem Kauf beurteilen kann;
2. *Erfahrungsqualitäten* können erst während oder nach dem Kauf und der Nutzung bewertet werden;
3. *Vertrauensqualitäten* entziehen sich generell der Beurteilung durch den Kunden, da ihnen jegliche Expertise zur Beurteilung der Leistung fehlt.

Wie in Abbildung 2 dargestellt, sind Produkte überwiegend durch Prüfqualitäten gekennzeichnet. Bei Dienstleistungen, die sich auf „Objekte" beziehen, wird die Leistung, die in diesem Fall häufig als *Kern-Dienstleistung* bezeichnet wird, durch Erfahrungsqualitäten dominiert. Bei touristischen Dienstleistungen kann das die Reise als solche sein, bei einem Abendessen die Qualität der Speisen oder bei der Friseurdienstleistung die neue Frisur. Die Qualität einer Rechtsberatung oder einer ärztlichen Diagnose kann dagegen kaum ein Kunde kompetent beurteilen, hier muss er mehr oder weniger dem Experten vertrauen. Solche Dienstleistungen sind demnach durch Vertrauensqualitäten charakterisiert.

Diese Klassifikation zielt in erster Linie auf den Unterschied bestimmter Dienstleistungen gegenüber Produkten, über die psychologisch relevante Frage der Qualität der Tätigkeiten in den entsprechenden Feldern wird damit noch wenig ausgesagt. Zur Strukturierung des heterogenen Feldes der Dienstleistungen ist aus dieser Sicht ein anderes Merkmal sehr viel besser geeignet: die Rolle der *Interaktion* zwischen Dienstleister und Kunde bei der Erstellung der Dienstleistung. Aufgrund der Art und der Intensität der Interaktion zwischen Dienstleister und Kunde kann das Feld des tertiären Sektors in unterstützend-interaktive, problemorientiert-interaktive und persönlich-interaktive Dienstleistungen unterteilt werden (Klaus, 1984).

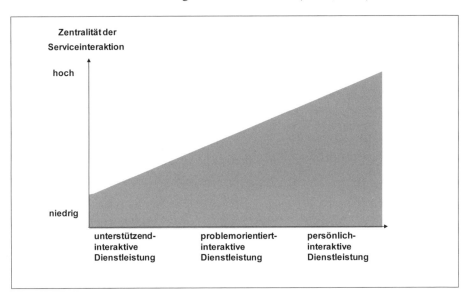

Abbildung 3: Interaktionsbezogene Klassifikation der Dienstleistungen (in Anlehnung an Klaus, 1984)

1. Bei *unterstützend-interaktiven* Dienstleistungen ist das Objekt der Leistung häufig ein Sachgut, das der Kunde einbringt – Beispiele sind die Leistungen von Reparaturwerkstätten oder Autowaschstraßen. Der Prozess der Leistungserstellung erfolgt im Wesentlichen durch den Einsatz von Maschinen, die Interaktion zwischen Mitarbeiter und Kunde unterstützt diesen Prozess: häufig ist die Interaktion auf die Auftragsannahme und die Herausgabe des Sachgutes beschränkt.

2. Bei der Produktion *problemorientiert-interaktiver* Dienstleistungen werden die zur Leistungserstellung notwendigen Informationen entweder indirekt über verschiedene Medien oder im direkten Kontakt durch den Kunden vermittelt. Beispiele dafür bilden Anwaltsbüros oder Werbeagenturen. Der Kunde steuert in diesen Fällen durch seine Vorstellungen und Wünsche die Produktion der Dienstleistung in starkem Maße, daher hat die Qualität der Interaktion entscheidenden Einfluss auf das Ergebnis.
3. Bei *persönlich-interaktiven* Dienstleistungen bildet die Person des Kunden das Objekt der Leistungserstellung – Beispiele sind die Leistungen von Friseuren, Physiotherapeuten, psychotherapeutische Behandlungen oder Weiterbildungsveranstaltungen. Die Dienstleistung besteht in diesem Fall in der Einwirkung auf den intellektuellen, emotionalen und/oder physischen Bereich des Kunden, die produzierte Leistung erschöpft sich weitgehend in der Interaktion mit dem Dienstleister.

Für eine Psychologie der Dienstleistung sind die persönlich-interaktiven Tätigkeiten besonders wichtig, da hier der wesentliche Teil der beruflichen Tätigkeit in der Interaktion mit dem Kunden besteht. Bei den unterstützend-interaktiven und den problemorientiert-interaktiven Dienstleistungen interessieren dagegen in erster Linie diejenigen Tätigkeiten, die das *Kundenkontaktpersonal* in direkter Interaktion mit den Kunden verrichtet. In diesen Fällen kann die Analyse der Interaktion zwar nicht die ganze Dienstleistung bzw. ihr Ergebnis erklären, der Ablauf der Begegnung zwischen Dienstleister und Kunde hat aber einen mehr (problemorientiert-interaktiv) oder weniger (unterstützend-interaktiv) großen Einfluss auf das Ergebnis der Dienstleistung.

Die Klassifikation von Klaus (1984) thematisiert nur die Rolle der Interaktion im Rahmen der Dienstleistung, welche Formen sich aus dem Kontakt zwischen Dienstleister und Kunde entwickeln können, darüber wird nichts ausgesagt. Gutek (1995, 1999; vgl. auch Gutek, Bhappu, Liao-Troth & Cherry, 1999) unterscheidet in Bezug auf Dienstleistungen drei Formen des Kontakts: Begegnungen, Beziehungen und Pseudobeziehungen.
1. *Begegnungen* bestehen aus einer isolierten Interaktion zwischen einem Dienstleister und einem Käufer, die beiden verbindet keine gemeinsame Vergangenheit und keiner der Beteiligten erwartet, dem anderen in der Zukunft wieder zu begegnen. In diesem Fall ist nach Gutek (1995) das Verhalten beider Akteure allein vom ökonomischen Selbstinteresse geleitet. Kunden erleben das Verhalten des Dienstleisters daher als strategisch geprägt, weshalb sie in bloßen Begegnungen mit einem gewissen Misstrauen interagieren (zum Problem strategischen Verhaltens im Rahmen von Beratungen vgl. Jonas, Kauffeld & Frey, 2007; Kauffeld, Jonas & Schneider, 2009).
2. *Beziehungen* liegen vor, wenn Dienstleister und Käufer bereits einige Erfahrungen miteinander haben und auch in Zukunft geschäftlichen Kontakt erwarten. In diesem Fall soll nach Gutek (1995; 1999) das ökonomisch definierte Selbstinteresse, das zu rein opportunistischem Verhalten führen kann, durch eine gemeinsam geteilte Interessensbasis überwunden werden (zur Frage, welche Kunden überhaupt eine Beziehung zu Dienstleistern erwarten, vgl. Danaher, Conroy & McColl-Kennedy, 2008).

3. Schließlich kommt es bei *Pseudobeziehungen* zu wiederholten Kontakten zwischen einem Kunden und einer Dienstleistungsorganisation, aber nicht notwendig zu denselben Mitarbeitern der Organisation. In diesem Fall werden zwar keine wiederholten Interaktionen mit einer bestimmten Person erwartet, es besteht aber eine gewisse Vertrautheit mit dem Unternehmen, die an eine Beziehung gemahnt. Diesen Eindruck verstärkt die Erwartung, auch künftig mit dem Unternehmen in Kontakt zu kommen.

Die analytisch entwickelte Klassifikation von Gutek (1995) muss allerdings vor dem Hintergrund empirischer Befunde modifiziert werden. Beetles und Harris (2010) werten den Grad der Intimität als entscheidendes Merkmal einer Beziehung. *Intimität* definieren sie als die wiederkehrende Präferenz für eine warme, enge, kommunikative Interaktion mit anderen, in der ein interpersonaler Austausch als Selbstzweck und nicht als Mittel für andere Zwecke erlebt wird. In einer qualitativen Befragung von 30, nach den demografischen Merkmalen breit gestreuten Konsumenten bestätigt sich die so verstandene Intimität als Basis einer Beziehung. Intimität mit größeren Unternehmen ist aber nach Aussage der Befragten undenkbar, sodass die Pseudobeziehungen, die ja per definitionem mit größeren Unternehmen bestehen sollten, kaum als Beziehungen im engeren Sinne zu qualifizieren sind. Bei echten Beziehungen unterscheiden die Befragten wiederum in soziale, physische, emotional-psychologische und sexuelle Intimität.

Soziale Intimität entsteht durch die Preisgabe persönlicher Informationen, die das „normale" Maß eines geschäftlichen Austauschs übersteigen – die Befragten nennen hier als Beispiele die Beziehung zu ihrem Pub oder zu einem kleinen Zigarettenladen, mit deren Besitzern sie auch über persönliche Dinge sprechen. *Physische* Intimität entsteht durch den häufigen körperlichen Kontakt z.B. mit dem Physiotherapeuten oder dem Friseur – die für solche Dienstleistungen notwendige Verletzung des persönlichen Raums setzt ein besonderes Vertrauensverhältnis voraus, das die Anforderungen an soziale Intimität deutlich übersteigt. *Emotional-psychologische* Intimität bezieht sich auf die Preisgabe intimer Informationen, die mit dem Dienstleister besprochen werden, weil dessen Meinung zu entsprechenden Fragen als besonders wertvoll eingestuft wird. Als Beispiele werden hier wieder Friseure, aber auch Schönheitschirurgen genannt. Schließlich erläutern zwei befragte Männer auch die *sexuelle* Intimität, die bei ihren Kontakten mit Prostituierten für sie Voraussetzung für eine erwünschte Beziehungsform ist.

Diese Spezifizierung der Kontaktsituation hat Auswirkungen auf die psychologische Bedeutung der jeweiligen Interaktion: Während Begegnungen im Sinne von Gutek (1995) von den Dienstleistern häufig nahezu automatisch und relativ unpersönlich abgewickelt werden, erfordern berufliche Dienstleistungsbeziehungen ein bestimmtes Maß an Vertrauen, das je nach dem dabei relevanten Grad der Intimität variiert bzw. spezifische Formen annimmt. Der jeweiligen Intimität muss sich der Dienstleister aber erst durch sein aufmerksames und verlässliches Verhalten würdig erweisen. In Pseudobeziehungen hat wiederum die Organisation ein basales Interesse, dass der Kunde einen positiven Eindruck von den Kundenkontaktmitarbeitern erhält, die in diesem Fall in erster Linie als Repräsentanten der Organisation wahrgenommen werden. Entsprechend sollte in solchen Fällen die Organisation großen Wert auf die Schulung des aus ihrer Sicht wünschenswerten Verhaltens legen. Ob diese Bemühungen bei großen Unternehmen Erfolg haben, scheint aber durchaus fraglich – zumindest das Gefühl der Intimität wird sich auf diesem Wege wohl nicht einstellen.

Mit welcher Klassifikation man an das Problem der Dienstleistungen auch herangeht, in jedem Fall bildet der Mitarbeiter die Schnittstelle zwischen der Organisation und den Kunden. Die psychologische und ökonomische Bedeutung dieser Schnittstelle und damit der hier interessierenden Tätigkeiten im Kundenkontakt lässt sich anhand der Service-Profit-Chain veranschaulichen.

3 Mitarbeiter- und Kundenzufriedenheit: Die Service-Profit-Chain

Nach dem ursprünglichen Konzept der *Service-Profit-Chain* von Heskett, Jones, Loveman, Sasser und Schlesinger (1994; vgl. Heskett & Sasser, 2010) hat die interne Dienstleistungsqualität im Sinne aller für die Aufgabenerfüllung relevanten betrieblichen Prozesse, die auf den Mitarbeiter mit Kundenkontakt wirken, entscheidende Folgen für dessen (Un-)Zufriedenheit. Mitarbeiterzufriedenheit wirkt auf die Mitarbeiterbindung – zufriedene Mitarbeiter fühlen sich eher an das Unternehmen gebunden – und die Produktivität. Unter Produktivität wird in diesem Modell die Qualität des Verhaltens im Kundenkontakt verstanden. Mitarbeiterbindung und -produktivität führen zur externen Servicequalität, d.h. zur von den Kunden wahrgenommenen Qualität der Dienstleistung. Bewerten die Kunden die Qualität der Dienstleistung positiv, sind sie auch zufrieden. Die Kundenzufriedenheit führt zur Bindung des Kunden an das Unternehmen, die sich in seiner Loyalität gegenüber dem Unternehmen zeigt. Kundenbindung hat wiederum Auswirkungen auf das Ertragswachstum und die Profitabilität der Unternehmung. Die von den Autoren vermuteten Beziehungen veranschaulicht Abbildung 4.

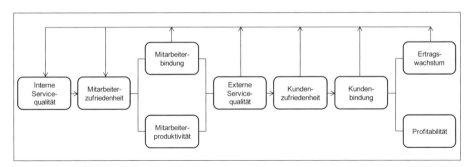

Abbildung 4: Die Service-Profit-Chain (in Anlehnung an Heskett et al., 1994)

Abgesehen von den Ergebnissen, die über die betriebswirtschaftlichen Größen Ertragswachstum und Profitabilität erfasst werden, bestehen alle Elemente dieses Konzepts aus *psychologischen* Variablen. *Mitarbeiterzufriedenheit* resultiert demnach aus einer positiven Bewertung der von den Mitarbeitern wahrgenommenen Unterstützung durch die Organisation, die *interne Servicequalität*, wobei diese dem wichtigen psychologischen Konzept des Dienstleistungsklimas entspricht. *Mitarbeiterbindung* beschreibt das Commitment, das Mitarbeiter gegenüber der Organisation erleben. *Mitarbeiterproduktivität* bezieht sich auf das Verhalten der Mitarbeiter, das darauf gerichtet ist, die Wünsche und Bedürfnisse des Kunden adäquat zu befriedigen. Erfüllt die Leistung der Mitarbeiter die Erwartungen des Kunden, bewerten die

Kunden die Dienstleistungsqualität positiv (*externe Servicequalität*). Eine solche positive Bewertung führt zur *Kundenzufriedenheit* und in deren Folge zur *Kundenbindung*. Die Kundenbindung äußert sich in der Loyalität gegenüber dem Unternehmen und bewirkt, dass die vom Unternehmen angebotenen Dienstleistungen in der Zukunft mit großer Wahrscheinlichkeit wieder gekauft werden. Daraus leiten sich positive ökonomische Konsequenzen ab, weshalb diese Kette als Service-Profit-Chain bezeichnet wird.

Für diese ursprünglich theoretisch konstruierten Zusammenhänge finden sich mittlerweile viele empirische Belege (vgl. zusammenfassend und erweiternd Homburg, Wieseke & Hoyer, 2009; kritisch dazu: Gelade & Young, 2005). Aus Sicht der Psychologie ist an der Service-Profit-Chain der Zusammenhang zwischen Mitarbeiter- und Kundenzufriedenheit von besonderer Bedeutung, der in sehr vielen Studien untersucht wurde. In einer Metaanalyse über 42 Studien mit insgesamt fast 53.000 Befragten kommen Gerpott und Paukert (2011) zu einer korrigierten Korrelation zwischen Mitarbeiter- und Kundenzufriedenheit von .32 (wobei die Streuung in den Ergebnissen relativ hoch ist). Ein positiver Zusammenhang ist damit sehr gut belegt (eine psychologische Erklärung des Zusammenhangs bietet die Theorie der emotionalen Ansteckung; s.u. 8.2).

Darüberhinaus finden sich auch empirische Hinweise, dass Mitarbeiter mit Kundenkontakt die Qualitätswahrnehmung der Kunden gut einschätzen können. Das haben vor allem Benjamin Schneider und seine Mitarbeiter nachgewiesen. Erste empirische Belege haben sie im Rahmen von Untersuchungen im Finanzdienstleistungsbereich vorgelegt (Schneider, Parkington & Buxton, 1980; vgl. zusammenfassend: Nerdinger, 2007a). Kunden stuften ihr Urteil über die Qualität des Service in der jeweiligen Bank auf Skalen ein, Schalterangestellte haben auf den gleichen Skalen angegeben, wie ihre Kunden die Qualität des Service vermutlich bewerten. Die beiden Maße korrelieren in diesen Untersuchungen sehr hoch (.67; vgl. Schneider et al., 1980; in einer Replikationsstudie korrelieren die beiden Größen zu .63; vgl. Schneider & Bowen, 1985).

Schließlich fand sich auch ein substanzieller Zusammenhang zwischen der Qualitätswahrnehmung der Kunden und dem Dienstleistungsklima (s.u. 11.2.5), das im Sinne der Service-Profit-Chain als wahrgenommene interne Servicequalität zu interpretieren ist. In der Studie von Schneider et al. (1980) korrelierte das Dienstleistungsklima signifikant mit der Arbeitszufriedenheit der Dienstleister. Die Arbeitszufriedenheit der Dienstleister korreliert wiederum mit der von den Kunden wahrgenommenen Dienstleistungsqualität und der Kundenzufriedenheit (neuere Untersuchungen zeigen, dass die Identifikation der Mitarbeiter mit ihrem Unternehmen ähnliche Wirkungen hat wie ihre Arbeitszufriedenheit; vgl. Homburg et al., 2009).

Aus diesen Zusammenhängen lässt sich der Grundgedanke einer Psychologie der Dienstleistung entwickeln: In der Interaktion zwischen Dienstleister und Kunde wird nicht nur die Leistung produziert, vielmehr bestimmt der Verlauf der Interaktion auch die Wahrnehmung der Dienstleistungsqualität durch die Kunden und ihre Zufriedenheit. Diese, für den ökonomischen Erfolg zentralen Merkmale werden durch die Person des Dienstleisters und ihrem Verhalten in der Interaktion beeinflusst, wobei ihre Zufriedenheit mit ihrer Organisation, ihren Vorgesetzten und Merkmalen der Tätigkeit auf die Kunden übertragen wird.

4 Das Feld einer Psychologie der Dienstleistung

Der Interaktion zwischen Dienstleister und Kunde kommt sowohl psychologisch als auch ökonomisch entscheidende Bedeutung für den Erfolg der Dienstleistung zu. Dienstleister und Kunden bilden den Kern des Phänomens, das sich als *Dienstleistungsdyade* bezeichnen lässt (Nerdinger, 1994). Es gilt daher die beiden zentralen Akteure und die Prozesse, die ihr Erleben und Verhalten bestimmen, zu untersuchen. Als empirische Wissenschaft vom menschlichen Erleben und Verhalten (von Rosenstiel & Nerdinger, 2011) ist dafür die Psychologie zuständig. Eine *Psychologie der Dienstleistung* untersucht also zunächst die Determinanten des Erlebens und Verhaltens der Mitarbeiter mit Kundenkontakt. Das im Kundenkontakt gezeigte Verhalten beschreibt die wesentlichen Aspekte der Arbeit der Dienstleister, entsprechend kann dieser Teil der Analyse dem Feld der *Arbeitspsychologie* zugeordnet werden. Eine spezielle Arbeitspsychologie für eine bestimmte Klasse von Dienstleistungen – die dialogisch-interaktiven Dienstleistungen – hat Hacker (2009) entwickelt. In deren Zentrum steht die Frage der psychischen Regulation der in solchen Dienstleistungen geforderten Arbeitshandlungen, die hier vorgelegten Überlegungen zu einer Psychologie der Dienstleistung konzentrieren sich dagegen stärker auf die sozialpsychologischen Aspekte dieser Tätigkeiten und auf die Formen der Einflussnahme der Organisation auf die Akteure.

Mit Blick auf den Kunden geht es ebenfalls um deren Erleben und Verhalten, speziell um die Frage, wie Kundenzufriedenheit entsteht und welche Größen Einfluss auf die Wahrnehmung der Dienstleistungsqualität haben. Mit Blick auf die ökonomisch orientierte Steuerung des Kundenverhaltens wird damit das Feld des Dienstleistungsmarketing beschrieben. Geht die Analyse von der Person des Kunden aus, kann die entsprechende Forschung der *Markt-* bzw. allgemein der *Wirtschaftspsychologie* zugeordnet werden. Für die Produktion der Dienstleistung ist letztlich entscheidend, wie die beiden Akteure miteinander interagieren. Soziale Interaktionen zählen allgemein zum Forschungsfeld der (Mikro-)Soziologie, liegt der Fokus auf den Akteuren und den personalen Determinanten der Interaktion, bilden sie ein wesentliches Forschungsfeld der *Sozialpsychologie*.

Eine Vielzahl von Dienstleistungen wird von Unternehmen angeboten. Für Dienstleistungsunternehmen ist es entscheidend, die Interaktion zwischen den Akteuren möglichst in ihrem Sinne zu beeinflussen. Damit wird die Organisation zum dritten Akteur in der Dienstleistungsbeziehung, die sich zu einer *Dienstleistungstriade* erweitert (Nerdinger, 1994). Die Kundenkontaktmitarbeiter werden von den Unternehmen durch eine Vielzahl von Aktivitäten beeinflusst, die gewöhnlich dem Bereich der Personalwirtschaft bzw. allgemein dem Bereich des Management zugeordnet werden. Analysiert man die Wirkung dieser Aktivitäten aus der Sicht der Mitarbeiter, werden damit zentrale Forschungsfelder der *Organisationspsychologie* thematisiert. Wie bereits erwähnt sind alle Aktivitäten der Organisation, die sich darauf richten, das Verhalten des Kunden zu steuern, Thema des Dienstleistungsmarketing. Werden diese Steuerungsversuche aus der Sicht der Kunden analysiert, liegt dieses Feld im Schnittpunkt verschiedener psychologischer Disziplinen, vor allem der *Marktpsychologie* (Kundenzufriedenheit als Ergebnis der Interventionen), der *Umweltpsychologie* (mit Bezug auf den Einfluss der Gestaltung des Raums, in dem die Interaktion stattfindet, auf die Einstellung und das Verhalten der Kunden) bzw. der *Sozialpsychologie* (das Interaktionssetting als raum-zeitliche Determinante des Verhaltens beider Interaktionspartner).

Eine Psychologie der Dienstleistung rekonstruiert die psychologischen Aspekte dieses Feldes aus Sicht verschiedener, angewandt-psychologischer Disziplinen, der Arbeits- und Organisationspsychologie, der Wirtschafts- und Marktpsychologie, der Sozial- und Umweltpsychologie. Das Feld der Dienstleistungen kann aber heute nur noch *interdisziplinär* bearbeitet werden. Als ökonomisches Phänomen ist es natürlich zunächst ein Forschungsgegenstand der Betriebswirtschaftslehre, speziell des Dienstleistungsmanagement bzw. des Dienstleistungsmarketing. Unter der ökonomischen Makroperspektive wird es zum Gegenstand der Volkswirtschaftslehre, als gesellschaftliches Phänomen erfordert es soziologische Forschung. Wird aber das Erleben und Verhalten der Akteure betrachtet, so handelt es sich in erster Linie um ein psychologisches Phänomen. Die Grenzen der Disziplinen sollten aber nicht zu sehr betont werden, letztlich arbeiten alle an Fragestellungen, die aufeinander bezogen sind. Entsprechend werden im Folgenden auch wichtige Beiträge nicht-psychologischer Disziplinen zum hier umrissenen Forschungsfeld aufgearbeitet, sofern sie das Erleben und Verhalten der Akteure thematisieren – ohne die geringste Absicht, die Kolleginnen und Kollegen anderer Wissenschaftsdisziplinen für die Psychologie zu vereinnahmen.

Teil II: Dienstleistungsdyade

5 Modell der Dienstleistungsdyade

Bei den hier im Zentrum der Analyse stehenden Dienstleistungstätigkeiten handelt es sich um entgeltliche Lösungen der Probleme von Kunden, die persönliche Kommunikation mit dem Dienstleister erfordern (Nerdinger, 1994, 2005a, 2007a). Gewöhnlich gehen Kunden wegen eines Problems zu einem Dienstleister, um im Tausch gegen finanzielle Mittel eine Lösung ihres Problems zu erhalten. Damit ist die ökonomische Basis der Beziehung benannt, die Transaktion „Leistung (Problemlösung) gegen Geld". Psychologisch zentral ist die Frage, *wie* die gegen Geld getauschte Leistung erbracht wird. Aus dieser Sicht sind alle Leistungen von besonderer Bedeutung, die Kunde und Dienstleister gemeinsam erstellen. Solche Leistungen erfordern zwischen den beiden Akteuren eine Interaktion, die gewöhnlich – aber nicht notwendigerweise immer – face-to-face abläuft.

Die Aufgabe des Dienstleisters ist es, die Probleme des Kunden zu lösen. Dies erwartet sowohl der Kunde, als auch – sofern der Dienstleister abhängig beschäftigt ist – das Unternehmen. Das Verhalten des Dienstleisters lässt sich daher zunächst als Rollenverhalten verstehen. Als Rolle wird ein Bündel normativer Erwartungen bezeichnet, die an den Inhaber einer bestimmten sozialen Position gerichtet sind. Die Position im sozialen System wird dabei in erster Linie über den Beruf bzw. die ausgeübte Tätigkeit festgelegt. Die rollentheoretische Analyse des Verhaltens eröffnet die Möglichkeit, die zahlreichen psychologischen Konflikte, die mit der Bewältigung von Dienstleistungen verbunden sind, als Rollenkonflikte zu analysieren. Beim Rollenverhalten können schließlich noch zwei Formen unterschieden werden: auf die Lösung der anstehenden Probleme gerichtete instrumentelle, rein technische Handlungen und auf die Persönlichkeit des Interaktionspartners gerichtete soziale Handlungen. Die Struktur der Begegnung zwischen Dienstleister und Kunde veranschaulicht idealtypisch Abbildung 5.

Das *Problem* gehört dem Kunden, was durch die verbundene Linie angedeutet wird. Problem ist hier im weitesten Sinne zu verstehen: Dabei kann es sich um Objekte des Kunden handeln, die einer Reparatur bedürfen; es können Probleme sein, zu deren Lösung der Dienstleister die adäquaten Produkte anzubieten hat, und natürlich zählen auch körperliche und psychische Probleme dazu. Dabei muss dem Kunden noch nicht einmal bewusst sein, dass er ein Problem hat. Manchmal gehört es zur Aufgabe eines Dienstleisters, dem – in diesem Falle potenziellen – Kunden überhaupt erst klar zu machen, dass er ein Problem hat. Das ist es, was z.B. Versicherungsvertreter und Verkäufer mehr oder weniger erfolgreich praktizieren.

In jedem Fall ist es die Aufgabe des Dienstleisters, die Probleme des Kunden zu lösen – das wird durch den einseitig gerichteten, durchgezogenen Pfeil in Abbildung 5 veranschaulicht. Diese Aufgabe erfordert von Dienstleistern technische Kompetenzen, sie müssen die notwendigen, für die Lösung des Problems *instrumentellen* Handlungen beherrschen. Dazu zählt z.B. das Heraussuchen der vom Kunden gewünschten Brötchen durch eine Backwarenverkäuferin, das Steuern des Autos durch den Taxifahrer, das Abhören der Lunge durch den Arzt genauso wie die Fragen nach der Kindheit des Klienten, die ein Psychotherapeut im Rahmen einer Behandlung mit dem Ziel der Diagnose von Problemursachen stellt. Bei der Ausführung instrumenteller Handlungen ist der Dienstleister auf die Zusammenarbeit mit dem Kunden angewiesen, d.h. letzterer ist mehr oder weniger an der Leistungserstellung beteiligt. Das wird in Abbildung 5 durch den gestrichelten Pfeil angedeutet. Die Leistungserstellung verlangt also eine bestimmte Form der Kooperation zwischen den beiden Akteuren, die auf das Ziel der Problemlösung abgestimmt ist. Dieses Merkmal von Dienstleistungen – die gemeinsame Produktion der Leistung durch den Mitarbeiter und den Kunden – wird auch als *Ko-Produktion* bezeichnet (Voß & Rieder, 2005; Hacker, 2009).

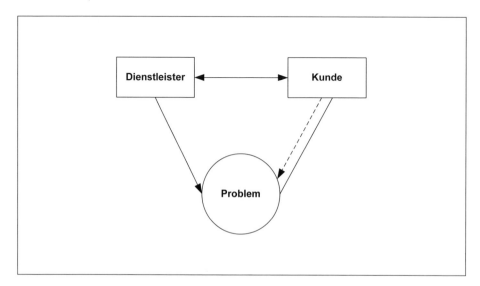

Abbildung 5: Modell der Dienstleistungsdyade (Nerdinger, 1994)

Der Begriff Ko-Produktion verdeutlicht, dass Dienstleister und Kunde nur gemeinsam ein bestimmtes Ziel erreichen können – nur wenn der Patient in der Physiotherapie allen Anweisungen folgt und alle ihm aufgetragenen Übungen ordentlich durchführt, werden sich seine Verspannungen lösen; nur wenn der Schüler im Unterricht mitarbeitet, wird er etwas lernen; nur wenn der Klient seine Probleme und Konflikte ehrlich benennt, wird die Psychotherapie Erfolg haben. Diese Formen der Ko-Produktion bezeichnet Hacker (2009) als *unerlässliche* Mitarbeit des Kunden und unterscheidet davon Formen *erlässlicher* Mitarbeit. Im Rahmen von Dienstleistungen mit erlässlicher Ko-Produktion werden dem Kunden aus rein ökonomischen Interessen vom Unternehmen Arbeiten übertragen. Dazu zählen z.B. alle Formen der Selbstbedienung – im Geschäft, an Automaten, im Internet etc. –, die es dem Unternehmen letztlich ermöglichen, Personal (Dienstleister) zu sparen. Während die erlässlichen Formen der Ko-Produktion dem Kunden mehr oder weniger aufgezwungen werden, verlangen es die unerlässlichen Formen, dass sich der Dienstleister an den Erwartungen, Zielen und Wünschen des Kunden orientiert und diesen zur Mitarbeit motiviert bzw. ihn überhaupt erst zur kompetenten Kooperation befähigt.

Um diese Zusammenarbeit realisieren zu können, müssen beide Akteure als Persönlichkeiten in Beziehung treten, was in Abbildung 5 durch einen wechselseitigen Pfeil veranschaulicht wird. Gelegentlich beschränken sich die damit bezeichneten *sozialen* Handlungen auf rituelle Achtungsbezeugungen vor der Persönlichkeit des anderen, wichtiger ist die gewöhnlich auf der Ebene sozialen Handelns stattfindende kommunikative Abstimmung. Durch solche sozialen Handlungen wird eine Beziehungsebene im kommunikationspsychologischen Sinn definiert (Blickle, 2004; Nerdinger, 2005a, 2007a).

Die beiden Verhaltensebenen – die instrumentelle und die soziale – finden sich in verschiedenen Analysen beruflicher Interaktionen wieder, wobei jeweils unterschiedliche Begrifflichkeiten gewählt werden. In der Klassifikation von Gutek (1995, 1999; Gutek et al., 1999) findet sich eine ähnliche Idee in der Unterscheidung zwischen Begegnung und Beziehung: in Begegnungen dominieren instrumentelle Handlungen, in Beziehungen soziale Handlungen. Clark und Mills (1993) postulieren zwei Formen der Beziehung – die gemeinschaftliche und die Austauschbeziehung. Bei der Austauschbeziehung ist die Interaktion darauf ausgerichtet, eine Aufgabe zu erfüllen. Erwartet wird, dass für alles, was gegeben wird, unvermittelt in vergleichbarer Höhe Entschädigung erfolgt. Für die gemeinschaftlich orientierte Beziehung ist dagegen der Wunsch nach sozialer Zugehörigkeit und die Erwartung wechselseitiger Bedürfnisbefriedigung charakteristisch. Wer in einer gemeinschaftlichen Form interagiert, bemüht sich um die Person des Interaktionspartners im Vertrauen darauf, dass dieser sich im Sinne der Reziprozität dafür erkenntlich zeigen wird (Cialdini, 2007).

In ganz ähnlicher Weise unterscheiden Leigh und McGrew (1989; vgl. Nerdinger, 2001b) bei der Analyse des Verkaufsprozesses zwei kognitive Skripts. Ein kognitives *Skript* ist nach Abelson (1981) „[...] eine Struktur, die für einen bestimmten Kontext, eine Situation [...] angemessene Ereignis- oder Verhaltenssequenzen abbildet. Es bezieht sich auf stilisierte oder standardisierte (ritualisierte) Alltagssituationen wie Essengehen im Restaurant, Einkaufen im Supermarkt [...] Situationen, in denen das Verhalten (und das räumlich-materiale Arrangement) bestimmten kulturellen Konventionen folgt und daher nur geringe Spielräume bietet" (Kruse, 1986, S. 143). Im persönlichen Verkauf kann ein professionelles Skript, das alle rein geschäftsbezogenen Handlungen beschreibt, von einem persönlichen Skript unterschieden werden, das u.a. Begrüßung, Lächeln, Händeschütteln oder auch den angemessenen Einsatz von Small Talk umfasst.

An der Idee, Interaktionen durch zwei Skripts zu beschreiben, orientieren sich schließlich auch Vilnai-Yavetz und Rafaeli (2003). Nach ihrer Meinung haben alle Interaktionen eine gemeinsame Struktur, die zwei unterschiedliche Elemente umfasst: das Gerippe und das Gewebe. Mit diesen Metaphern werden zwei Skripts beschrieben, die im Wesentlichen das in jeder Interaktion geforderte instrumentelle, auf die Aufgabenlösung gerichtete Verhalten und das begleitende soziale Verhalten umfassen. Das *Gerippe*, d.h. das instrumentelle Verhalten der Interaktionspartner, bildet den essenziellen Inhalt der Austauschbeziehung, das *Gewebe* im Sinne des sozialen Verhaltens kann das Gerippe nicht ersetzen, sondern ist unabdingbar damit verknüpft. Entsprechend verbessern oder beeinträchtigen die damit beschriebenen sozialen Verhaltensweisen die Qualität des Erlebens der Interaktion. Obwohl das Konzept von Vilnai-Yavetz und Rafaeli (2003) sich im Detail durchaus von der hier vorgestellten Konzeption unterscheidet, beschreiben die Metaphern „Gerippe" und „Gewebe" das Verhältnis von instrumentellem und sozialem Verhalten sehr treffend. Vor allem wird damit verdeutlicht, dass in der realen Interaktion beide Ebenen untrennbar verbunden sind (vgl. Hacker, 2009). Werden diese Ebenen im Folgenden analysiert, d.h. aufgegliedert, dann nur, um ein besseres Verständnis der einzelnen Elemente des Handelns und ihres Zusammenwirkens zu erzielen.

Die grundlegenden psychologischen Annahmen sowie die wichtigsten empirischen Forschungsergebnisse zu den beteiligten Akteuren, ihrem jeweiligen Verhalten und der zwischen ihnen ablaufenden Interaktion werden in den nächsten Kapiteln dargestellt.

6 Die Person des Dienstleisters

Im Kern des (Dienstleistungs-)Geschehens steht die Person des Dienstleisters, d.h. die Person, die – beruflich selbständig oder als Vertreter einer Dienstleistungsorganisation – mit dem Kunden in Kontakt tritt. Im Folgenden werden wesentliche empirische Erkenntnisse zur Persönlichkeit, den Einstellungen (der Kundenorientierung) sowie über das Verhalten der Dienstleister im Kontakt mit Kunden diskutiert.

6.1 Persönlichkeitsmerkmale von Dienstleistern

Der Begriff *Persönlichkeit*, der umgangssprachlich ganz selbstverständlich verwendet wird, erweist sich bei wissenschaftlicher Betrachtung als äußerst abstrakt und nur relativ schwer fassbar. Zur Beschreibung von Mitmenschen werden im alltäglichen Leben Attribute wie „intelligent, faul, hilfsbereit, konservativ, spießig ..." verwendet – die Reihe ließe sich beliebig verlängern. Damit werden Eigenschaften von Menschen bezeichnet, wobei Konsistenzen in einem interindividuell variierenden Verhalten über verschiedene Situationen unterstellt werden (Stemmler, Hagemann, Amelang & Bartussek, 2010). Den Ausgangspunkt bildet die Beobachtung eines Verhaltens, das z.B. als „intelligent" eingestuft wird – eine Eigenschaft, in der sich Menschen unterscheiden (d.h. die Eigenschaft variiert interindividuell). Gleichzeitig wird damit ausgesagt, der besagte Mensch würde sich auch in anderen Situationen intelligent verhalten, sein Verhalten sei demnach in verschiedenen Situationen konsistent.

Persönlichkeitseigenschaften lassen sich aber nicht direkt beobachten, vielmehr wird aus konkret beobachtbarem Verhalten auf eine dahinter liegende Eigenschaft geschlossen. Ein solcher Schluss erfolgt aufgrund des Wissens um oder der Erwartung von bestimmten Verhaltensweisen, der sich auf Dispositionen, d.h. Verhaltensbereitschaften bezieht. Eigenschaften oder – wie in Anlehnung an die angloamerikanische Forschung häufig gesagt wird – *traits* werden also aus Verhalten erschlossen und beziehen sich auf überdauernde Merkmale der Person (demgegenüber beschreiben *states* aktuelle Zustände der Befindlichkeit eines Menschen). Damit können Persönlichkeitseigenschaften definiert werden als relativ breite und zeitlich stabile Dispositionen zu bestimmten Verhaltensweisen, die konsistent in verschiedenen Situationen auftreten (Stemmler et al., 2010).

Persönlichkeit bezeichnet die einzigartige Struktur von Eigenschaften, die jeden einzelnen Menschen kennzeichnet und seine Individualität ausmacht. Die Persönlichkeitspsychologie hat lange Zeit alle nur denkbaren Eigenschaften untersucht mit dem Ziel, die menschliche Persönlichkeit beschreiben zu können – ohne allzu großen Erfolg. Erst die faktorenanalytische Untersuchung einer Vielzahl vorliegender Befunde hat gezeigt, dass sich Persönlichkeit relativ sparsam durch fünf Eigenschaften beschreiben lässt. Diese werden auch als das *Fünf-Faktoren-Modell* der Persön-

lichkeit bzw. als die *Big Five* bezeichnet werden (Borkenau & Ostendorf, 2008; Stemmler et al., 2010). Die fünf Faktoren lassen sich so umschreiben:
1. *Gewissenhaftigkeit* unterscheidet ordentliche, zuverlässige, hart arbeitende, disziplinierte, pünktliche, penible, ehrgeizige und systematische von nachlässigen und gleichgültigen Personen. Diese Eigenschaft umfasst sowohl Aspekte der Verlässlichkeit (ordentlich, zuverlässig etc.) als auch der Leistungsorientierung (hart arbeitend, ehrgeizig etc.).
2. *Extraversion:* extravertierte Menschen sind gesellig, aktiv, energisch, gesprächig, personenorientiert, herzlich, optimistisch und heiter, sie mögen Anregungen und Aufregungen. Auch Extraversion lässt sich in Unterkategorien aufspalten: Geselligkeit und Einfluss auf andere.
3. *Neurotizismus*: häufig wird diese Eigenschaft auch mit dem positiven Gegenpol als „emotionale Stabilität" bezeichnet. Wer in Neurotizismus hohe Ausprägungen aufweist, neigt dazu, nervös, ängstlich, traurig, unsicher und verlegen zu sein und sich Sorgen um seine Gesundheit zu machen. Solche Menschen tendieren zu unrealistischen Ideen und sind weniger in der Lage, ihre Bedürfnisse zu kontrollieren und auf Stresssituationen angemessen zu reagieren.
4. *Verträglichkeit:* kennzeichnet altruistische, mitfühlende, verständnisvolle und wohlwollende Menschen. Sie neigen zu zwischenmenschlichem Vertrauen, zu Kooperation und Nachgiebigkeit und sie haben ein starkes Harmoniebedürfnis.
5. *Offenheit für Erfahrung:* erfahrungsoffene Menschen zeichnen sich durch hohe Wertschätzung für neue Erfahrungen aus, bevorzugen Abwechslung, sind wissbegierig, kreativ, fantasievoll und unabhängig in ihrem Urteil. Sie haben vielfältige kulturelle Interessen und interessieren sich für öffentliche Ereignisse.

Mount, Barrick und Stewart (1998) haben eine Metaanalyse der bis zu diesem Zeitpunkt vorliegenden Untersuchungen über den Zusammenhang zwischen Leistung und den fünf Persönlichkeitsfaktoren in Tätigkeiten, die interpersonale Interaktionen erfordern, durchgeführt. Es handelte sich um vier Untersuchungen in industriellen Teams und sieben Studien an Mitarbeitern in dyadischen Dienstleistungstätigkeiten. Die Leistung wurde dabei über Vorgesetztenbeurteilungen des Leistungsverhaltens (job performance) erhoben (vgl. Tabelle 1).

Während in Tätigkeiten, die Teamarbeit erfordern, vor allem Verträglichkeit (.33) und emotionale Stabilität (.27) mit der Leistung korrelieren, sind es bei dyadischen Dienstleistungstätigkeiten in erster Linie Gewissenhaftigkeit (.29) und Offenheit für Erfahrung (.17). Insgesamt lässt sich die Leistung in Tätigkeiten mit Teamarbeit durch die fünf Faktoren sehr viel besser vorhersagen als in dyadischen Dienstleistungstätigkeiten. Zudem finden sich hier deutlich unterschiedliche Zusammenhänge zwischen den einzelnen Persönlichkeitsmerkmalen und der Leistung. Während es bei Teamarbeiten wichtig ist, dass die Mitarbeiter gut miteinander auskommen (Verträglichkeit), sind in dyadischen Dienstleistungen Zuverlässigkeit und Engagement (Gewissenhaftigkeit) sowie die Offenheit, sich auf Neues – vermutlich in Form des Kontakts mit ständig wechselnden Menschen – einzulassen, sehr wichtig. Extraversion dagegen ist nahezu unkorreliert zur Leistung in Dienstleistungen. Zu beachten ist allerdings, dass diese Werte aufgrund der eher geringen Zahl von Studien noch nicht sehr stabil sind.

Tabelle 1: Metaanalyse des Zusammenhangs von Persönlichkeit und Leistung in Team- bzw. Dienstleistungstätigkeiten (beobachtet: gemessene Werte; korrigiert: um Unreliabilität in Prädiktor und Kriterium korrigierte Werte; nach Mount et al., 1998)

Variable	Koeffizienten-Anzahl	Stichproben-umfang	Geschätzte mittlere Korrelation	
			Beobachtet	Korrigiert
Daten über alle vier Studien zu Team-Tätigkeiten				
Gewissenhaftigkeit	4	678	.13	.21
Emotionale Stabilität	4	678	.16	.27
Verträglichkeit	4	678	.20	.33
Extraversion	4	678	.14	.22
Offenheit für Erfahrung	4	678	.10	.16
Daten über alle sieben Studien zu dyadischen Dienstleistungstätigkeiten				
Gewissenhaftigkeit	7	908	.20	.29
Emotionale Stabilität	7	908	.08	.12
Verträglichkeit	7	908	.09	.13
Extraversion	6	829	.05	.07
Offenheit für Erfahrung	6	829	.11	.17

Insgesamt gesehen sind die Zusammenhänge zwischen Persönlichkeitsmerkmalen und der Leistung im Dienstleistungsbereich eher gering. Das kann auf das Fünf-Faktoren-Modell zurückzuführen sein, das aufgrund seines umfassenden Anspruchs eine sehr allgemeine Persönlichkeitsstruktur beschreibt. Demgegenüber haben Hogan, Hogan und Busch (1984) vermutet, dass zwischen dem Verhalten in der Rolle als Dienstleister und einer speziellen Kombination von Persönlichkeitsmerkmalen, die sie als *Dienstleistungsorientierung* bezeichnen, ein direkter Zusammenhang besteht. Unter Dienstleistungsorientierung verstehen die Autoren die „nicht technische" Seite einer Dienstleistung – in der hier verwendeten Diktion also das soziale Verhalten –, die sich als Höflichkeit, Rücksichtnahme und Takt gegenüber Kunden äußert. Ein solches Verhalten setzt u.a. Sensibilität für die Bedürfnisse der Kunden und die Fähigkeit, angenehme und angemessene Kommunikation zu betreiben, voraus (Hogan et al., 1984). Diese Beschreibung der Dienstleistungsorientierung unterscheidet sich kaum von herkömmlichen Konzeptionen sozialer Kompetenz (Kanning, 2005), die Autoren glauben allerdings, dass Dienstleistungsorientierung auf eine bestimmte Persönlichkeitsstruktur zurückzuführen ist. Zu ihrer Erfassung legten sie einen Persönlichkeitstest – das Hogan Personality Inventory (HPI), das umgangssprachliche Eigenschafts-Begriffe zur Selbstbeschreibung auf sechs Skalen gruppiert – einer Stichprobe von Krankenschwestern vor und ließen gleichzeitig deren Vorgesetzte die am stärksten bzw. am wenigsten dienstleistungsorientierten Krankenschwestern benennen. Mitarbeiterinnen, die von ihren Vorgesetzten als dienstleistungsorientiert eingestuft wurden, zeichneten sich durch ein Syndrom von Angepasstheit (i.S. von Selbstkontrolle), Liebenswürdigkeit und der Bereitschaft, Regeln zu befolgen, aus. Diese Befunde hat Cran (1994) in anderen Dienstleistungsbereichen bestätigt, wobei in seinen Untersuchungen auch das Merkmal „Ehrgeiz" zu diesem Persönlichkeitssyndrom zählt.

Frei und McDaniel (1998) haben eine Metaanalyse verschiedener Studien durchgeführt, in denen das Konstrukt der Dienstleistungsorientierung mit den Skalen von Hogan et al. (1984), z.T. aber auch mit Skalen des Fünf-Faktoren-Modells erfasst wurde. Die Autoren kommen zu einer durchschnittlichen Korrelation dieses Clusters von Persönlichkeitsmerkmalen mit Vorgesetztenbeurteilungen des Arbeitsverhaltens in Höhe von .50. In dieser Studie zeigten allerdings Liebenswürdigkeit, emotionale Stabilität (als Gegenpol zu Neurotizismus) und Gewissenhaftigkeit den höchsten Zusammenhang mit Maßen der Dienstleistungsorientierung. Dabei ist zu beachten, dass Gewissenhaftigkeit durchaus Aspekte von Angepasstheit bzw. der Bereitschaft, Regeln zu folgen, erfasst. Die Untersuchung kann demnach zumindest als partielle Bestätigung der Bedeutung eines als Dienstleistungsorientierung bezeichneten Clusters von Persönlichkeitsmerkmalen bewertet werden.

Einen etwas anderen Zugang zum Problem des Zusammenhangs zwischen Persönlichkeit und Leistung wählten Ones und Viswesvaran (2001). Sie haben eine Reihe metaanalytischer Untersuchungen sogenannter COPS (criterion-focused occupational personality scales) durchgeführt, d.h. von Skalen, die für die Vorhersage spezieller Kriterien des beruflichen Erfolgs entwickelt wurden. In diesem Zusammenhang prüften sie auch Skalen zur Vorhersage des Kriteriums „Kunden gut bedienen". Dazu zählen die Skalen von Hogan et al. (1984), aber auch andere – vornehmlich kommerziell genutzte – Verfahren, die über verschiedene Persönlichkeitsmerkmale das Verhalten im Kundenkontakt vorhersagen wollen. Die Autoren haben zu diesem Zweck alle vorhandenen Untersuchungen, die zur Kriterienvalidierung durchgeführt wurden, analysiert. Als Kriterien wurden das Dienstleistungsverhalten, das kontraproduktive Verhalten im Sinne eines unternehmenschädigenden Verhaltens (Nerdinger, 2008b) sowie allgemeine Leistungsbeurteilungen durch die Vorgesetzten gewählt (zu letzterem fanden sich immerhin 33 Studien mit knapp 7000 Personen). Interessanterweise können solche Kundenservice-Skalen am besten das kontraproduktive Verhalten vorhersagen (mit einer um Unreliabilität im Kriterium korrigierten durchschnittlichen Korrelation von .42), gefolgt von der allgemeinen Leistung (.39) und dem spezifischen Verhalten im Kundenkontakt (.34). Demnach neigen Personen, die auf den entsprechenden Skalen hohe Werte in der Kundenorientierung erzielen, weniger zu einem Verhalten, das dem Unternehmen schadet. Zudem wird ihre allgemeine wie auch die speziell im Kundenkontakt gezeigte Leistung von den Vorgesetzten als gut eingeschätzt.

Zusammenfassend lässt sich sagen, dass aus dem Fünf-Faktoren-Modell die Faktoren Gewissenhaftigkeit und emotionale Stabilität sowie das als Dienstleistungsorientierung bezeichnete Syndrom von Persönlichkeitsmerkmalen die Leistung im Dienstleistungsbereich in durchaus beachtlicher Größe erklären können. Dabei handelt es sich um grundlegende Merkmale, in denen sich Menschen unterscheiden und die im Laufe des Lebens recht stabil bleiben – sie eignen sich daher für die gezielte Auswahl von Personen, die für Dienstleistungstätigkeiten geeignet sind. Dabei ist aber noch nicht eindeutig geklärt, ob diese Persönlichkeitsmerkmale direkt auf die Leistung wirken oder aber vermittelt über andere Variablen. Brown, Mowen, Donavan und Licata (2002) haben vermutet, dass Persönlichkeitsmerkmale nicht direkt auf die Leistung wirken, sondern (partiell) vermittelt über die Einstellung gegenüber der Arbeit, die sie als Kundenorientierung der Mitarbeiter bezeichnen. Sie untersuchten den unterstellten Zusammenhang an 280 Vorgesetzten und ihren Service-Mitarbeitern, die in 27 Restaurants rekrutiert wurden. Dabei haben die Mitarbeiter ihre Persönlichkeitsmerkmale und ihre eigene Leistung auf getesteten Skalen eingestuft, die Vorgesetzten bewerteten die Kundenorientierung und ebenfalls die Leistung ihrer Mitarbeiter. Überprüft wurde sowohl ein Modell, in dem alle Variablen durch die Kundenorientierung vermittelt werden, als auch eines, das eine teilweise (partielle) Vermittlung annimmt. Zudem wurde die Leistung sowohl in der Fremd- als auch der Selbsteinschätzung geprüft. Die beste Anpassung an die Modellstruktur weist das Modell der partiellen Vermittlung auf, das in Abbildung 6 dargestellt ist.

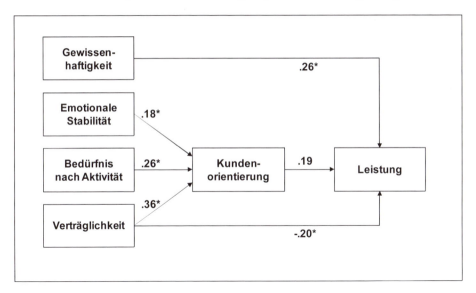

Abbildung 6: Die Wirkung der Persönlichkeit auf die berufliche Leistung (nach Brown et al., 2002); * p = .05

Demnach hat Gewissenhaftigkeit einen direkten Effekt auf die von den Vorgesetzten (und auch die von den Mitarbeitern selbst) eingeschätzte Leistung. Verträglichkeit wirkt sowohl über Kundenorientierung vermittelt als auch direkt auf die Leistung. Dass dieser direkte Effekt negativ ausfällt, ist überraschend – möglicherweise ruft die Verträglichkeit der Dienstleister in den Augen der Vorgesetzten auch ökonomisch nicht erwünschte Wirkungen hervor: zum Beispiel könnten sie nach Meinung der Vorgesetzten unangemessenen Kundenwünschen zu schnell nachgeben. Emotionale Stabilität und das Bedürfnis nach Aktivität wirken vermittelt über die von den

Vorgesetzten eingestufte Kundenorientierung auf die Leistung. Das Bedürfnis nach Aktivität wurde in dieser Untersuchung als spezielles Persönlichkeitsmerkmal berücksichtigt – zur Befriedigung der Bedürfnisse der Kunden in einem Kontext, der wie die hier untersuchten Restaurants von den Dienstleistern ein hohes Maß an (körperlicher) Aktivität erfordert, sollte dieses Bedürfnis eine wichtige motivationale Voraussetzung sein. Der Zusammenhang zwischen der von den Vorgesetzten eingestuften Kundenorientierung und der ebenfalls von ihnen eingestuften Leistung der Mitarbeiter verfehlt knapp die Signifikanz, dagegen findet sich zu der von den Mitarbeitern selbst eingeschätzten Leistung ein deutlicher, signifikanter Zusammenhang.

Mit dem Konzept der Kundenorientierung ist eine weitere psychologische Größe eingeführt, die allerdings nicht als Persönlichkeitsmerkmal, sondern als Einstellung zu interpretieren ist. Da eine Einstellung dem Verhalten konzeptuell näher steht als die eher abstrakt gefassten Persönlichkeitsmerkmale, ist es plausibel, dass die Kundenorientierung die Wirkung der Persönlichkeit auf die Leistung vermittelt. Das für die Dienstleistungsforschung zentrale Konzept der Kundenorientierung wird im Folgenden etwas genauer analysiert.

6.2 Einstellung zur Tätigkeit: das Konzept der Kundenorientierung

Kundenorientierung wird sowohl als Merkmal der Organisation (vgl. Bruhn, 2007) als auch der einzelnen Mitarbeiter betrachtet. Im Sinne eines Merkmals der Mitarbeiter handelt es sich um eine Einstellung (gelegentlich wird auch das durch eine solche Einstellung bestimmte Verhalten als Kundenorientierung bezeichnet, was nicht unbedingt zur begrifflichen Klarheit beiträgt; vgl. Hennig-Thurau, 2004). In einer ersten Näherung kann Kundenorientierung definiert werden als das Bestreben, die Bedürfnisse und Erwartungen der Kunden zu erkennen und sich zu bemühen, diese zu erfüllen (Nerdinger, 2003a; vgl. zum Folgenden auch Horsmann, 2005). Kundenorientierung zielt aus Sicht der Dienstleistungsorganisation auf die Erhöhung des Kundennutzens und den Aufbau stabiler Beziehungen zu den Kunden. Zu diesem Zweck muss Vertrauen aufgebaut werden, was am besten durch die kontinuierliche Zufriedenstellung des Kunden erfolgt. In dem Maße, in dem sich ein Mitarbeiter an den individuellen Wünschen und Bedürfnissen des Kunden orientiert, wird ihm dies besser gelingen.

Das erfordert von den Mitarbeitern eine spezifische Einstellung zum Kunden. Unter *Einstellungen* werden in der Sozialpsychologie zeitlich überdauernde Haltungen gegenüber Objekten verstanden, wobei diese Haltungen eine kognitive, eine affektive und eine verhaltensbezogene Komponente aufweisen (vgl. Eagly & Chaiken, 2005). Im Fall der Kundenorientierung bedeutet das: Die Einstellung gegenüber (der Arbeit mit) Kunden umfasst das Wissen über die Kunden (kognitive Komponente), die Gefühle, die Kunden auslösen (affektive Komponente) und die Bereitschaft, sich in einer bestimmten Weise gegenüber den Kunden zu verhalten (verhaltensbezogene Komponente). Kundenorientierung als Einstellung zum Kunden ist aus Sicht der Unternehmen für die Steuerung des Verhaltens der Mitarbeiter besonders wichtig, da sich Einstellungen – im Gegensatz zu Persönlichkeitsmerkmalen, die nur schwer modifizierbar sind – zumindest innerhalb eines bestimmten Rahmens verändern lassen.

Eine kundenorientierte Einstellung wird wiederum als entscheidende Determinante des kundenorientierten, d.h. an der Erfüllung der Wünsche und Bedürfnisse des Kunden orientierten Verhaltens gesehen. In Anlehnung an die bereits zitierte Untersuchung von Brown et al. (2002) erfordert eine solche Wirkung der Einstellung personale Voraussetzungen: Die Umsetzung von Kundenorientierung in entsprechendes Verhalten sollte zum einen beim Dienstleister *Selbstwirksamkeit* voraussetzen (Bandura, 1997), d.h. das notwendige Selbstvertrauen, um Kunden in der Interaktion zufriedenstellen zu können. Zum anderen sollten sie intrinsisch dazu motiviert sein. *Intrinsische Motivation* ist der Antrieb, der einer Aufgabe inhärent ist (im Gegensatz zur extrinsischen Motivation, bei der ein Mitarbeiter aufgrund der mit einer Aufgabe verbundenen Belohnungen handelt; Nerdinger, 2006). Intrinsische Motivation bedeutet in diesem Zusammenhang, es macht dem Dienstleister Freude, mit Kunden zu interagieren und sie zufriedenzustellen. Wie die Untersuchung von Brown et al. (2002) zeigt, vermittelt eine über diese personalen Voraussetzungen erfasste Kundenorientierung zwischen allgemeinen Persönlichkeitsmerkmalen und dem Verhalten der Mitarbeiter im Sinne ihrer Leistung.

Die Beziehung zwischen kundenorientierter Einstellung und kundenorientiertem Verhalten ist dabei differenzierter zu betrachten. Stock und Hoyer (2005) haben in einer Untersuchung des persönlichen Verkaufs vermutet, dass Kundenorientierung der Verkäufer zur Zufriedenheit der Kunden führt. Die Einstellung zum Kunden sollte dabei partiell über das Verhalten vermittelt werden, aber auch einen direkten Effekt auf die Zufriedenheit der Kunden haben. Zudem soll die Beziehung zwischen der Einstellung und dem Verhalten durch den Grad der vom Verkäufer erlebten *Autonomie* – der Möglichkeit, in der Tätigkeit selbständig Entscheidungen zu treffen – und seiner *Empathie* moderiert werden. Unter Empathie wird die Fähigkeit verstanden, sich in andere Menschen hineinzuversetzen und mitzufühlen, sowie die eigenen Gefühle zu erkennen und angemessen zu reagieren (in diesem Fall wurden nur die kognitiven Aspekte der Empathie berücksichtigt, die häufig auch als Fähigkeit zur Perspektivenübernahme bezeichnet werden; vgl. Parker & Axtell, 2001). Je geringer die Autonomie – d.h. in der Tätigkeit werden Autonomierestriktionen wahrgenommen – desto weniger sollte der Mitarbeiter in der Lage sein, sich an den Bedürfnissen der Kunden zu orientieren. Wenn es gelingt, die Serviceinteraktion mit den Augen des Kunden zu betrachten, sollten Dienstleister dessen Erwartungen besser erkennen und diese auch eher realisieren. Eine Untersuchung an 222 Paaren von Verkäufern und ihren Kunden bestätigt diese Vermutungen (vgl. Abbildung 7).

Nach den Befunden dieser Untersuchung findet sich ein direkter Effekt der Einstellung der Verkäufer auf die Zufriedenheit der Kunden, der sich durch die Theorie emotionaler Ansteckung erklären lässt (Nerdinger, 2009; vgl. Kapitel 8.2) – demnach sollte sich eine kundenorientierte Einstellung auch in den nonverbal gezeigten Emotionen ausdrücken, die wiederum positive Gefühle (Zufriedenheit) im Kunden auslösen können. Hohe kognitive Empathie beeinflusst die Beziehung zwischen Einstellung und Verhalten positiv, Restriktionen in der Autonomie wirken sich dagegen negativ aus. Den letztgenannten Befund haben Dormann, Spethmann, Weser und Zapf (2003) in einer Untersuchung von Mitarbeiterinnen in Arztpraxen bestätigt. Nach ihren Ergebnissen korrelieren Handlungsspielräume in der Interaktion mit Patienten positiv mit der von den Autoren als persönliche Dienstleistungsorientierung bezeichneten Einstellung (ein Konzept, das der Kundenorientierung im hier verwendeten Sinne entspricht).

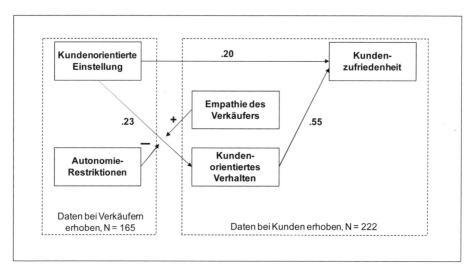

Abbildung 7: Der Zusammenhang zwischen der Einstellung „Kundenorientierung", kundenorientiertem Verhalten und der Kundenzufriedenheit (nach Stock & Hoyer, 2005); alle Pfade sign. für mind. p = .05

Auf die Bedeutung der kognitiven Empathiefähigkeit als Moderator der Beziehung zwischen Kundenorientierung der Mitarbeiter und der Zufriedenheit der Kunden verweist auch die Studie von Homburg, Wieseke und Bornemann (2009), in der die Auswirkungen des *Wissens um die Bedürfnisse des Kunden* (customer need knowledge) im Sinne der Fähigkeit, die Bedürfnisse des Kunden adäquat zu identifizieren, untersucht wurden. Die Autoren weisen in zwei groß angelegten Untersuchungen an Kunden, Angestellten und Managern einer Kette von Reisebüros nach, dass das Wissen um die Bedürfnisse des Kunden den Zusammenhang zwischen der Kundenorientierung der Mitarbeiter und der (kognitiven) Empathie mit der Kundenzufriedenheit vollständig vermittelt. Diese Befunde sind für die Steuerung von Dienstleistungen insofern wichtig, als sich durch das Training kundenorientierten Verhaltens die Fähigkeit zum Erwerb des notwendigen Wissens über Kundenbedürfnisse positiv beeinflussen lässt (vgl. Homburg et al., 2009).

Neben dem erwähnten Effekt der Autonomie sind auch noch weitere Wirkungen von Situationsmerkmalen zu beachten. So ist nach den Befunden von Grizzle, Lee, Zablah, Brown und Mowen (2009) ein *Klima der Kundenorientierung* in einer ganzen Geschäftseinheit – die Autoren haben Full-Service-Restaurants untersucht – entscheidend dafür, ob die kundenorientierte Einstellung des einzelnen Mitarbeiters auch zu einem entsprechenden Verhalten führt. Unter einem Klima der Kundenorientierung verstehen die Autoren den auf die Kunden fixierten Aspekt des Organisationsklimas, das wiederum definiert ist als die relativ überdauernde Qualität der inneren Umwelt der Organisation, die durch die Mitglieder erlebt wird, ihr Verhalten beeinflusst und durch die Werte einer bestimmten Menge von Merkmalen der Organisation beschrieben werden kann (von Rosenstiel & Nerdinger, 2011). Grizzle et al. (2009) können in ihrer Untersuchung zeigen, dass kundenorientiert eingestellte Mitarbeiter sich vor allem dann gemäß ihrer Einstellung verhalten, wenn sie in einer Geschäftseinheit arbeiten, in der ein Klima der Kundenorientierung vorherrscht. In einer Untersuchung an Ärzten, Sprechstundenhilfen und Patienten wurde ebenfalls eine Korrelation des Klimas der Kundenorientierung in der ärztlichen Praxis mit der Kundenorientierung der Mitarbeiter nachgewiesen (vgl. Egold, van Dick & Zapf, 2009). Demnach ist es nicht ausreichend, kundenorientierte Mitarbeiter auszuwählen, vielmehr müssen auch die Bedingungen in der betrieblichen Einheit so gestaltet werden, dass die Mitarbeiter ein auf den Kunden und seine Bedürfnisse ausgerichtetes Klima wahrnehmen. Zudem belegt die Untersuchung von Grizzle et al. (2009) einen Zusammenhang zwischen einem Klima der Kundenorientierung und dem Umsatz der Geschäftseinheit, wobei dieser Zusammenhang unabhängig von den Kosten ist. Ein Klima der Kundenorientierung hat demnach auch ökonomisch positive Auswirkungen.

Der Einfluss der Kundenorientierung von Mitarbeitern auf die Zufriedenheit von Kunden und die damit erwarteten ökonomischen Konsequenzen wurden seit den grundlegenden Untersuchungen von Benjamin Schneider und seinen Mitarbeitern immer wieder belegt (Schneider et al., 1980; Schneider & Bowen, 1985; vgl. Egold et al., 2009). Wie lässt sich diese Wirkung erklären? Nach einer Hypothese sollte Kundenorientierung zu verstärkter kognitiver Empathie bzw. Perspektivenübernahme führen. Unter *Perspektivenübernahme* wird die kognitive Fähigkeit, sich in andere Menschen hineinzuversetzen und deren Wahrnehmung eines Ereignisses nachzuvollziehen, verstanden (Batson, 1991; Parker & Axtell, 2001). Demzufolge sollte diese Fähigkeit auch die von den Kunden wahrgenommene Dienstleistungsqualität beeinflussen. In einer Untersuchung an 141 Call-Center-Agenten haben Axtell, Parker, Holman und Totterdell (2007) herausgefunden, dass Kundenorientierung – definiert als internalisierte Überzeugung der Bedeutung kundenorientierten Verhaltens für die eigene Tätigkeit – die wichtigste Bedingung der Perspektivenübernahme ist. Diese korreliert sehr eng mit der Bereitschaft, Kunden zu helfen.

Darüber hinaus hat Kundenorientierung auch indirekte Wirkungen auf das Verhalten und die Einstellung von Kundenkontaktmitarbeitern. Nach Babakus, Yavas und Ashill (2009) kann Kundenorientierung dysfunktionale Wirkungen der Anforderungen der Aufgabe im Dienstleistungsbereich abpuffern und somit zum Wohlbefinden der Mitarbeiter beitragen. Donovan, Brown und Mowen (2004) haben Auswirkungen der Kundenorientierung auf die Einstellungen und Reaktionen auf die Arbeit von Kundenkontaktmitarbeitern untersucht. Nach ihrer Hypothese sollte Kundenorientierung die Passung zwischen der Person und der Organisation (Person-Organisation-Fit) beeinflussen, wobei dieser Zusammenhang durch die Kontakthäufigkeit moderiert wird (je mehr Kontakte mit dem Kunden die Aufgabenerfüllung erfordert, desto enger ist dieser Zusammenhang). Die Passung zwischen Person und Organisation soll wiederum die Arbeitszufriedenheit und das Commitment, d.h. die

Bindung an die Organisation, positiv beeinflussen. Außerdem wirkt sie auch positiv auf das freiwillig gezeigte, soziale Verhalten gegenüber Kollegen und Kunden – dieses Verhalten wurde über die Dimension „Altruismus" erhoben, die einen Aspekt des Organizational Citizenship Behavior (OCB) erfasst. Mit OCB wird ein Verhalten beschrieben, das über das vom Unternehmen geforderte freiwillig hinausgeht (vgl. Organ, 1988; Organ, Podsakoff & MacKenzie, 2005). Diese Hypothesen konnten die Autoren in einer Studie an Mitarbeitern von 12 Restaurants einer gehobenen Kette im Wesentlichen bestätigen (vgl. Abbildung 8).

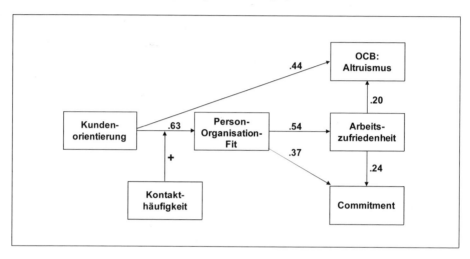

Abbildung 8: Wirkungen der Kundenorientierung auf Einstellungen und Verhalten von Kundenkontaktmitarbeitern (nach Donovan et al., 2004); alle Pfade sign. für mind. $p = .05$

Kundenorientierung wirkt positiv auf den wahrgenommenen Fit zwischen Person und Organisation und – darüber vermittelt – auf die Arbeitszufriedenheit und das Commitment. Diese Wirkungen sind bei Mitarbeitern, die häufiger in direkten Kontakt mit Kunden kommen, stärker ausgeprägt als bei den Mitarbeitern, die weniger Zeit mit Kunden verbringen (sign. Moderation in Abbildung 8 durch „+" angedeutet) – demnach muss die Tätigkeit auch hinreichende Möglichkeiten bieten, die Kundenorientierung zu praktizieren, damit sie positive Wirkungen entfalten kann. Zudem besteht ein direkter Einfluss der Kundenorientierung auf den altruistischen Aspekt des Organizational Citizenship Behavior, d.h. kundenorientierte Mitarbeiter verhalten sich gegenüber Kunden spontan hilfsbereit, ohne dies als Teil der vorgeschriebenen Arbeitsaufgabe zu sehen.

Eine positive Einstellung zu Kunden – im Sinne der Kundenorientierung – ist nach den vorliegenden Erkenntnissen eine wesentliche Voraussetzung für ein Verhalten im Kontakt mit dem Kunden, das diesen zufriedenstellt. Darüber hinaus scheint es auch positiv auf die Person des Dienstleisters – sein Wohlbefinden, seine Arbeitszufriedenheit und sein Commitment – zu wirken, vor allem wenn sie sich in Einklang mit ihrer Arbeitssituation erlebt. Angesichts dieser großen Bedeutung ist es erstaunlich, dass bislang nur sehr wenige Erkenntnisse zur Frage, wie Mitarbeiter eine entsprechende Einstellung zu Kunden entwickeln, vorliegen (vgl. dazu Horsmann, 2005). Immerhin legt u.a. die erwähnte Studie von Homburg et al. (2009) nahe, dass sich durch Training eine entsprechende Einstellung beeinflussen lässt (vgl. auch Neumann, 2011).

6.3 Verhalten im Kundenkontakt

Den Ausgangspunkt der Dienstleistungserstellung bilden ein Problem des Kunden und seine Erwartung, dass Dienstleister gegen Bezahlung bereit sind, ihre Fähigkeiten und Fertigkeiten zur Lösung seiner Probleme bereitzustellen. Im Falle von Dienstleistungen, die von Organisationen angeboten werden, entspricht dies der Erwartung, die Führungskräfte an ihre Mitarbeiter richten. Das Verhalten der Dienstleister im Kontakt mit den Kunden kann in einer ersten Näherung als durch solche Erwartungen gesteuert verstanden werden. Unter diesem Blickwinkel handelt es sich um Rollenverhalten, daher werden zunächst einige zentrale Konzepte der Rollentheorie eingeführt. Die Perspektive der Rollentheorie ermöglicht es, einige grundlegende Probleme der Tätigkeit im Dienstleistungsbereich als Rollenkonflikte zu analysieren.

Im konkret gezeigten Verhalten des Dienstleisters lassen sich zwei grundlegende Formen unterscheiden - instrumentelles und soziales Verhalten. Unter instrumentellem Verhalten werden alle auf die Lösung der Probleme von Kunden gerichteten Handlungen gefasst (Nerdinger, 1994, 2007a; Weihrich & Dunkel, 2003). Instrumentelles Verhalten richtet sich immer auf *Objekte*, wobei es zunächst egal ist, ob es sich dabei um eine Maschine, einen menschlichen Körper oder seine Psyche handelt. Wichtig ist nur, dass der „Gegenstand", auf den das Verhalten gerichtet ist, wie ein Objekt behandelt wird – dadurch unterscheidet sich instrumentelles von sozialem Verhalten. Letzteres ist auf *Subjekte* gerichtet. Entsprechend ist es die Hauptaufgabe von sozialem Handeln, die Persönlichkeit des Kunden unabhängig von der Problembearbeitung zu würdigen.

6.3.1 Rollenverhalten

6.3.1.1 Konzepte der Rollentheorie und Dienstleistungsskripts

Genau genommen gibt es nicht *die* Rollentheorie, sondern verschiedene theoretische Ansätze, wobei sich die folgenden Ausführungen auf den strukturfunktionalistischen Ansatz der Rollentheorie beschränken (vgl. Katz & Kahn, 1978; die Rollentheorie kann auch zur Erklärung des Verhaltens beider Akteure, von Dienstleister und Kunde, herangezogen werden und ist dann als Interaktionstheorie zu interpretieren; vgl. Solomon, Surprenant, Czepiel & Gutman, 1985). Dieser Ansatz basiert auf der „dramaturgischen Metapher" – wie Schauspieler auf der Bühne (Front-Stage) spielen demnach alle Menschen in sozialen Situationen eine Rolle. Daneben gibt es natürlich auch die Situation hinter der Bühne (Back-Stage), in der ein Rollenspieler aus der Rolle schlüpft – und eine andere als auf der Bühne einnimmt (Nerdinger, 2003a). *Rolle* wird in diesem Fall verstanden als ein Bündel normativer Erwartungen, die an den Inhaber einer bestimmten sozialen Position gerichtet sind. Die *Position* im sozialen System wird in erster Linie über den Beruf bzw. die ausgeübte Tätigkeit festgelegt. Da Rollen über die Erwartungen an die Inhaber solcher Positionen definiert sind, kann das Verhalten von Personen, die beruflich Dienste anbieten, anhand der an sie gerichteten Erwartungen analysiert werden.

Der Begriff *Rollenset* beschreibt diejenigen Positionen, die direkt mit einem Rollenträger verbunden sind (Katz & Kahn, 1978). Bei einem Dienstleister sind dies z.B. sein Vorgesetzter, seine Kollegen, möglicherweise die Sekretärin, in besonderem Maße aber die Kunden. Die Personen innerhalb des Rollensets entwickeln Erwartungen darüber, wie sich die Bezugsperson angemessen verhalten sollte. An den Kundenberater eine Bank richten sich beispielsweise folgende Erwartungen (Nerdinger, 1997):

- Die Vorgesetzten wollen, dass die Kundenberater möglichst viele Termine mit Kunden vereinbaren, dem Kunden die neuesten Produkte bzw. viele verschiedenen Leistungen verkaufen etc.;
- Die Kunden erwarten vor allem eine angemessene Beratung, die sich an ihren Bedürfnissen orientiert, aber auch ein angenehmes Sozialverhalten;
- die Kollegen wünschen sich vom Kundenberater solidarisches Verhalten, zur Wahrung der gemeinsamen sozialen Identität soll er gegenüber dem Vorgesetzten die Position der Mitarbeiter vertreten, aber auch unangenehme Kunden in die Schranken weisen;
- die Sekretärin – sofern eine zugewiesen wurde – möchte für ihre Leistungen anerkannt werden etc.

Alle Erwartungen definieren zusammen die Rolle des Dienstleisters. Dieser ist sich der Erwartungen mehr oder weniger bewusst, da sie ihm von den verschiedenen Personen kommuniziert werden. Diese Kommunikationen werden als gesendete Rolle bezeichnet, die Erwartungen kommunizierenden Personen entsprechend als *Rollensender*. Die wahrgenommene Rolle beschreibt, wie die Bezugsperson, die auch als *Rollenempfänger* bezeichnet wird, diese Kommunikationen aufnimmt und versteht. Die Reaktionen des Rollenempfängers auf die wahrgenommenen Erwartungen sind als *Rollenverhalten* definiert. Jedes Verhalten, das eine Person in ihrer sozialen Position zeigt, ist damit Rollenverhalten.

Für das Verständnis der Folgen der Tätigkeit im Dienstleistungsbereich ist nun folgender Aspekt besonders wichtig: Erwartungen, die sich an den Inhaber einer sozialen Position richten, sind gewöhnlich für diesen nicht eindeutig. Das hat verschiedene Konsequenzen. Zum einen machen sich deshalb Kundenkontaktmitarbeiter eigene Vorstellungen davon, was denn eigentlich ihre Aufgabe ist, d.h. es finden sich bei ihnen unterschiedliche kognitive Skripts oder – wie Di Mascio (2010) dies nennt – Dienstleistungsmodelle. Di Mascio (2010) hat in qualitativen und quantitativen Untersuchungen die Form dieser Modelle exploriert und wichtige Korrelate ermittelt. In Tiefeninterviews mit 30 Kundenkontaktmitarbeitern aus Einzelhandelsgeschäften konnte sie die Existenz drei solcher Dienstleistungsmodelle nachweisen:

1. *Efficiency service model*: den Kunden geben, was sie wünschen, und das möglichst effizient und höflich;

2. *Means service model*: die Dienstleistung ist ein Mittel, um vorgegebene Ziele wie z.B. Verkaufsquoten zu erreichen;
3. *Win-win service model*: Ziel ist die Entwicklung wechselseitig befriedigender Beziehungen mit dem Kunden, indem dessen Probleme optimal gelöst werden.

Im Gegensatz zur Rollentheorie, die annimmt, dass die an Kundenkontaktmitarbeiter gerichteten Erwartungen zu einem mehr oder weniger einheitlichen Skript führen, mit dem das Verhalten im Kundenkontakt gesteuert wird, zeigen sich empirisch recht unterschiedliche Vorstellungen davon, was die eigentlich zu erledigende Aufgabe ist. In quantitativen Untersuchungen konnte Di Mascio (2010) das Auftreten dieser Modelle in sehr unterschiedlichen Dienstleistungstätigkeiten bestätigen. Zudem finden sich in Abhängigkeit von dem jeweiligen Modell verschiedene Korrelate. Mitarbeiter, die ein „means service model" vertreten, haben die geringste Kundenorientierung, Mitarbeiter mit einem „win-win service model" dagegen die höchste. Mitarbeiter mit einem „efficiency service model" zeigen die stärkste Distanzierung von den Kunden und gleichzeitig die höchste Unterwürfigkeit. Den Gegenpol bildet jeweils das „win-win service model". Mitarbeiter, die durch dieses Modell gekennzeichnet sind, versuchen auch am stärksten, die Gefühle, die sie den Kunden zeigen, tatsächlich zu erleben (Tiefenhandeln), wogegen die anderen eher zu sog. Oberflächenhandeln neigen, d.h. sie stellen die Gefühle ohne innere Beteiligung lediglich dar (vgl. zu diesen Konzepten: Kapitel 6.4.3).

Diese Ergebnisse bestätigen, dass Mitarbeiter gewöhnlich kein einheitliches Aufgabenverständnis teilen, sondern aktiv ihre Aufgabe definieren und entsprechend ausgestalten (sog. *job crafting*; vgl. Wrzesniewsky & Dutton, 2001). Während diese Erkenntnis relativ neu und entsprechend wenig erforscht ist, hat ein anderes Merkmal der Uneindeutigkeit der an Mitarbeiter gerichteten Erwartungen sehr viel mehr Forschung ausgelöst. Die Erwartungen können sich widersprechen und daher in spezifischen Rollenbezügen zu verschiedenen Konflikten führen.

6.3.1.2 Rollenkonflikte

Gewöhnlich werden Inter-Rollenkonflikte, Person-Rollenkonflikte und Intra-Rollenkonflikte unterschieden, wobei letztere wiederum nach Inter-Sender- und Intra-Senderkonflikte differenziert werden (Nerdinger, 1997 2008a). Ein *Inter-Rollenkonflikt* entsteht aufgrund der Tatsache, dass eine Person verschiedene gesellschaftliche Positionen einnimmt (z.B. Dienstleister, Kollege, Ehemann, Katholik etc.). Dieser Konflikttypus betrifft letztlich alle Menschen, im Berufsbereich wird hier in erster Linie der Konflikt zwischen der Berufsrolle und den Freizeitrollen thematisiert, der auch für den Dienstleistungsbereich relevant ist. Babin und Boles (1998) haben starke negative Korrelationen zwischen dem erlebten Ausmaß des Konflikts zwischen Arbeits- und Freizeitrollen und sowohl der Arbeits- als auch der Lebenszufriedenheit bei Dienstleistern nachgewiesen. Solche Inter-Rollenkonflikte zwischen Freizeit- und Berufsrollen führen beim Kundenkontaktpersonal zum Erleben von Stress, das sich wiederum negativ im Rollenverhalten im Kontakt mit den Kunden niederschlägt und bei diesen die Wiederkaufsabsicht verringert (Netemeyer, Maxham & Pullig, 2005). Zwar sind Inter-Rollenkonflikte keine Besonderheit des Dienstleistungsbereichs, im direkten Kontakt mit den Kunden wirken sie sich aber ökonomisch gesehen besonders negativ aus. Im Feld der Dienstleistungen sind die übrigen Konfliktarten allerdings für die Person des Dienstleisters (noch) wichtiger, da sie häufig in der dienstleistungsspezifischen Arbeitssituation angelegt sind.

Häufig finden sich im Dienstleistungsbereich *Person-Rollenkonflikte*. Ein solcher Konflikt entsteht, wenn die an den Dienstleister gesendeten Erwartungen mit dessen Persönlichkeit, seinen Wertorientierungen oder allgemein seinem Selbstbild kollidieren (zu solchen Konflikten in statusniederen Dienstleistungen vgl. Shamir, 1980; Nerdinger, 1994). Dienstleister werden nicht selten von den Kunden als „Diener" betrachtet und entsprechend behandelt. Diese Definition widerspricht aber sicherlich dem Selbstbild der meisten Dienstleister, die sich eher als Experten auf ihrem Gebiet verstehen. Dieser Person-Rollenkonflikt wird in der Gesellschaft nicht selten als Ursache für die angeblich mangelnde Qualität der Dienstleistungen in Deutschland – Stichwort: „Servicewüste Deutschland" (Nerdinger, 2008a) – betrachtet. In diesem Blickwinkel verkürzt sich die ganze Problematik des Person-Rollenkonflikts in der Feststellung, dass „die Deutschen nicht mehr dienen wollen".

Ein *Intra-Rollenkonflikt* tritt auf, wenn an einen Rolleninhaber unterschiedliche oder uneindeutige Erwartungen gerichtet werden. Der erste Fall wird als *Inter-Senderkonflikt* – gelegentlich auch als Two-Bosses-Dilemma (Shamir, 1980) – bezeichnet. Bei angestellten Dienstleistern treten solche Probleme gehäuft auf, da sie an der Grenze ihrer Organisation arbeiten. Organisationstheoretisch betrachtet sind Dienstleister Grenzgänger („boundary spanner"), denen es obliegt, die Verbindung der Organisation zur Umwelt aufrechtzuerhalten. Daraus entstehen aber bestimmte Inter-Senderkonflikte. Kunden und Organisation – gewöhnlich vertreten durch Vorgesetzte – können unterschiedliche Rollenerwartungen senden, Dienstleister stehen dann im Schnittpunkt verschiedener Interessen. So erwarten z.B. Vorgesetzte von Kundenberatern im Bankbereich, dass diese die Renditeziele erreichen, d.h. gewöhnlich, die Rendite optimieren. Ihre Kunden erwarten dagegen in der Regel möglichst großes Entgegenkommen bei der Kreditvergabe (Nerdinger, 1997). Diese Erwartungen widersprechen sich zumindest teilweise – mit der Folge, dass Kundenberater in schwer lösbare Dilemmata geraten.

Aber auch ein und derselbe Sender kann Rollenerwartungen senden, die sich widersprechen – in diesem Fall liegt ein *Intra-Senderkonflikt* vor. Zum Beispiel können Vorgesetzte eines Kundenberaters die Einhaltung hoher Renditeziele und gleichzeitig die Bindung der Kunden an die Bank fordern. Das Renditeziel legt den Einsatz von Einflussstrategien nahe, die den Kunden verärgern können und einer längerfristigen Beziehung abträglich sind. Kommt der Dienstleister stattdessen dem Kunden entgegen, fördert das zwar möglicherweise die Bindung des Kunden an das Unternehmen, damit sinkt jedoch mit hoher Wahrscheinlichkeit die erzielte Rendite. Überlassen die Vorgesetzten die „Lösung" dieses Problems dem Kundenberater – sagen sie nicht eindeutig, welches der beiden Ziele wichtiger und daher im Zweifel zuerst anzustreben ist –, erleben Kundenberater *Rollenambiguität*. In der Folge sind sie unsicher, wie sie sich in kritischen Situationen verhalten sollen, was auf Dauer ein sehr belastender Zustand ist.

Seit langem ist bekannt, dass Rollenkonflikte und speziell Rollenambiguität ernstzunehmende Stressoren mit negativen Auswirkungen auf das Wohlbefinden von Mitarbeitern sind (Jackson & Schuler, 1985). Vermittelt über die negativen Folgen für das Wohlbefinden haben sie auch indirekten Einfluss auf die Ergebnisse der Dienstleistung. Hartline und Ferrell (1996) konnten im Hotelbereich folgende Wirkungskette nachweisen: erlebter Rollenkonflikt wirkt direkt auf Rollenambiguität, die wiederum negative Wirkungen auf die Zufriedenheit sowie das Erleben der Selbstwirksamkeit im Sinne des aufgabenbezogenen Selbstvertrauens (Bandura, 1997) hat, d.h. Rollenambiguität verringert das Vertrauen des Kundenkontaktpersonals in die eigenen dienstleistungsbezogenen Fähigkeiten und wirkt negativ auf die Arbeitszufriedenheit. Da Selbstwirksamkeit und Arbeitszufriedenheit positiv mit der von Kunden eingestuften Dienstleistungsqualität korrelieren (vgl. auch Bettencourt & Brown, 2003), haben Rollenkonflikte und Rollenambiguität auch negative Folgen für die Ergebnisse der Dienstleistung.

Da Rollenkonflikte und Rollenambiguität ernsthafte Stressoren mit negativen Konsequenzen für das Wohlbefinden und das Arbeitsverhalten sind, stellt sich die Frage, wie Dienstleister damit umgehen, d.h. welche Copingstrategien sie einsetzen, um die Wirkungen dieser Stressoren abzumildern. Als *Copingstrategie* wird in der Stressforschung die Art des Umgangs mit einem als bedeutsam und schwierig empfundenem Lebensereignis bezeichnet. Ashforth, Kulik und Tomiuk (2008) haben in einer qualitativen Studie – durchgeführt wurden Tiefeninterviews mit 105 Dienstleistern aus verschiedenen Branchen – u.a. die Bedeutung der Unterscheidung in Front-Stage vs. Back-Stage für das Erleben von Rollenkonflikten exploriert und untersucht, welche Copingstrategien zur Bewältigung der erlebten Konflikte von Dienstleistern eingesetzt werden.

Front-Stage/Back-Stage: Nach Goffman (1959) haben die Situationen der Arbeit auf der Bühne (im Kontakt mit den Kunden) und hinter der Bühne (allein bzw. mit Kollegen) unterschiedliche Anforderungen an das Rollenverhalten, wobei sie in einer symbiotischen Beziehung existieren. Ashforth et al. (2008) wollten wissen, was es bedeutet, auf der Bühne zu stehen, wie sich diese Erfahrung vom Erleben hinter der Bühne unterscheidet und welche Funktionen der Bereich hinter der Bühne für die Dienstleister hat. Nach den Aussagen der Befragten bedeutet auf der Bühne zu sein, sich professionell zu verhalten. Dazu zählt, die soziale Distanz zum Kunden aufrechtzuhalten und einer fehlerfreie Darbietung zu liefern. Der Raum hinter der Bühne erfüllt für die Dienstleister im Wesentlichen zwei Funktionen:

1. Auf der Bühne entstandene Konflikte werden hinter der Bühne gelöst. Diese Wirkung des Back-Stage Bereichs resultiert aus dem Zwang, dem Kunden auf der Bühne eine einheitliche Front zu präsentieren – indem die Dienstleister diese Rolle Back-Stage fallen lassen, löst sich der Konflikt zumindest partiell.
2. Die in den beruflichen Interaktionen entstandene Anspannung wird durch Druckentlastung abgebaut: indem mit Kollegen über Kunden gelästert wird, durch schreien, über den Kunden schimpfen etc.

Copingstrategien: Insgesamt konnten 20 Copingstrategien in den Interviews nachgewiesen werden, die jeweils von mindestens fünf Dienstleistern als Versuch zur Bewältigung von Person-Rollenkonflikten genannt wurden. Die Wichtigsten sind Abtrennung und Rationalisierung. Zur *Abtrennung* zählen
- *Abschotten*: was im Beruf passiert, wird aus dem Privatleben ferngehalten;

- *Sich von der Rolle distanzieren:* das Selbst und die Rolle als unterschiedliche Einheiten ansehen, sich sagen, dass die Angriffe von Klienten auf die Rolle zielen („der meint nicht mich");
- *Sich vom Klienten distanzieren:* den Klienten in Gedanken tadeln („der Klient verstößt gegen Service-Normen").

Die zweite häufig auftretende Form ist die *Rationalisierung*. Unter Rationalisierung verstehen die Autoren die Interpretation von Ereignissen in einer Art, die dem Selbst des Dienstleisters schmeichelt und ihm vernünftig erscheint. Dazu zählen:
- *Rahmung (Framing):* eine Begegnung so interpretieren, dass das Selbst bewahrt wird („ist eine neue Erfahrung");
- *Optimismus:* eine Begegnung in positivem Licht sehen;
- *Grenzen akzeptieren:* „mehr ist nicht zu erreichen, ich habe mein Bestes gegeben".

Diese Untersuchung belegt u.a. die Bedeutung des Back-Stage-Bereiches für die dringend notwendige psychische Erholung der Dienstleister. Bei der Gestaltung von Dienstleistungen sollte zur Vermeidung der negativen Auswirkungen von Rollenkonflikten auf ausreichende Rückzugsräume geachtet werden. Dabei sollten aber die personspezifisch unterschiedlichen Copingstrategien berücksichtigt werden, denn manche Dienstleister neigen zur Abschottung, andere suchen das Gegenteil, d.h. die Verbindung von Freizeit/Familie und Beruf. Bei der Umsetzung von Programmen zur Vereinbarung von Familie und Beruf sind solche individuellen Unterschiede zu berücksichtigen. Schließlich wurden die wenigsten Befragten im Rahmen von Trainings auf Person-Rollenkonflikte vorbereitet und kaum einer hatte gelernt, damit umzugehen. Auch hier eröffnet sich ein wichtiges Feld der psychologisch fundierten Intervention.

Die Bedeutung positiver Copingstrategien zur Bewältigung von Rollenkonflikten wird auch durch die Studie von Crosno, Rinaldo, Black und Kelley (2009) unterstützt. In ihrer Untersuchung wurde *Optimismus* als Persönlichkeitsmerkmal gefasst und untersucht, wie sich dieses Merkmal auf die Bewältigung von Rollenstress – operationalisiert über erlebte Rollenambiguität und Rollenkonflikte – auswirkt. Optimistische Dienstleister sind demnach in der Lage, Stressoren zu antizipieren und positiv darauf zu reagieren. Das verringert die Gefahr des Ausbrennens (des Burnouts), verbessert die Leistung und erhöht die Arbeitszufriedenheit. Eine Auswahl von Mitarbeitern hinsichtlich dieses Merkmals wäre praktiziertes betriebliches Gesundheitsmanagement (Ulich & Wülser, 2008).

Während Optimisten mit Rollenstress besser umgehen können als Pessimisten, steht ein anderes Persönlichkeitsmerkmal, das häufig als Selektionskriterium für Dienstleister propagiert wird, in negativer Beziehung dazu: *Selbstüberwachung*. Nach der Theorie der Selbstüberwachung (self-monitoring; Snyder, 1987) unterscheiden sich Menschen im Ausmaß an expressiver Kontrolle, die für situationsadäquate Selbstdarstellungen notwendig ist. Starke Selbstüberwacher sind sehr sensibel für situative Hinweisreize und passen ihre Selbstdarstellungen chamäleonartig an verschiedene situative Anforderungen an. Demgegenüber reagieren Personen, die geringe Ausprägungen in diesem Merkmal aufweisen, relativ rigide auf situative Anforderungen – sie versuchen in Einklang mit ihren Einstellungen und ihrem

Selbstbild zu handeln. Starke Selbstüberwachung verspricht also die Anpassung an den Kunden und sollte daher in Dienstleistungen mit Kundenkontakt vorteilhaft sein. Demgegenüber zeigen Mehra und Schenkel (2008) an einer Stichprobe von 116 Mitarbeitern einer High-Tech-Firma, dass Mitarbeiter mit stark ausgeprägter Selbstüberwachung intensivere Rollenkonflikte erleben – vermutlich, weil sie häufiger an der Grenze der Organisation arbeiten, d.h. in „boundary spanning roles" agieren. Demnach würden solche Menschen gehäuft für Dienstleistungspositionen ausgewählt, da sie dafür geeignet erscheinen. In der Folge erleben sie besonders starke Konflikte. Damit korrespondieren die Befunde von Varca (2009), wonach Rollenkonflikte mit der Zahl (und der Bedeutung) von empathischen Aufgaben – der Notwendigkeit, sich in die Kunden einzufühlen –, die ein Dienstleister verrichten muss, korrelieren. Da Menschen mit hoher Tendenz zur Selbstüberwachung auch eher den Zwang erleben, sich in andere einfühlen zu müssen, sollten sie aufgrund dieser Ergebnisse gehäuft Rollenkonflikte erleben.

Psychologisch sind Rollenkonflikte wichtige Stressoren, die das Wohlbefinden und die Gesundheit der Betroffenen beeinträchtigen. Ökonomisch betrachtet können sie zu Leistungsminderungen führen, die im Dienstleistungsbereich negative Auswirkungen auf den ökonomischen Erfolg haben: Da Dienstleister ihre Arbeit im direkten Kontakt mit Kunden verrichten, wird deren Zufriedenheit mit der Leistung unmittelbar durch das Befinden des Dienstleisters beeinflusst (Stock-Homburg, 2009; Gerpott & Paukert, 2011). Der Kern der im Kontakt mit dem Kunden verrichteten Arbeit lässt sich als instrumentelles Verhalten – als eines Mittels zur Lösung der Probleme des Kunden – analysieren.

6.3.2 Instrumentelles Verhalten

Bei den instrumentellen oder technischen Aspekten der Dienstleistung kommen mit Blick auf den Dienstleister die verschiedensten Handlungen in Betracht: die Steuerung des Autos durch den Taxifahrer, die Techniken der Scherenführung durch den Friseur, die knetenden Handgriffe des Masseurs, die körperliche Untersuchung durch den Arzt, die erläuternden Ausführungen eine Kreditberaters über die Rückführung eines Kredits und – besonders schwierig als instrumentelle Handlungen zu erkennen – die Fragen und Antworten eines Klinischen Psychologen, die allein auf Diagnose oder Therapie der Probleme des Klienten gerichtet sind. Mit dem instrumentellen Verhalten wird also das Arbeitsverhalten im engeren Sinne betrachtet, wobei sich beim Arbeitsverhalten verschiedene Formen unterscheiden lassen (vgl. zum Folgenden Nerdinger, Blickle & Schaper, 2011).

6.3.2.1 *Formen des Arbeitsverhaltens*

„Wann immer Menschen ihre Arbeitskraft gegen Entgelt zur Verfügung stellen, wird von ihnen erwartet, diese im Sinne dessen (eines Kunden, Klienten, der Gesellschaft) einzusetzen, der dafür eine Gegenleistung erbringt. Im Falle von abhängig Beschäftigten besteht diese Erwartung darin, *einen Beitrag zu den Zielen einer Organisation zu leisten"* (Marcus & Schuler, 2006, S. 434; Hervorhebungen im Original). Von Mitarbeiter wird erwartet, dass sie einen Beitrag zu den Zielen der Organisation leisten. Dieser Beitrag entspricht im weitesten Sinne ihrer Leistung, das Verhalten, das dazu führt, kann als *produktives Verhalten* bezeichnet werden. Hier lässt sich nun fragen, auf welchem Wege sie die Ziele der Organisation erreichen – orientieren sie sich an den allgemein akzeptierten Verhaltensregeln oder verstoßen sie dagegen? So betrachtet kann Arbeitsverhalten nach zwei Dimensionen unterschieden werden zum einen danach, ob es den Zielen der Organisation dient oder diesen schadet und zum anderen, ob es den dort geltenden Regeln entspricht oder nicht. Unter der Annahme der Unabhängigkeit dieser beiden Dimensionen kann Arbeitsverhalten in folgendes Schema eingeordnet werden (vgl. Abbildung 9).

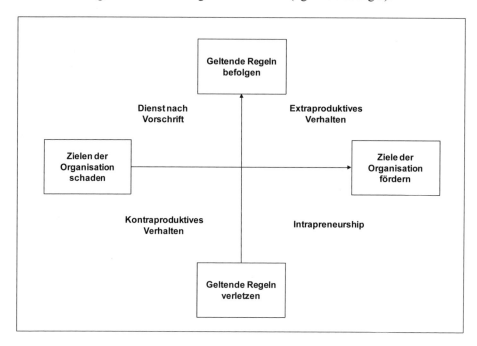

Abbildung 9: Struktur des Arbeitsverhaltens (nach Nerdinger et al., 2008)

Aufgrund dieser Einteilung lassen sich einige extreme Ausprägungen des Arbeitsverhaltens unterscheiden. Ein Verhalten, das den Zielen der Organisation dient und allen in der Organisation geltenden Regeln vollständig entspricht – genau genommen sogar diese zugunsten der Organisation überschreitet –, wird als *extraproduktives Verhalten* bezeichnet. Dabei handelt es sich um ein produktives Verhalten, das weder aufgrund formaler Rollenvorschriften einklagbar noch durch vorab vereinbarte und daher erwartete betriebliche Belohnungen motiviert ist. Der Begriff „freiwillig" ist insofern etwas missverständlich, als im Kontrast dazu das „normale" produktive Verhalten als „erzwungen" erscheint. Ein solches Verständnis wäre irreführend, gemeint ist vielmehr ein selbstbestimmtes im Gegensatz zu fremdbestimmtem Verhalten. Die am häufigsten untersuchte Form extraproduktiven Verhaltens ist das bereits erwähnte *Organizational Citizenship Behavior (OCB*; Organ, 1988; Organ et al., 2005), das im Dienstleistungsbereich spezifische Bedeutung erlangt.

Ein Beispiel für ein Verhalten, das den Zielen der Organisation dient und dabei gegen ihre Regeln verstößt, ist das sogenannte *Intrapreneurship*. Mit dieser Wortschöpfung – abgeleitet vom Begriff „Entrepreneurship", d.h. dem Unternehmertum – werden Mitarbeiter beschrieben, die sich wie Unternehmer im Unternehmen verhalten (Neuberger, 2006). Darauf wird im Folgenden nicht eingegangen, da es in der Dienstleistungsforschung (bislang) keine Rolle spielt.

Jegliches Verhalten, das den Zielen der Organisation schadet und ihren Regeln widerspricht, wird als *kontraproduktives Verhalten* bezeichnet. So ein Verhalten verletzt die legitimen Interessen einer Organisation, wobei es prinzipiell deren Mitglieder oder die Organisation als Ganzes schädigen kann (Nerdinger, 2008b). Im Dienstleistungsbereich wird dieses Verhalten auch unter dem Begriff *Service-Sabotage* diskutiert.

Schließlich findet sich auch ein absolut regelkonformes Verhalten in der Arbeit, das gerade aufgrund dieses Merkmals den Zielen der Organisation schaden kann. Bereits Katz (1964) hat darauf hingewiesen, dass eine Organisation, deren Mitglieder nur genau das formal vorgeschriebene und belohnte Verhalten zeigen, kaum überleben kann. In Deutschland wurde dies durch eine Form des Streiks bei Fluglotsen bekannt, die als *Dienst nach Vorschrift* bezeichnet wird: Wer sich strikt an den Vorschriften für die Arbeit orientiert, kann gerade dadurch die Arbeit lahm legen. Die erfolgreiche Bewältigung der Arbeitsaufgaben erfordert eben häufig eine der alltäglichen Vernunft entsprechende Verletzung der (bürokratischen) Regeln. Auch dieses Verhalten dürfte für den Dienstleistungsbereich relevant sein, allerdings wurden dazu bislang noch keine Untersuchungen durchgeführt. Daher wird Dienst nach Vorschrift im Folgenden nicht thematisiert.

Bei dieser Differenzierung ist zu beachten, dass die „normale Leistung", die durch *produktives* Verhalten erzielt wird, im Schema der Abbildung 9 einen schwer abgrenzbaren Bereich in der Mitte der Darstellung einnimmt (vgl. Neuberger, 2006). Dieser, für das Verständnis des instrumentellen Verhaltens in der Dienstleistungstätigkeit zentrale Aspekt, wird zuerst etwas genauer untersucht.

6.3.2.2 Produktives Verhalten: Anpassung an Kunden und Umgang mit Beschwerden

Für erfolgreiches produktives Verhalten im Sinne der Lösung der Probleme der Kunden ist vor allem die fachliche Kompetenz von ausschlaggebender Bedeutung. Da diese Kompetenz aufgabenspezifisch ist, wird im Folgenden nicht näher darauf eingegangen. Stattdessen sollen zwei spezielle Merkmale des produktiven Verhaltens im Dienstleistungsbereich näher betrachtet werden, die bei den meisten Problemlösungen relevant sind und sich daher auf (fast) alle Dienstleistungen übertragen lassen: Adaptives Verhalten und der Umgang mit Beschwerden.

Adaptives Verhalten

Wird die Begegnung mit dem Kunden als Prozess betrachtet, zeigt sich das Wesen des instrumentellen Verhaltens in einer Anpassung an das Verhalten des Kunden. Unter adaptivem Verhalten kann in Anlehnung an Weitz (1978; Weitz et al., 1986) die Änderung des Problemlöseverhaltens – während der Interaktion mit dem Kunden oder zwischen Interaktionen mit verschiedenen Kunden – aufgrund der wahrgenommenen Informationen über die Interaktionssituation verstanden werden. Die folgende Darstellung verdeutlicht den Prozess der Anpassung an das Verhalten des Kunden, d.h. den Ablauf des adaptiven Verhaltens (vgl. Abbildung 10).

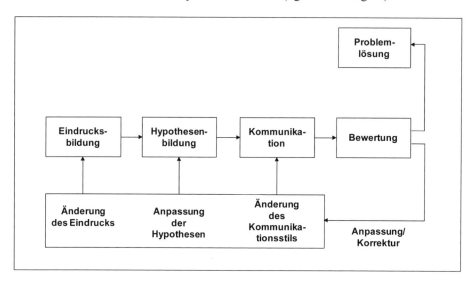

Abbildung 10: Der Prozess adaptiven Verhaltens (nach Weitz, 1978)

Am Beginn jeder Begegnung mit Menschen steht die *Eindrucksbildung*. Auf der Grundlage der Erfahrungen und des Wissens über andere werden diese gewöhnlich sehr rasch kategorisiert, d.h. die Gesprächspartner werden bestimmten Typen zugeordnet (Mennerick, 1974; Sharma & Levy, 1995). Das ist bei der Arbeit mit Kunden besonders ausgeprägt. Zum einen wächst mit der beruflichen Erfahrung die Möglichkeit, bei den Kunden spezifische, regelmäßig wiederkehrende Verhaltensweisen zu erkennen und mit bestimmten Menschen(-typen) zu verbinden. Zum anderen ist es in der interaktiven Arbeit mit Menschen besonders wichtig, sich schnell einen möglichst zutreffenden Eindruck von der Person des Kunden zu verschaffen, um effektiv kommunizieren zu können. Verfügen Mitarbeiter über mehr und besser definierte Kategorien von Kunden, können sie sich auch besser an deren Wünsche und Bedürfnisse anpassen (Román & Iacobucci, 2010). Begegnet z.B. der Kundenberater einer Bank einem neuen Kunden, so wird er diesen nach wenigen Augenblicken einer für die zu erledigende Dienstleitung wichtigen Kategorie zuordnen. Das können zunächst sehr einfache und grobe Kategorien sein, z.B. „sicherheitsorientierter Sparer" vs. „risikobereiter Renditesucher" (Humphrey & Ashforth, 1994; Hacker, 2009). Im Zuge der Finanzkrise in den Jahren 2008/2009 wurde auch eine zynische Variante der Kundenkategorisierung bekannt. In einer großen Bank wurden bestimmte Kunden als AD eingestuft, wobei AD für „alt und dumm" steht – so kategorisierten Kunden wurden bevorzugt hochriskante Produkte verkauft, an denen die „Berater" und die Bank am meisten verdient haben.

Der erste Eindruck führt zu Vermutungen bzw. *Hypothesen* darüber, welche Wünsche, Motive und Erwartungen der Kunde hat. Diese Hypothesen leiten das weitere Vorgehen des Mitarbeiters und die Art, wie er die *Kommunikation* mit dem Kunden gestaltet. Der Kundenberater, der den Kunden als sicherheitsorientierten Sparer eingestuft hat, wird zu der Hypothese kommen, dass dieser wohl sein Erspartes in Form eines Festgeldes oder eines Sparbriefes anlegen möchte. Entsprechend wird er das Beratungsgespräch führen. Möglicherweise nimmt er aber in der Bedarfserhebungsphase des Gesprächs (vgl. dazu Nerdinger, 2001b) deutliche Signale wahr, wonach der Kunde in erster Linie an hoher Rendite für seine Anlagen interessiert ist und die damit verbundenen Risiken durchaus realistisch einschätzt. Das kann bei dem Berater zur erneuten *Bewertung* des ersten Eindrucks, der daraus entwickelten Hypothesen und der gewählten Beratungsstrategie führen. Die Bewertung wird in diesem Fall ergeben, dass sich der Berater in der Einschätzung des Kunden gründlich getäuscht hat. In der Folge muss er nun seinen Eindruck und die daraus abgeleiteten Hypothesen korrigieren und seine Beratung den neu gewonnenen Erkenntnissen anpassen.

Das in Abbildung 10 dargestellte Modell beschreibt, wie eine Begegnung idealerweise ablaufen sollte, bei einer länger andauernden Kundenbeziehung kann die dargestellte Schleife auch mehrmals durchlaufen werden. Geht der Prozess wie beschrieben vonstatten, werden an ihrer Tätigkeit interessierte Mitarbeiter sowohl die Persönlichkeit des Kunden als auch seine Erwartungen an die Produkte bzw. die Dienstleistungen zunehmend besser kennenlernen und sich in ihrem produktiven (und im sozialen) Verhalten an den Kunden anpassen. Das dient dem Ziel, die Wünsche und Bedürfnisse des Kunden unter Berücksichtigung der Interessen des Unternehmens möglichst optimal zu erfüllen.

Zu diesen Zusammenhängen liegen im persönlichen Verkauf bereits recht viele Studien vor (vgl. Nerdinger, 2001b; zum metaanalytischen Nachweis des Zusammenhangs zwischen adaptivem Verkaufen und objektiver sowie selbst eingestufter Leistung vgl. Franke & Park, 2006), in anderen Dienstleistungen findet sich dazu aber noch sehr wenig Forschung. Hartline und Ferrell (1996) haben in einer Studie im Hotelbereich u.a. Antezedenzen und Konsequenzen der Anpassungsfähigkeit von Kundenkontaktmitarbeitern untersucht. Sie verstehen darunter die Fähigkeit von Dienstleistern, ihr Verhalten an die Anforderungen der Dienstleistungsbegegnung anzupassen. Anpassungsfähigkeit erscheint demnach als ein Kontinuum von absoluter Orientierung an den etablierten Dienstleistungsskripts, wobei jeder Kunde in derselben Weise behandelt wird, bis zur völligen Personalisierung der Dienstleistung, die durch individuelle Behandlung jedes Kunden gekennzeichnet ist. Diese Fähigkeit wurde über Selbsteinschätzungen bei Kundenkontaktmitarbeitern mehrerer Hotelketten erhoben. Die Autoren zeigen, dass die direkten Vorgesetzten die Anpassungsfähigkeit durch verhaltensnahe Leistungsbeurteilung positiv beeinflussen – durch rein ergebnisorientierte Leistungsbeurteilung gelingt dies nicht. Negativ wirkt dagegen erlebte Rollenambiguität. Die Vermutung, dass die Anpassungsfähigkeit der Mitarbeiter mit der von Kunden wahrgenommenen Dienstleistungsqualität zusammenhängt, konnte nicht bestätigt werden. Möglicherweise liegt das an den untersuchten Dienstleistungen – von den Begegnungen mit Dienstleistern im Hotel (an der Rezeption, mit dem Pagen etc.) erwarten sich vermutlich die wenigsten Kunden eine Anpassung an ihre Wünsche.

Während in dieser Studie das Konzept der Anpassungsfähigkeit relativ unspezifisch definiert wurde, haben Gwinner, Bitner, Brown und Kumar (2005) zwei Dimensionen des adaptiven Verhaltens unterschieden:
1. *Interpersonal adaptives Verhalten:* die Fähigkeit, das Verhalten an die interpersonalen Anforderungen der Begegnung mit Kunden anzupassen (orientiert sich stärker an den sozialen als an den Austausch-Aspekten in der Begegnung – hier ist kaum ein Unterschied zum sozialen Verhalten festzustellen).
2. *Angebotsbezogenes adaptives Verhalten*: die Fähigkeit, das Ergebnis der Interaktion – die verkauften Produkte oder Dienstleistungen – an die Wünsche der Kunden anzupassen. Hierbei handelt es sich um genuin produktives im Sinne von instrumentellem Verhalten.

Gwinner et al. (2005) haben untersucht, welche Merkmale des Dienstleisters diese Fähigkeiten beeinflussen. Sie differenzieren nach drei Dimensionen:
1. Das Wissen über die Kunden;
2. Eine Prädisposition zu adaptivem Verhalten, die wiederum nach dem Modell der Autoren durch drei Merkmale der Person bestimmt wird. 1) Self-Monitoring (die Fähigkeit, die Selbstpräsentation an die Erfordernisse der Situation anzupassen; Snyder, 1987), 2) Ambiguitätstoleranz als der Fähigkeit zum Ertragen von Mehrdeutigkeit und Unsicherheit sowie 3) Kundenorientierung (d.h. die Einstellung zur Arbeit mit Kunden);
3. Die Motivation zur Anpassung, wobei die Motivation in intrinsisch, d.h. eine der Aufgabe innewohnende Motivation, sowie extrinsisch, eine von außen wirkende Motivation, z.B. Geld oder Aufstiegsmöglichkeiten (vgl. Nerdinger, 2006) aufgeteilt wird.

Diese Merkmale sollen nach dem Modell der Autoren adaptives Verhalten erklären. In einer Studie an 239 Service-Mitarbeitern einer Telekommunikationsfirma wurde überprüft, wie diese Merkmale mit den beiden Dimensionen des adaptiven Verhaltens zusammen hängen (vgl. Abbildung 11).

Interpersonelle Anpassung wird demnach nur durch Self-Monitoring und das Wissen um die Kunden beeinflusst, beide Merkmale wirken (etwas schwächer) auf angebotsbezogene Anpassung. Darüber hinaus wird dieses Verhalten durch Kundenorientierung sowie durch Ambiguitätstoleranz beeinflusst: Wer Unsicherheit und mehrdeutige Signale ertragen kann, der ist eher geneigt, seine Angebote an den Kunden anzupassen. Schließlich ist interessanterweise angebotsbezogenes adaptives Verhalten nur intrinsisch, nicht aber extrinsisch motiviert, d.h. wer in erster Linie durch Interesse und Freude an der Interaktion mit anderen Menschen motiviert ist, der passt sich an die Wünsche des Kunden an – dies ist deutlich die wichtigste Größe zur Erklärung des Verhaltens. Wer dagegen wegen des Geldes oder anderer Aspekte, die außerhalb der Tätigkeit liegen, mit Kunden arbeitet (d.h. wer extrinsisch motiviert ist), der zeigt kein solches Verhalten.

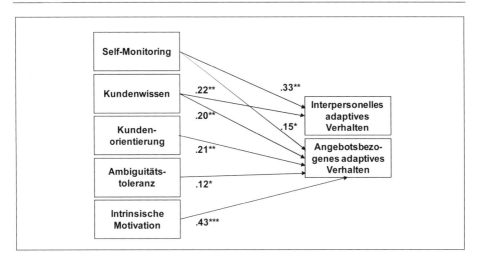

Abbildung 11: Antezedenzen des adaptiven Verhaltens (nach Gwinner et al., 2005);
* p = .05; ** p = .01; *** p = .001

Demnach kann das Auftreten adaptiven Verhaltens durch Merkmale der Person des Dienstleisters recht gut erklärt werden. Darüber hinaus hat aber auch das Führungsverhalten darauf Einfluss (Hartline & Ferrell, 1996). Wichtig wäre der Nachweis, dass solches Verhalten auch tatsächlich zu besseren Ergebnissen führt (wie im persönlichen Verkauf; vgl. Franke & Park, 2006). Zu dieser – für die Bedeutung adaptiven Verhaltens zentralen – Frage liegt aber bislang jenseits des persönlichen Verkaufs erst eine methodisch angemessene empirische Untersuchung vor, die keinen solchen Zusammenhang bestätigt (Hartline & Ferrell, 1996).

Umgang mit Kundenbeschwerden (service recovery)

Unter *Umgang mit Kundenbeschwerden* – im englischen Sprachraum als service recovery bezeichnet – sind alle Verhaltensweisen zu verstehen, die Kundenkontaktmitarbeiter bei der Bearbeitung von Kundenbeschwerden zeigen (zum Problem des Umgangs mit ungerechtfertigten Kundenbeschwerden vgl. Wirtz & McColl-Kennedy, 2009; zur Verheimlichung von Beschwerden durch das Kundenkontaktpersonal – eine Form des kontraproduktiven Verhaltens – vgl. Harris & Ogbonna, 2010). Der Umgang mit Kundenbeschwerden kann als Teil des produktiven Verhaltens betrachtet werden. Die meisten Dienstleister sehen sich mit dieser Aufgabe konfrontiert, deren erfolgreiche Bewältigung ein wichtiger Aspekt der Lösung der Kundenprobleme darstellt (wobei diese Probleme von der Dienstleistungsorganisation dem Kunden bereitet werden). Deren Ergebnisse haben wiederum erhebliche Auswirkungen auf die Erreichung der Ziele der Organisation, weshalb sich in manchen Unternehmen darauf spezialisierte Abteilungen finden. Wenn es nicht gelingt, Beschwerden zur Zufriedenheit der Kunden zu bewältigen, drohen aus Sicht der Organisation erhebliche Kosten. Es galt immer schon als Faustregel, dass ein unzufriedener Kunde gegenüber mindestens zehn anderen (potenziellen) Kunden schlecht über das Unternehmen redet („negative word of mouth"). Aufgrund der Möglichkeiten des Internet hat sich diese Macht der Kunden in Form von web-basiertem Konsumentenaktivismus und der Einrichtung sogenannter „Hass-Websites" sogar noch potenziert (Beverland, Kates, Lindgreen & Chung, 2010).

Erfolgreicher Umgang mit Beschwerden hat große Bedeutung vor allem für die Zufriedenheit der Kunden und damit für den Wiederkauf. So haben beispielsweise Swan und Bowers (1998) im Rahmen der Analyse einer Gruppenreise beschrieben, dass die Reisenden trotz vielfältiger Pannen am Ende der Fahrt sehr zufrieden waren, weil der Veranstalter auf alle Probleme angemessen reagiert hat. Deswegen wollten sie auch wieder mit dem Veranstalter verreisen. Gelegentlich wird auch von einem *recovery paradox* berichtet (Maxham & Netemeyer, 2002): Nach einer zufriedenstellenden Beschwerdebearbeitung soll die Zufriedenheit mit dem Dienstleistungsunternehmen sogar größer als vor dem Fehler sein. Umgekehrt kann das service recovery auch scheitern. Wird ein Fehler begangen und die anschließende Beschwerde zudem noch unbefriedigend bearbeitet, kann diese doppelte Abweichung von den Erwartungen die Verärgerung der Kunden potenzieren.

Kundenbeschwerden werden mit dem Ziel bearbeitet, die Zufriedenheit und Loyalität der Kunden nach Fehlern im Service wiederherzustellen. Die in diesem Zusammenhang erwünschten Verhaltensweisen des Kundenkontaktpersonals haben Gruber, Szmigin und Voss (2009) in einer qualitativen Studie aus Kundensicht exploriert. Nach ihren Befunden ist aktives Zuhören im Rahmen der Beschwerde besonders wichtig. Daneben sollen die Mitarbeiter aber auch „echte", nicht vorgespielte Freundlichkeit zeigen, sich höflich und ehrlich verhalten und einen motivierten, hilfsbereiten Eindruck vermitteln. Diese Befunde entsprechen weitgehend den Ergebnissen, die Liao (2007) anhand einer systematischen Literaturanalyse ermittelt hat. Demnach lassen sich fünf Klassen von Verhaltensweisen im Umgang mit Kundenbeschwerden unterscheiden:

- *Entschuldigen:* im Namen der Firma die Verantwortung für den Fehler übernehmen und sein Bedauern ausdrücken;
- *Problemlösung:* Korrektur des Fehlers mit dem Ziel, das ursprüngliche Problem zu lösen;
- *Höflichkeit:* sich während der Beschwerde respektvoll, freundlich, ruhig und höflich verhalten;
- *Erklärung anbieten*: dem Kunden erklären, was die Ursache des Fehlers war;
- *Prompte Bearbeitung:* möglichst rasche Reaktion auf die Beschwerde.

Nach dem Modell von Liao (2007) bestimmen diese Verhaltensweisen, ob sich Kunden gerecht behandelt fühlen (wahrgenommene Gerechtigkeit). Dieses Gefühl sollte wiederum die Zufriedenheit mit der Bearbeitung der Beschwerde beeinflussen, aus der letztendlich die Absicht zum Wiederkauf resultiert. Sein Modell hat der Autor an zwei Stichproben von 568 über Schneeballsystem bzw. 531 über eine Mail-Aktion akquirierten Kunden diverser Dienstleistungsunternehmen verschiedenster Branchen überprüft (vgl. Abbildung 12).

Höflichkeit hat keinen bedeutenden Einfluss – da ein gewisses Maß an Höflichkeit mittlerweile sicher einen allseits eingehaltenen Standard bildet, ist vermutlich die Varianz in dieser Variable zu gering, um Zusammenhänge mit wahrgenommener Gerechtigkeit statistisch nachweisen zu können. Interessanterweise wirken Erklärungen des Service-Fehlers durch den Dienstleister sogar negativ auf die wahrgenommene Gerechtigkeit – Kunden interpretieren solche Erklärungen vermutlich eher als Ausreden. Problemlösung und prompte Bearbeitung sind dagegen nach den Ergebnissen dieser Untersuchung für die erfolgreiche Beschwerdebearbeitung ausschlaggebend (allerdings wurden alle Variablen im Rahmen einer Befragung bei einer Stichprobe von Kunden erhoben, daher gehen die Zusammenhänge zumindest teilweise auf gemeinsame Methodenvarianz zurück).

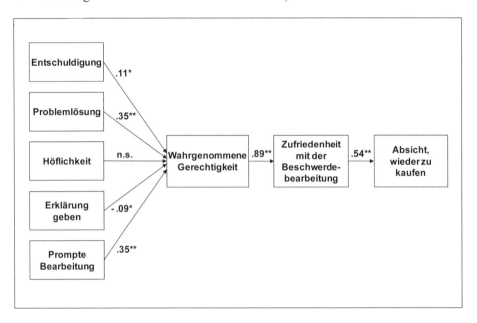

Abbildung 12: Reaktionen auf Formen des Kundenbeschwerdeverhaltens (nach Liao, 2007); * p = .05; ** p = .01; n.s. = nicht signifikant

Entscheidend im Umgang mit Kundenbeschwerden ist, dass sich die Kunden gerecht behandelt fühlen – in diesem Fall sind sie auch mit dem Beschwerdeverhalten zufrieden und haben sogar die Absicht, wieder bei demselben Dienstleister zu kaufen. Orsingher, Valentini und de Angelis (2010) haben in einer Metaanalyse von 60 Studien geprüft, welche Form der Gerechtigkeit hierbei besonderen Einfluss hat. In der Psychologie werden gewöhnlich drei Formen der Gerechtigkeit unterschieden (Folger & Cropanzano, 1997):
1. *Distributive Gerechtigkeit:* die wahrgenommene Gerechtigkeit des Verhältnisses von Ergebnissen zu Belohnungen – in diesem Fall das Angebot des Dienstleisters zur Kompensation des Schadens im Verhältnis zum erlittenen Schaden.
2. *Prozedurale Gerechtigkeit:* die wahrgenommene Gerechtigkeit der formalen Entscheidungsprozeduren, die in einer Organisation verwendet werden – bei Kundenbeschwerden werden hierunter u.a. die Kundenorientierung der Prozeduren zur Bearbeitung von Beschwerden, die Dauer und die Flexibilität der Prozeduren gefasst.

3. *Interaktionale Gerechtigkeit:* die Qualität der Behandlung, die Personen im Rahmen solcher Prozesse erfahren – mit Bezug auf die Beschwerdebehandlung zählen dazu Empathie, Höflichkeit, Anstrengung und Ehrlichkeit der Dienstleister, die eine Beschwerde bearbeiten.

Nach den Ergebnissen der Metaanalyse von Orsingher et al. (2010) hat die erlebte distributive Gerechtigkeit den stärksten Einfluss auf die Zufriedenheit der Kunden mit der Beschwerdebehandlung, gefolgt von der interaktionalen Gerechtigkeit. Der Einfluss der prozeduralen Gerechtigkeit ist dagegen zu vernachlässigen – vermutlich ist dieses Merkmal im Rahmen von Beschwerden aus Kundensicht am schwierigsten zu beurteilen. Die Zufriedenheit mit der Beschwerdebehandlung hat wiederum starke Auswirkungen auf die Mundpropaganda, denn bei Zufriedenheit wird das Unternehmen weiterempfohlen. Auf die Absicht, wiederzukommen und auf die allgemeine Zufriedenheit mit dem Dienstleister finden sich dagegen keine Auswirkungen.

Der letztgenannte Befund der Metaanalyse widerspricht einem weiteren Ergebnis der Untersuchung von Liao (2007), der auch das recovery paradox beobachtet hat. Eine mögliche Erklärung dafür findet sich bei Maxham und Netemeyer (2002), die in einer Längsschnittuntersuchung gezeigt haben, dass dieses Paradoxon nur nach der ersten Beschwerdebearbeitung auftritt. Wird danach wieder ein Fehler begangen und erfolgreich bearbeitet, erholt sich die Zufriedenheit nur noch geringfügig.

Zusammenfassend ist hervorzuheben: Zur zufriedenstellenden Bewältigung von Kundenbeschwerden müssen die Mitarbeiter über Möglichkeiten verfügen, die sie in die Lage versetzen, den Kunden einen Schaden angemessen zu entschädigen – dann erleben die Kunden das für ihre Zufriedenheit entscheidende Gefühl der distributiven Gerechtigkeit. Erst wenn solche Möglichkeiten gegeben sind, wird auch das Verhalten der Mitarbeiter im Sinne der interaktionalen Gerechtigkeit bedeutsam. Hier kommt es nach den Befunden von Liao (2007) darauf an, schnell zu reagieren und sich u.U. angemessen zu entschuldigen. Das verdeutlicht die schwierige Situation der Dienstleister – sie müssen die Beschwerden der Kunden ertragen, haben aber nur dann eine Chance, sie zufriedenzustellen, wenn ihnen die Organisation die entsprechenden Rechte zum distributiv-gerechten Ausgleich einräumt. Ohne die notwendige Unterstützung durch die Organisation können die Dienstleister dieses Dilemma nicht lösen.

6.3.2.3 *Extraproduktives Verhalten: Organizational Citizenship Behavior*

Im Feld des extraproduktiven Verhaltens findet sich eine Vielzahl verschiedener Konzepte, wobei das Konzept des Organizational Citizenship Behavior (OCB) allgemein in der Forschung und auch speziell für den Bereich der Dienstleistungen mit Abstand am wichtigsten ist (vgl. Nerdinger, 2004). Daher beschränken sich die folgenden Ausführungen auf das OCB.

OCB wird definiert als „freiwilliges individuelles Verhalten, das weder direkt noch explizit durch ein formales Anreizsystem gefördert wird, und das aggregiert betrachtet zu einem effizienten und effektiven Funktionieren einer Organisation beiträgt" (Organ et al., 2005, S. 3). Den Ausgangspunkt der Untersuchungen zum OCB bildeten die empirisch gefundenen Zusammenhänge zwischen Leistung und Zufriedenheit, die nach damaligem Stand der Erkenntnis eher gering eingeschätzt wurden

(neuere Metaanalysen haben diese Einschätzung korrigiert; vgl. Nerdinger et al., 2008). Zur Erklärung dieses kontraintuitiven Befundes entwickelte Organ (1977) die Hypothese, dass Zufriedenheit nicht direkt auf die Leistung wirkt, sondern auf OCB. Dieses soll wiederum die Ergebnisse ganzer betrieblicher Einheiten auf aggregiertem Niveau beeinflussen. Organ (1988) unterscheidet fünf Dimensionen des OCB:
1. *Altruismus:* Hilfeleistungen für Kunden, Kollegen oder Vorgesetzte;
2. *Gewissenhaftigkeit:* besonders sorgfältiger Erfüllung der Aufgaben, wobei auch ein Aspekt der Leistungsmotivation enthalten ist;
3. *Arbeitsrelevante Höflichkeit*: sich zuerst mit anderen abstimmen, bevor Handlungen gezeigt werden, die deren Arbeitsbereiche betreffen;
4. *Sportsmanship:* gelassenes Ertragen der Ärgernisse, die unweigerlich aus der Zusammenarbeit zwischen Menschen entstehen;
5. *Bürgertugenden:* die Teilhabe am „öffentlichen Leben" der Organisation.

Übertragen auf das Feld der Dienstleistungen haben Bell und Menguc (2002) das OCB von Versicherungsverkäufern als vermittelnde (mediierende) Größe zwischen der Identifikation mit der Organisation und der von den Kunden wahrgenommenen Dienstleistungsqualität konzipiert. Untersucht wurde das von Vorgesetzten eingestufte OCB von 276 Versicherungsverkäufern, die Auswirkungen der Identifikation der Verkäufer mit ihrem Unternehmen sowie der wahrgenommenen organisationalen Unterstützung auf ihr OCB (beides erhoben bei den Verkäufern) und die Wirkungen des OCB auf die von Kunden der Verkäufer wahrgenommene Dienstleistungsqualität (bei Kunden erhoben). Die Ergebnisse dieser Untersuchung zeigt Abbildung 13.

Wahrgenommene Unterstützung durch die Organisation wirkt demnach direkt auf die Identifikation mit dem Unternehmen und – für die Autoren unerwartet – auch auf die wahrgenommene Dienstleistungsqualität. Vermutlich beeinflusst das Erleben, von der Organisation unterstützt zu werden, das produktive Verhalten der Mitarbeiter, das wiederum führt bei Kunden zu einer positiven Wahrnehmung der Dienstleistungsqualität. Identifikation mit dem Unternehmen beeinflusst alle fünf Dimensionen des OCB – wobei die Identifikation interessanterweise auf alle Dimensionen fast gleich stark wirkt – und jedes dieser Merkmale hat signifikanten Einfluss auf die von den Kunden wahrgenommene Dienstleistungsqualität. Besonders stark wirken hier Altruismus und arbeitsrelevante Höflichkeit, d.h. die sozialen Dimensionen des OCB. Demnach haben die Dimensionen des OCB über das produktive Verhalten der Dienstleister hinaus Einfluss auf die wahrgenommene Dienstleistungsqualität.

Neben dem allgemeinen Konzept des OCB wurde in der dienstleistungsspezifischen Literatur auch ein *kundenbezogenes OCB* konzipiert (vgl. Bettencourt, Gwinner & Meuter, 2001). Dieses kann als eine Ausprägung des kundenorientierten Verhaltens betrachtet werden: Wie bereits dargelegt, ist Kundenorientierung zum einen eine Einstellung, aus Sicht des Kunden ist es aber – als Ergebnis der entsprechenden Einstellung – eine Form des Arbeitsverhaltens des Dienstleisters, das entscheidende Auswirkungen auf den Erfolg einer Dienstleistungsbegegnung hat. Rafaeli, Ziklik und Doucet (2007) haben das kundenbezogene OCB entsprechend definiert als „Mitarbeiterverhalten, das Interesse daran zeigt, den Kunden zu bedienen und kein Teil der formalen Arbeitsbeschreibung ist" (ebd., S. 241). Mit Blick auf das allgemeine OCB kann darunter in erster Linie die kundenbezogene Ausprägung der Dimension „Altruismus" verstanden werden, wobei die konkrete Form eines solchen Verhaltens natürlich in Abhängigkeit von der spezifischen Arbeitsaufgabe variiert.

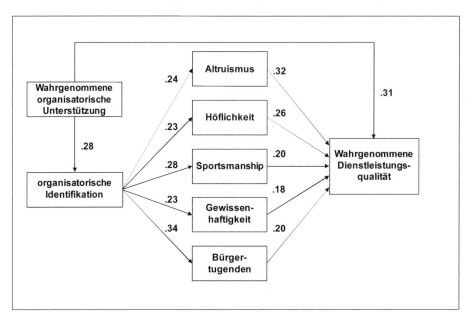

Abbildung 13: Antezedenzen und Konsequenzen von OCB im Dienstleistungsbereich (nach Bell & Menguc, 2002); alle Pfade sign. für p = .05

Rafaeli et al. (2008) haben das Konzept am Beispiel von Call-Center-Agenten eines Finanzdienstleisters untersucht. In dem Unternehmen werden routinemäßig von jedem Call-Center-Agenten pro Monat 10 bis 15 Gespräche mit Kunden zu Leistungsbeurteilungszwecken aufgezeichnet. Die Gespräche dauern zwischen einer und 15 Minuten (im Durchschnitt zwei Minuten). Mit qualitativen, inhaltsanalytischen Verfahren wurden 166 solcher Gespräche analysiert. Zuerst wurden alle Gespräche auf kundenorientiertes OCB untersucht, d.h. also auf Verhalten, das Interesse daran ausdrückt, den Kunden zu bedienen (die Organisation hat keine expliziten Vorschriften für dieses Verhalten, daher konnte ein solches Verhalten als kundenbezogenes OCB eingestuft werden). Als Untersuchungseinheit wurden zusammenhängende Aussagen des Agenten bzw. des Kunden in einem Gespräch gewählt. In 55% aller Gesprächsmitschnitte konnten so definierte kundenorientierte Aussagen ermittelt werden. Diese ließen sich in einem zweiten Schritt folgenden fünf Kategorien zuordnen:
1. *Vorwegnahme von Kundenwünschen*: den Kunden mit Informationen versorgen, die direkt auf das Problem bezogen sind, wegen dem der Kunde anruft, ohne dass er um diese Informationen gebeten hat (z.B. „if you want, I can give you that mailing address");
2. *Erklärungen/Rechtfertigungen geben*: treten in erster Linie auf, wenn ein Kundenwunsch nicht unmittelbar erfüllbar ist (z.B. „in order to change your account over the phone, we require a triple verification process");

3. *Kunden unterrichten*: die Call-Center-Agenten erklären eine spezifische Terminologie, die in der Organisation verwendet wird – häufig indem die Aussagen des Kunden in anderen Worten wiederholt werden (z.B. „ok, so you put in an ATM short claim request, right?");
4. *Emotionale Unterstützung geben*: positive, den Kunden in einer schwierigen Situation unterstützende, emotionale Aussagen treffen (z.B. „good luck with the move");
5. *Persönliche Information anbieten*: kundenspezifische Information vermitteln, die u.U. für den Kunden hilfreich ist (z.B. „if you hold on now, I'll send a form so that your wife can add her social security number").

In einem zweiten Schritt wurden die Kunden dieser 166 Mitschnitte telefonisch kontaktiert und um eine Einstufung der Qualität des Gesprächs gebeten. Die Qualitätseinstufungen wurden mit den pro Gespräch aggregierten Daten zum Auftreten von entsprechenden Verhaltensweisen und formalen Aspekten (Länge etc.) in Bezug gesetzt. Dabei zeigte sich, dass nur in länger als drei Minuten dauernden Gesprächen die Ausprägungen kundenorientierten OCBs wesentlichen Einfluss auf die wahrgenommene Gesprächsqualität haben (vgl. Abbildung 14).

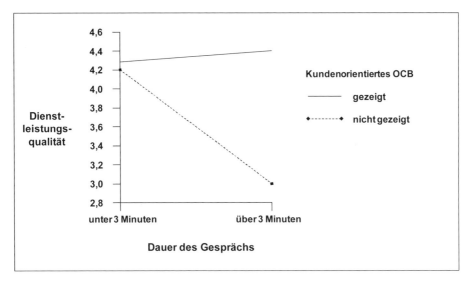

Abbildung 14: Dienstleistungsqualität in Call-Center-Interaktionen in Abhängigkeit von der Gesprächsdauer und kundenorientiertem OCB (nach Rafaeli et al., 2008)

In kurzen, unter drei Minuten dauernden Gesprächen führt demnach kundenorientiertes OCB nicht zu einer besseren Dienstleistungsqualität – vermutlich sind kurze Gespräche allein auf die Lösung des Problems der Kunden ausgerichtet, sodass die Kunden in solchen Fällen nur das produktive Verhalten der Call-Center-Agenten beachten. In länger dauernden Gesprächen wird aber das Fehlen von kundenorientiertem OCB sehr negativ bemerkt.

Durch welche Größen freiwillig gezeigte Verhaltensweisen im Kontakt mit dem Kunden beeinflusst werden, haben Rank, Carsten, Unger und Spector (2007) am Beispiel des Konzepts *proaktiver Kundenservice* (proactive customer service performance) untersucht. Damit wird ein kundenorientiertes OCB bezeichnet, das von Dienstleistern selbst ausgeht und längerfristig ausgerichtet ist. Nach der Hypothese der Autoren sollte ein solches Verhalten durch die Persönlichkeit des Dienstleisters, Merkmale seiner Aufgabe sowie durch das Führungsverhalten des Vorgesetzten bestimmt sein. Dies konnten sie in einer Untersuchung von 186 Paaren von Vorgesetzten und je einem ihrer Mitarbeiter bestätigen. Demnach sind als persönliche Merkmale die affektive Bindung an das Unternehmen sowie die Persönliche Initiative (Frese & Fay, 2001) wichtige Erklärungsgrößen des von den Vorgesetzten eingestuften Mitarbeiterverhaltens. Das Konzept der *Persönlichen Initiative* beschreibt, inwieweit Mitarbeiter in ihrer Tätigkeit aus eigenem Antrieb über die Anforderungen, die ihre Position an sie stellt, hinausgehen. Wenn die Arbeitsaufgabe komplex ist, d.h. den Mitarbeiter stärker herausfordert, wird häufiger proaktiver Kundenservice gezeigt. Das bedeutet, in einfachen, standardisierten Tätigkeiten haben die Mitarbeiter kaum Gelegenheit, proaktiven Kundenservice zu zeigen (die ebenfalls erhobene Autonomie als Aufgabenmerkmal hat dagegen in dieser Untersuchung keine Erklärungskraft). Schließlich ist auch ein partizipativer Führungsstil günstig für proaktiven Kundenservice – wenn die Vorgesetzten die Mitarbeiter in Entscheidungen einbinden und ihnen den Wert ihrer Beiträge zu den Entscheidungen verdeutlichen, wirkt sich das positiv auf diese Form des kundenorientierten OCB aus.

Zusammenfassend betrachtet hat OCB im Dienstleistungsbereich große Bedeutung für die wahrgenommene Dienstleistungsqualität und damit für den ökonomischen Erfolg (vgl. Schmitz, 2004). Das ist vermutlich vor allem auf die spezifische Arbeitssituation im Dienstleistungsbereich zurückzuführen. Die Interaktion mit Kunden lässt sich nur schwer von der Organisation bzw. den Führungskräften kontrollieren, daher sind die von den Mitarbeitern im direkten Kontakt mit dem Kunden freiwillig gezeigten, kundenorientierten Verhaltensweisen zentral für den Erfolg der Interaktion. Die Identifikation mit dem Unternehmen scheint für dieses Verhalten von besonderer Bedeutung, auf dem Wege der Identifikation werden die Interessen des Unternehmens quasi verinnerlicht und steuern im Kundenkontakt das Verhalten der Mitarbeiter. Darüber hinaus sind für das OCB der Mitarbeiter mit Kundenkontakt aber auch verschiedene Merkmale der Person wie die Persönliche Initiative, Merkmale der Aufgabe wie ihre Komplexität und ein partizipativer Führungsstil der direkten Vorgesetzten förderlich.

6.3.2.4 Kontraproduktives Verhalten: Service-Sabotage

Das Konzept des kontraproduktiven Verhaltens thematisiert die „dunkle Seite" instrumentellen Verhaltens, den Gegenpol zum produktiven Verhalten (Nerdinger, 2008b). Unter *kontraproduktivem Verhalten* wird allgemein ein Verhalten verstanden, das die legitimen Interessen einer Organisation verletzt, wobei es prinzipiell deren Mitglieder oder die Organisation als Ganzes schädigen kann. Wie es der Begriff der Kontraproduktivität nahe legt, ist diese Definition aus der Sicht der Organisation formuliert und umfasst drei wesentliche Merkmale (Marcus & Schuler, 2004).

1. Unabhängig von den Ergebnissen des Verhaltens müssen *absichtliche* Handlungen vorliegen: Ein Kellner, der aus Versehen einem Gast des Gourmet-Restaurants die Suppe über das Jackett gießt, verursacht seinem Arbeitgeber vermutlich einen erheblichen Image-Schaden – trotzdem handelt es sich nicht um kontraproduktives Verhalten, sondern um Ungeschicklichkeit oder Unglück. Wenn sich aber derselbe Kellner bei der Verabschiedung der Gäste bewusst nicht bedankt (vielleicht, weil er das Trinkgeld nicht angemessen fand), liegt ein kontraproduktives Verhalten vor (auch wenn die Gäste das Verhalten gar nicht bemerkt haben).
2. Das Verhalten muss *prinzipiell* in der Lage sein, der Organisation Schaden zuzufügen, wobei der Schaden nicht notwendigerweise auch eintreten muss: wenn sich ein Taxifahrer angetrunken ans Steuer setzt, handelt er selbst dann kontraproduktiv, wenn er keinen Unfall verursacht. Umgekehrt kann die Kreditvergabe eines Bankberaters zu Verlusten führen, z.B., weil der Kreditnehmer irgendwann aus nicht vorhersehbaren Gründen nicht mehr in der Lage ist, den Kredit zu bedienen. Trotz des Schadens liegt in diesem Fall kein kontraproduktives Verhalten des Mitarbeiters vor, der den Kredit vergeben hat.
3. Das Verhalten muss den legitimen Interessen der Organisation entgegenstehen und dabei *nicht durch andere,* ebenfalls *legitime Interessen* aufgewogen werden: „Blaumachen", d.h. sich krank zu melden, ohne krank zu sein, ist kontraproduktives Verhalten; bei Krankheit zu Hause bleiben ist dagegen nicht nur gerechtfertigt, sondern im Interesse der Person und der Organisation.

Zur negativen Seite des Handelns im Dienstleistungsbereich, die sich naturgemäß nur sehr schwer erforschen lässt, liegen bislang nur wenige Untersuchungen vor. Beispielsweise hat Walsh (2007, 2009) untersucht, unter welchen Bedingungen es im Dienstleistungsbereich zur *Diskriminierung von Kunden* kommt. Dazu zählt in erster Linie die Diskriminierung aufgrund der ethnischen Abstammung, aber auch wegen des Geschlechts, des Alters sowie der sexuellen Neigungen. Zwar lassen sich hier – wie in allen Fällen des kontraproduktiven Verhaltens – die Auftretensquoten nur schwer abschätzen, allerdings berichten Vertreter betroffener Gruppen, dass sie immer wieder Diskriminierungen durch Dienstleister erleben. Sofern solches Verhalten der Geschäftspolitik entgegensteht, zählt es zu kontraproduktivem Verhalten (zu den Coping-Versuchen der betroffenen Kunden und den Konsequenzen für die Organisation vgl. Walsh, 2009; ein Instrument zur Messung der Diskriminierung haben Walsh & Klinner-Möller, 2010, entwickelt).

Harris und Ogbonna (2002) haben sich einem anderen, vermutlich sehr viel weiter verbreiteten Aspekt dieses Verhaltensbereiches gewidmet, den sie als *Service-Sabotage* bezeichnen. Darunter verstehen die Autoren Verhaltensweisen von Organisationsmitgliedern, die absichtlich darauf zielen, den Service negativ zu beeinflussen. Da auch zur Service-Sabotage noch keinerlei wissenschaftliche Erkenntnisse vorlagen, haben die Autoren einen qualitativ-explorierenden Forschungsansatz gewählt und 182 Tiefeninterviews mit Kundenkontaktmitarbeitern aus dem Gastgewerbe (Hotels, Restaurants) durchgeführt. Die Aussagen wurden inhaltsanalytisch ausgewertet und zu einer Typologie verdichtet, die zwei Dimensionen unterscheidet. Zum einen der Grad der Normalität, d.h. erfolgt das Verhalten routinemäßig oder ist es eher außergewöhnlich. Zum anderen die Frage der Offensichtlichkeit, d.h. die

Frage, ob das Verhalten verdeckt ist oder in aller Öffentlichkeit ausgeführt wird. Dadurch ergeben sich die in Tabelle 2 dargestellten vier Verhaltensklassen.

Tabelle 2: Klassifikation der Formen von Service-Sabotage (nach Harris & Ogbonna, 2002)

„Normalität"	Offensichtlichkeit	
	verdeckt	offen
routinemäßig	üblich-verdeckte Service-Sabotage	üblich-öffentliche Service-Sabotage
unregelmäßig	sporadisch-verdeckte Service-Sabotage	sporadisch-öffentliche Service-Sabotage

Üblich-verdeckte Service-Sabotage umfasst Mitarbeiterverhalten, das zwar heimlich ausgeführt wird, aber bereits Teil der Unternehmenskultur geworden ist und damit normativen Charakter angenommen hat. 25% der Aussagen fielen in diese Kategorie, in der meistens verdeckte Racheakte beschrieben werden, z.B. „Many customers are rude or difficult, not polite like you or I. Getting your own back evens the score. There are lots of things that you do that no one but you will ever know – smaller portions, dodgy wine, a bad beer – all that and you serve it with a smile! Sweet revenge!" (ein Kellner; ebd., S. 169)

Üblich-öffentliche Service-Sabotage ist routinemäßig gezeigtes Verhalten, das anderen Personen – gewöhnlich Kollegen – bestimmte Botschaften signalisiert. 47% der Aussagen fallen in diese Kategorie, damit ist es das am häufigsten gezeigte bzw. zumindest das am besten erinnerte oder auch nur das aus Gründen der sozialen Erwünschtheit noch am ehesten eingestandene Verhalten. Die Beispiele für dieses Verhalten variieren enorm, wobei sich drei Klassen unterscheiden lassen: die Geschwindigkeit des Service wird gezielt torpediert; es wird versucht, den Kunden zu bevormunden; oder aber man versucht, den Kunden herabzusetzen bzw. verhält sich herablassend, ohne dass dies nachweisbar wäre, z.B. „You can put on a real old show. You know – if the guest is in a hurry, you slow it right down and drag it right out and if they want a chat, you can do the monosyllabic stuff. And all the time you know that your mates are round the corner laughing their heads off!" (ein Portier, ebd, S. 170). Die Aussage verdeutlicht, wie dem Kunden übel mitgespielt wird mit dem Ziel, den anwesenden Kollegen zu signalisieren, dass man sich nicht alles gefallen lassen muss.

Sporadisch-verdeckte Service-Sabotage ist ein gelegentlich gezeigtes Verhalten, das von den Mitarbeitern nicht als durch akzeptierte Normen abgesichert betrachtet wird. Beispiele werden nur in 11% der Fälle genannt. Entweder wird heimlich der Service eines bestimmten Kunden sabotiert, gelegentlich richtet sich das Verhalten gegen Kollegen und wird dann als Witz getarnt oder aber das Verhalten hat kein konkretes Objekt und ist nur Ausdruck der Frustration, z.B. „I don't know why I do it. Sometimes it is simply a bad day, a lousy week, I dunno – but kicking someone's bags down the back stairs is not that unusual – not every day – I guess a couple of times a month" (ein Portier; ebd., S. 171).

Sporadisch-öffentliche Service-Sabotage ist ein gezieltes, öffentliches Fehlverhalten, das sorgfältige Planung und Ausführung erfordert. Beispiele dafür finden sich in 17% der Fälle. Zum einen handelt es sich um Verhalten, mit dem die Interaktion unterbrochen, persönliches Eigentum der Kunden beschädigt oder sogar Kunden verletzt werden – was zu unmittelbaren Entschuldigungen führt. Zum anderen wirken mehrere Mitarbeiter zusammen, um den Kunden zu kujonieren (was als öffentlich geteilter Witz inszeniert wird), z.B. „The trick is to get them and then straight away launch into the apologies. I've seen it done thousands of times – burning hot plates into someone's hands, gravy dripped on sleeves, drinks spilt on backs, wigs knocked off – that was funny, soups spilt in laps, you get the idea!" (ein Page; ebd., S. 171).

Diese Untersuchung gelangt zwar zu ebenso anschaulichen wie eindrucksvollen Beschreibungen des betreffenden Verhaltens, sagt aber noch nichts über die psychologischen Antezedenzen und vor allem nichts über die ökonomischen Konsequenzen aus. Solchen Fragen haben sich Harris und Ogbonna (2006) gewidmet. Die Autoren haben sieben theoretisch begründete, psychologische Antezedenzen und fünf Konsequenzen – neben psychologischen auch wahrgenommene ökonomische – erhoben. Aufbauend auf ihrer Studie aus dem Jahre 2002 haben die Autoren ein neun Items umfassendes Maß der Service-Sabotage entwickelt, die Antezedenzen wurden mit modifizierten Versionen getesteter Instrumente erfasst. Der Fragebogen wurde an ca. 1000 Restaurants verschickt, 259 vollständig ausgefüllte Fragebögen kamen zurück. Nicht ganz klar ist, wer die Fragebögen ausgefüllt hat (die Vorgabe lautete, Mitarbeiter mit Kundenkontakt einzustufen). Die Ergebnisse wurden einer Strukturgleichungsanalyse unterzogen, die angepassten Ergebnisse zeigt Abbildung 15.

Demnach wird Service-Sabotage eher unterlassen, wenn die Mitarbeiter im Kundenkontakt daran interessiert sind, im Unternehmen zu bleiben bzw. dort Karriere machen wollen; wenn sie wahrnehmen, dass sie in ihrer Arbeit überwacht werden – d.h. glauben, dass Sabotage leicht entdeckt wird – bzw. wenn sie sich kulturell kontrolliert fühlen. Mit kultureller Kontrolle ist der Grad gemeint, in dem Kontrolle aufgrund der Interventionen der Vorgesetzten internalisiert wurde und in der Folge mehr oder weniger automatisch das Verhalten steuert. Die Wahrscheinlichkeit von Service-Sabotage steigt, wenn die Dienstleister sich soziale Anerkennung erwünschen, eine hohe Risikoneigung haben und glauben, der Arbeitsmarkt biete ihnen gute Chancen. Demnach wäre Service-Sabotage in erster Linie durch (soziale) Belohnungen in Form von Anerkennung durch die Kollegen bzw. die Angst vor Entdeckung und die damit verbundenen negativen Folgen motiviert. Unmittelbare Auslöser scheinen frustrierende Arbeitserlebnisse oder interaktional-ungerechtes Kundenverhalten zu sein. Wie für den ganzen Forschungsbereich ist bei dieser Erklärung aber zu bedenken, dass Service-Sabotage sozial unerwünschtes Verhalten ist, das sich mit dem Hinweis auf das ungerechte Verhalten der Kunden am ehesten legitimieren lässt (vgl. Skarlicki, van Jaarsveld & Walker, 2008; zum Fehlverhalten von Kunden, das Mitarbeitern häufig als Rechtfertigung für kontraproduktives Verhalten dient, vgl. Kapitel 8.3.3).

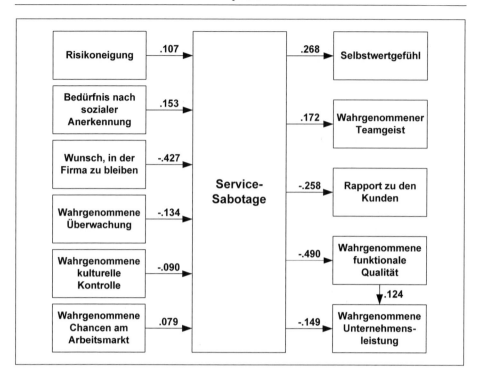

Abbildung 15: Antezedenzen und Konsequenzen der Service-Sabotage (nach Harris & Ogbonna, 2006); alle Korrelationen sign. für p = .05

Als wichtige negative Konsequenzen werden die schädlichen Wirkungen auf die funktionale Qualität der Dienstleistung angesehen. Das verleiht natürlich einem Racheimpuls das notwendige Gewicht – ebenso wie die damit verbundenen, wahrgenommenen negativen Auswirkungen auf die Ergebnisse des Unternehmens. Wohl eher mit einer abschreckenden Wirkung werden die negativen Auswirkungen auf die Qualität der Beziehung zu den Kunden („Rapport zu den Kunden") genannt. Positiv dagegen werden die Auswirkungen auf das Selbstwertgefühl und den Teamgeist eingestuft. Demnach scheint Service-Sabotage in statusniederen Dienstleistungstätigkeiten wie im hier untersuchten Gaststättengewerbe letztlich (auch) der Stützung der eigenen Identität und dem Gruppenzusammenhalt zu dienen.

Die Erforschung kontraproduktiven Verhaltens und seiner Wirkungen im Dienstleistungsbereich steht – wie sich zusammenfassend festhalten lässt – noch ganz am Anfang. Dieser Verhaltensbereich sollte aber künftig sehr viel intensiver untersucht werden, da er offensichtlich für das Verständnis der Situation der Dienstleister sehr wichtig ist. Schon Goffman (1959) hat darauf verwiesen, dass Dienstleister aufgrund des dienenden Charakters ihrer Tätigkeit Identitätsprobleme entwickeln können, die sie nicht zuletzt durch kontraproduktives Verhalten gegenüber denjenigen, denen sie dienen müssen, zu kompensieren versuchen. Dass in der Untersuchung von Harris und Ogbonna (2002) Formen der üblich-öffentlichen Service-Sabotage am häufigsten nachgewiesen wurden, bestärkt diese These. Solche Verhaltensweisen richten sich in erster Linie an die Kollegen mit der Botschaft: wir müssen uns von den Kunden nicht alles gefallen lassen! Die Ergebnisse der quantitativen Befragung, wonach von einem solchen Verhalten positive Auswirkungen für das Selbstwertgefühl und den Teamgeist erwartet werden, unterstreichen diese Deutung. In den untersuchten, eher statusniederen Berufen des Gaststättengewerbes scheinen bestimmte Formen der Service-Sabotage eine – vielleicht sogar die einzige – Möglichkeit zu sein, eine akzeptable soziale Identität zu wahren.

6.3.3 Soziales Verhalten

Im Gegensatz zum instrumentellen Verhalten, das sich im weiteren Sinne auf Objekte richtet, ist soziales Verhalten in bestimmter Weise auf *Subjekte* gerichtet (Dunkel & Voß, 2004). Zum sozialen Verhalten zählt in Dienstleistungen der rituelle Austausch von Höflichkeiten und Achtungsbezeugungen, der häufig am Beginn der Interaktion steht bzw. das instrumentell-technische Verhalten begleitet und zumindest teilweise dessen Durchführung erleichtert, d.h. soziales Verhalten steht indirekt im Dienst der Aufgabenerfüllung. Die Erfüllung solcher sozialer Aufgaben erfordert – wie jegliches Handeln im Dienstleistungsbereich – kommunikative Fertigkeiten. Das scheint so selbstverständlich, dass sich kaum Forschung zu den speziellen Wirkungen der Kommunikation bzw. des kommunikativen Verhaltens im Bereich der Dienstleistungsinteraktion findet. Im Folgenden wird daher nur kurz die Bedeutung der Kommunikation und speziell des Kommunikationsstils für die Gestaltung der Interaktion mit dem Kunden untersucht. Der Kommunikationsstil hat wiederum Auswirkungen auf die Bewältigung einer speziellen sozialen Aufgabe. Zu Beginn jeder Interaktion muss der für eine erfolgreiche Kommunikation notwendige Rapport zum Kunden hergestellt werden. Gelingt dies nicht, erschwert das dem Dienstleister die Bearbeitung der Probleme und der Kunde wird die Qualität der Dienstleistung weniger gut bewerten.

6.3.3.1 Sprechhandlungen, Kommunikation und Kommunikationsstil

In den meisten Dienstleistungen ist Sprache das wichtigste Instrument zur Steuerung der Interaktion mit dem Kunden, sprechend wirkt der Dienstleister auf den Kunden ein, weshalb dieses Vorgehen auch als *Sprechhandlungen* bezeichnet wird. In Anlehnung an Hacker (2009) lassen sich folgende Hauptformen von Sprechhandlungen in der Dienstleistungsinteraktion unterscheiden:
1. *Unterhalten* der Kunden: Beeinflussung der Stimmung ohne spezifische Absicht der Verhaltensbeeinflussung;
2. *Kenntnisvermittlung*: Darstellung von Informationen mit dem Ziel der Vermittlung von Wissen;
3. *Aussagenfördernde* (verbale und nonverbale) *Aktivitäten*: in erster Linie durch „aktives Zuhören" können Kunden dazu gebracht werden, sich zu öffnen;
4. *Fragen/Dialog zur Informationsgewinnung über Kunden*: Ziel ist die Ermittlung der Wünsche der Kunden bzw. Anamnese/Diagnose des Problems;

5. Sprechen zur *Verhaltensbeeinflussung:* durch Sprechen können die Handlungen der Kunden gesteuert werden;
6. Direktes *Anweisen:* Handlungsanweisungen erteilen.

Mit solchen Sprechhandlungen versuchen Dienstleister, die Ko-Produktion zu organisieren bzw. ihre Ziele zu erreichen. Insofern zählen die meisten dieser Sprechhandlungen zum instrumentellen Verhalten, dienen sie doch letztlich der Aufgabenbewältigung im Sinne der Lösung der Probleme des Kunden. Wird dabei die Reaktion des Kunden berücksichtigt, entsteht Kommunikation.

Im weitesten Sinne wird *Kommunikation* als Austausch von Informationen definiert (vgl. zum Folgenden Blickle, 2004; Nerdinger, 2008a). Im Rahmen der Erstellung von Dienstleistungen dient Kommunikation in erster Linie der möglichst effizienten Abstimmung zwischen den Akteuren, d.h. Dienstleister und Kunde tauschen Informationen aus mit dem Ziel, ein Problem des Kunden zu lösen. Um sinnvoll von Kommunikation sprechen zu können, müssen einige Voraussetzungen erfüllt sein. Dem Austausch von Mitteilungen liegt gewöhnlich eine Absicht zugrunde. Eine Mitteilung setzt ein Ziel voraus, das unter Zugriff auf ein bestimmtes Medium – brieflich, elektronisch, fernmündlich oder verbal von Angesicht zu Angesicht – verfolgt wird. Dabei orientieren sich die Kommunikationsteilnehmer wechselseitig an einem oder mehreren Themen. Damit es zur Verständigung kommt, müssen beide Akteure über einen gemeinsam geteilten Vorrat an Zeichen verfügen. Die im Rahmen der Kommunikation verwendeten Zeichen sind verbaler oder nonverbaler Art, entsprechend wird verbale von nonverbaler Kommunikation unterschieden.

Nach dem Filtermodell der Kommunikation (vgl. dazu Blickle, 2004) ist das Verständnis kommunikativer Mitteilungen vom Rezipienten abhängig. Sein Vorwissen, aber auch seine Einstellungen und Ziele legen fest, welche verschiedenen Bedeutungen ein Rezipient ein und derselben Nachricht entnehmen kann. So wird mit jeder Mitteilung immer auch etwas über die Beziehung zwischen den Akteuren ausgesagt: was ein Sender vom Empfänger hält, wie er zu ihm steht, aber auch, was er über die Beziehung zum Empfänger denkt. Das wird gewöhnlich am Tonfall und anderen nicht sprachlichen Signalen erkennbar. Dies wird als die *Beziehungsebene* der Kommunikation bezeichnet.

Das Filtermodell ist in der Lage zu erklären, wie es zu Missverständnissen bei der kommunikativen Abstimmung in der Dienstleistungsdyade kommt. Die Interpretationsmöglichkeiten sprachlicher Botschaften sind allerdings nicht beliebig, da ein Sender gewöhnlich durch nonverbale Kommunikation verdeutlicht, wie die Nachricht zu verstehen ist. Durch Mimik, Gestik, Körperhaltung oder auch durch Modulation der Stimme, d.h. durch paraverbale Signale können Botschaften übermittelt werden. Begleiten solche nonverbalen Signale die verbale Kommunikation, machen sie dem Rezipienten häufig erst klar, wie eine verbale Botschaft zu verstehen ist (Sundaram & Webster, 2000). Da die Einschätzung der Dienstleistungsqualität durch die Kunden letztlich in hohem Maße durch das Erlebnis der Interaktion mit dem Dienstleister bestimmt wird, sollte dessen nonverbale Kommunikation von großer Bedeutung für die vom Kunden wahrgenommene Dienstleistungsqualität und seine Zufriedenheit mit der Leistung sein (vgl. dazu Gabbott & Hogg, 2000).

Die Art, in der ein Sender verbal oder nonverbal mit einem Empfänger interagiert, um zu signalisieren, wie eine Botschaft aufgefasst, interpretiert, gefiltert oder verstanden werden soll, bezeichnet Norton (1978) als *Kommunikationsstil*. Das Konzept des Kommunikationsstils ist dem sozialen Verhalten in der hier verwendeten Bedeutung zuzuordnen. Zwischenmenschliche Kommunikation kann entspannt, aufmerksam, offen, freundlich, dominant, dramatisch, streitsüchtig, beeindruckend oder lebendig wirken. *Wie* Kommunikation wirkt, beschreibt das Konzept des Kommunikationsstils. Sheth (1976) unterscheidet im persönlichen Verkauf drei Kommunikationsstile: Aufgaben-, Interaktions- und Selbstorientierung (vgl. dazu Nerdinger, 2007b).

1. Der *aufgabenorientierte* Kommunikationsstil ist auf das Ziel der Interaktion ausgerichtet. Dienstleister bzw. Kunden, die diesen Stil praktizieren, sind auf Effizienz bedacht und minimieren Aufwand, Zeit und Kosten.
2. Ein *interaktionsorientierter* Stil signalisiert vor allem Interesse an persönlichen und sozialen Aspekten und nimmt dabei sogar eine Vernachlässigung des Ziels der Interaktion in Kauf.
3. Der *selbstorientierte* Kommunikationsstil verweist auf eine ich-bezogene, wenig empathische und nur am eigenen Erfolg interessierte Kommunikation.

Williams und Spiro (1985) haben diese drei Stile in einem Fragebogen operationalisiert und damit Verkäufer-Kunde-Interaktionen überprüft. Verkäufer im Einzelhandel haben den Kommunikationsstil von bis zu vier Kunden jeweils nach einem Verkaufsgespräch eingestuft, die so beurteilten Kunden bewerteten den Kommunikationsstil des Verkäufers, mit dem sie vorher Kontakt hatten. Der objektiv erfasste Erfolg der Verkaufsgespräche konnte am besten über den von den Kunden wahrgenommenen Kommunikationsstil des Verkäufers erklärt werden. Zu ähnlichen Ergebnissen kommen Wong und Tjosvold (1995) in einer Simulationsstudie im Bankbereich. Die Autoren vergleichen die Wirkungen eines „warmen" Kommunikationsstils – entspricht dem interaktionsorientierten Stil von Sheth (1976) – mit einem „kalten" Stil, der dem aufgabenorientierten Stil ähnlich ist. Ein warmer Kommunikationsstil führt zur Wahrnehmung einer besseren Dienstleistungsqualität, zu größerer Zufriedenheit mit einem simulierten Beratungsgespräch und zu mehr Vertrauen in künftige Geschäftsbeziehungen mit der Bank.

An den Befunden dieser Studien setzen Webster und Sundaram (2009) an und überprüfen die Bedeutung des Kommunikationsstils in einem Kontext professioneller Dienstleistungen – befragt wurden 366 Kunden von 12 Finanz- und Steuerberatungsunternehmen. Sie unterscheiden nur zwei Kommunikationsstile. Der *beziehungsorientierte* Stil ist darauf ausgerichtet, eine positive Beziehung mit dem Empfänger aufzubauen bzw. zu bewahren. Ein solcher Stil ist gekennzeichnet durch kommunikatives Verhalten, welches u.a. Sorge um den anderen, Freundlichkeit, Empathie, Wärme, Mitgefühl, Humor und soziale Orientierung ausdrückt (entspricht dem interaktionsorientierten Stil von Sheth, 1976). Der *dominante* Stil versucht, den Empfänger zu kontrollieren. Dazu zählen Verhaltensweisen wie Knappheit, Prägnanz, Vorgabe der Gesprächsrichtung, verbale Übertreibung zur Betonung eines Aspekts und eine Tendenz zur Dramatisierung und Gestikulierung (dies entspricht nur in Bezug auf die Kommunikationsinhalte dem aufgabenbezogenen Stil von Sheth, 1976). Wie einige medizinsoziologische Studien belegen, kommunizieren gerade Dienstleister im Gesundheitsbereich gehäuft im dominanten Stil, um gegenüber den Klienten Macht, Autorität, Status und professionelle Distanz zu beweisen (vgl. Webster & Sundaram, 2009).

Auch in professionellen finanzbezogenen Dienstleistungen haben diese Kommunikationsstile Einfluss auf die Zufriedenheit der Kunden, wobei die Wirkung durch zwei Merkmale der Situation moderiert wird: die Kritikalität und die Art der Dienstleistung. *Kritikalität* bezeichnet die wahrgenommene Bedeutung einer bestimmten Dienstleistungsbegegnung, *Art* bezieht sich darauf, ob die Qualität der Dienstleistung relativ leicht oder eher schwer zu bewerten ist (die Autoren unterscheiden im Sinne von Zeithaml, 1981, Prüf-, Erfahrungs- und Vertrauensqualitäten; vgl. Kapitel 2). Ein beziehungsorientierter Kommunikationsstil führt in sehr kritischen Situationen (hohe Kritikalität), die in Dienstleistungen auftreten, die durch Vertrauensqualitäten gekennzeichnet sind (Art der Dienstleistung) – d.h. die Qualität der Dienstleistung lässt sich in diesen Fällen nur schwer bewerten –, eher zur Kundenzufriedenheit. Ist die Dienstleistung durch Erfahrungsqualitäten gekennzeichnet und ihr Ergebnis lässt sich daher eher leicht bewerten, hat der beziehungsorientierte Stil keinen Einfluss auf die Kundenzufriedenheit.

Einen etwas anderen Zugang zur Kommunikationsproblematik wählen Silvester, Patterson, Koczwara und Ferguson (2007) in ihrer Untersuchung der Frage, welche psychologischen und verhaltensbezogenen Merkmale von Ärzten die Zuschreibung von Empathie bedingen. Die Autoren vermuten, dass der Kommunikationsstil von entscheidender Bedeutung dafür ist, ob ein Arzt in der Interaktion mit dem Patienten als empathisch erlebt wird oder nicht. Die Autoren haben zunächst zwei solcher Kommunikationsstile bei Ärzten unterschieden – den beziehungsorientierten Stil, der dem interaktionsorientierten Stil von Sheth (1976) entspricht, und den kontrollorientierten Stil, der nur partiell dem aufgabenorientierten Stil entspricht. Kontrollorientierte Ärzte konzentrieren sich in der Kommunikation mit dem Patienten mehr auf technische als auf persönliche Informationen und verwenden mehr geschlossene Fragen, wodurch der Patient weniger Möglichkeiten hat, Inhalt und Richtung der Kommunikation zu beeinflussen (ähnlich dem dominanten Stil von Webster & Sundaram, 2009). Ärzte mit einem beziehungsorientierten Stil sollten daher als empathischer eingestuft werden im Vergleich zu Ärzten mit einem kontrollorientierten Stil. Im Zuge der empirischen Untersuchungen musste allerdings noch ein dritter Stil berücksichtigt werden – ein als beruhigend bezeichneter Stil. Dabei werden die Ängste des Patienten ins Zentrum der Kommunikation gestellt und der Arzt versucht, die Patienten zu beschwichtigen. Von diesem Stil wurde erwartet – so die nachträglich entwickelte Hypothese –, dass er ebenfalls positiv auf die beim Arzt wahrgenommene Empathie wirkt.

Weiter interessierte die Autoren die Frage, welche Persönlichkeitsmerkmale von Ärzten auf die Wahrnehmung ihrer Empathie wirken. Silvester et al. (2007) konzentrieren sich dabei auf die wahrgenommene Kontrolle. *Wahrgenommene Kontrolle* bezeichnet das Ausmaß, in dem typischerweise Handlungsergebnisse mit Ursachen erklärt werden, die der Erklärende selber kontrollieren kann. Ärzte, die in diesem Sinne glauben, sie könnten die Interaktion mit dem Patienten kontrollieren, wählen nach Meinung der Autoren eher einen offenen bzw. einen beruhigenden Kommunikationsstil, da sie sich ja sicher sind, die von den Patienten vorgebrachten Anliegen kontrollieren zu können. Umgekehrt sollten Ärzte versuchen, die Kommunikation mit dem Patienten zu kontrollieren, wenn sie geringe Kontrolle wahrnehmen. Damit die Kommunikation nicht in eine aus ihrer Sicht unerwünschte, verunsichernde Richtung läuft, versuchen sie, die Kommunikation stark zu steuern. Die von Ärzten wahrgenommene Kontrolle wird nach diesen Überlegungen über ihren Kommunikationsstil auf die von den Patienten wahrgenommene Empathie vermittelt.

Diese Hypothesen wurden im Rahmen eines Assessment Centers (AC) überprüft, an dem sich 100 qualifizierte Ärzte mit dem Ziel der Auswahl für eine Weiterbildung zum Allgemeinen Mediziner beteiligt haben („general practitioner"; dieses für England typische Berufsbild ist dem deutschen Allgemeinmediziner nur bedingt vergleichbar). Vor dem AC haben die Mediziner einen Fragebogen zur Erfassung medizinischer Attributionen im Sinne der wahrgenommenen Kontrolle ausgefüllt. Während des AC wurde u.a. ein Rollenspiel durchgeführt, in dem eine Konsultation mit einem Patienten simuliert wurde. „Patienten" und Assessoren haben danach eingestuft, wie empathisch sich die Mediziner verhalten haben. Die Zusammenhänge wurden pfadanalytisch geschätzt, Abbildung 16 zeigt die Ergebnisse für die Einstufung der Empathie durch Patienten.

Wie vermutet, wirkt wahrgenommene Kontrolle positiv auf einen offenen bzw. negativ auf einen kontrollierenden Kommunikationsstil. Die Wirkung auf einen beruhigenden Stil ist dagegen nicht signifikant. Der kontrollierende Kommunikationsstil hat weder aus Patientensicht noch aus Sicht der Assessoren Einfluss auf die Einstufung der Empathie. Ein offener Kommunikationsstil beeinflusst dieses wichtige Merkmal nur aus Sicht der Assessoren, ein beruhigender dagegen nur aus Sicht der Patienten. Ursache dafür dürften die unterschiedlichen Interessen der Befragten sein – während es Patienten als sehr einfühlsam erleben, wenn der Arzt sie hinsichtlich ihrer Ängste beruhigt, erleben es unbeteiligte Beobachter als Zeichen der Empathie, wenn Ärzte dem Patienten im Rahmen der Interaktion die Möglichkeit einräumen, offen seine Bedürfnisse zu äußern. Aus Sicht der Patienten könnte dieses Verhalten eher eine Selbstverständlichkeit sein, die entsprechend gar nicht in die Einschätzung der Empathie des Arztes einfließt.

Der Kommunikationsstil des Dienstleisters hat nach den Befunden der hier berichteten Studien offensichtlich großen Einfluss auf das Erleben der Beziehung durch den Kunden und auch auf die Einschätzung sozialer Merkmale des Dienstleisters wie z.B. der Empathie durch außenstehende Beobachter. Die Zufriedenheit mit der Dienstleistung wird sehr stark durch den Kommunikationsstil des Dienstleisters beeinflusst. Der Grund dafür liegt in der Beziehungsebene der Kommunikation, denn Empfänger können jeder Mitteilung Hinweise darauf entnehmen, was ein Sender vom Empfänger hält, wie er zu ihm steht oder was er über die Beziehung zum Empfänger denkt. Das wird gewöhnlich am Tonfall und anderen nicht sprachlichen Signalen erkennbar.

Die große Bedeutung der Kommunikation und speziell der dabei entfalteten Beziehungsebene wird bereits am Beginn jeder (Dienstleistungs-)Interaktion deutlich. Die Beziehung zwischen Dienstleister und Kunde wird sich positiver entfalten, wenn es dem Dienstleister gelingt, zum Kunden schon beim ersten Kontakt Rapport herzustellen.

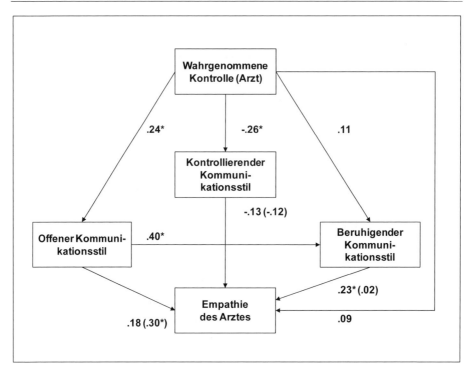

Abbildung 16: Die Wirkung wahrgenommener Kontrolle und verschiedener Kommunikationsstile auf die Einstufung der ärztlichen Empathie (nach Silvester et al., 2007; in Klammern sind die Werte für die Einstufungen durch die Assessoren angegeben); * p = .05

6.3.3.2 Rapportstiftendes Verhalten

Der Begriff *Rapport* bezeichnet die wahrgenommene Qualität einer Beziehung (Gremler & Gwinner, 2008). Die Qualität beruht auf der Kommunikation zwischen den Parteien und ist durch eine erlebte Verbindung bzw. wechselseitiges Verstehen charakterisiert. Theoretisch sollte Rapport in Dienstleistungsbeziehungen beim Kunden das Erleben wahrgenommener Kontrolle über die Situation erhöhen, zu einer größeren Kundenzufriedenheit führen und die Bindung an die Beziehung erhöhen, weshalb auch mit einer höheren Loyalität zum Unternehmen zu rechnen ist. Trotz dieser großen theoretischen Bedeutung ist das Verhalten, das zu Rapport in Dienstleistungsbeziehungen führt, bislang noch wenig erforscht. Gremler und Gwinner (2008) haben daher anhand der Critical-Incident-Technique (CIT; vgl. Flanagan, 1954) exploriert, wie Dienstleister versuchen, Rapport herzustellen und wie Kunden deren Vorgehen erleben. CIT wird in der Dienstleistungsforschung extensiv eingesetzt (vgl. Nerdinger, 2007a), deshalb soll diese Methode kurz charakterisiert werden.

Ursprünglich wurde CIT als eine halbstandardisierte Methode der Arbeitsanalyse entwickelt (vgl. Ulich, 2005), in der Dienstleistungsforschung wird sie für die verschiedensten Fragestellungen eingesetzt. Bitner, Nyquist und Booms (1985) haben CIT erstmals auf die Erforschung der Kundenzufriedenheit übertragen. Im Anschluss an diese bahnbrechende Untersuchung wurden damit u.a. die Qualität von Dienstleistungen aus Sicht der Kunden (Bitner, Booms & Tetreault, 1990) und aus Sicht der Dienstleister (Bitner, Booms & Mohr, 1994), die Ursachen für den Wechsel eines Dienstleisters (Keaveney, 1995) und der Einfluss von Selbstbedienungs-Technologien auf die Zufriedenheit mit Dienstleistungen erforscht (Meuter, Ostrom, Roundtree & Bitner, 2000; in den folgenden Kapiteln werden noch einige neuere Untersuchungen, die mit dieser Methode durchgeführt wurden, etwas genauer dargestellt). Bei Untersuchungen mit CIT werden Kunden lediglich aufgefordert, sich an Ereignisse bei der Begegnung mit einem Dienstleister zu erinnern, die sie besonders zufrieden bzw. besonders unzufrieden gemacht haben. Der Interviewer lässt sich das Ereignis schildern und fragt solange nach, bis der Ablauf des Ereignisses und vor allem das dabei auftretende Verhalten eindeutig nachvollziehbar sind. Sofern bei diesem Vorgehen überhaupt eine methodische Restriktion vorgenommen wird, besteht sie im Flanagan-Kriterium, wonach solange neue Stichproben von Ereignissen gezogen werden, bis die letzten hundert Ereignisberichte nicht mehr als drei neue Ereignis-Kategorien erbringen (vgl. Groß-Engelmann, 1999). Die Ereignisse werden aufgezeichnet und anschließend über Kategorienbildung ausgewertet.

Gremler und Gwinner (2008) wollten erfahren, durch welche Verhaltensweisen Dienstleister Rapport mit Kunden herstellen. Zu diesem Zweck wurden Einzelhandelskunden und Kundenkontaktangestellte gebeten, sich an ein Ereignis zu erinnern, in dem es einem Dienstleister bzw. dem jeweils befragten Mitarbeiter gelungen ist, Rapport herzustellen. Das Ereignis sollte dann so genau beschrieben werden, dass sich alles, was der Mitarbeiter in dieser Situation konkret gemacht hat, vollständig erschließen lässt (im Unterschied zur ursprünglichen Technik wurden in diesem Fall keine negativen Ereignisse gesammelt).

Von 133 Einzelhandelskunden und 140 Kundenkontaktangestellten im Einzelhandel wurden 273 kritische Ereignisse gesammelt und in ein sukzessive entwickeltes Klassifikationsschema eingeordnet. Zur Überprüfung der Qualität des Klassifikationsschemas wurden noch einmal 115 kritische Ereignisse bei 59 Kunden bzw. 56 Angestellten erhoben. Die Kategorien wurden z.T. in Anlehnung an eine vorher durchgeführte Literaturanalyse entwickelt, darüber hinaus zeigten sich aber auch einige für Dienstleistungen spezifische (Sub-)Kategorien. Folgende fünf Oberkategorien mit den jeweiligen Subkategorien wurden gebildet:

1. *Ungewöhnlich aufmerksames Verhalten:*
    - Atypische Handlungen (z.B. eine Extra-Anstrengung, die niemand erwarten würde);
    - Persönliche Anerkennung (z.B. den Namen des Kunden oder spezifische Infos erinnern);
    - Intensives persönliches Interesse (der Mitarbeiter signalisiert, dass er mehr am Kunden als am „Geschäft" interessiert ist);
2. *Gemeinsamkeiten entdecken:*
    - Beiderseitige Interessen identifizieren (z.B. in den Feldern Hobbies, Herkunft, Sport etc.);

- Andere Ähnlichkeiten finden (die sich gewöhnlich während der Interaktion ergeben);
3. *Zuvorkommendes Verhalten:*
   - Unerwartete Aufrichtigkeit (besondere Ehrlichkeit, die u.U. sogar zu Lasten des eigenen Unternehmens geht);
   - Höflichkeit (besonders freundlich, angenehm oder hilfreich sein);
   - Empathie (sich einfühlsam verhalten, sich um den Kunden bemühen);
4. *Verbindendes Verhalten:*
   - Humorvolles Verhalten (einen Witz machen, den Kunden zum Lachen bringen);
   - Angenehme Konversation (der Mitarbeiter initiiert ein angenehmes Thema, um die Konversation zu starten);
   - Freundliche Interaktion (durch besonders freundliches, warmes, persönliches Verhalten);
5. *Informationen teilen:*
   - Ratschläge geben (der Mitarbeiter schlägt dem Kunden etwas vor oder erläutert Zusammenhänge);
   - Wissensvermittlung (den Kunden am eigenen Expertenwissen über ein bestimmtes Objekt teilhaben lassen);
   - Durch Fragen die Bedürfnisse des Kunden ermitteln (helfen dem Mitarbeiter bei der Realisierung der Dienstleistung und vermitteln dem Kunden, dass ihm genau zugehört wird).

Viele dieser Vorgehensweisen werden z.B. im Rahmen des persönlichen Verkaufs seit langem gezielt eingesetzt, um die Umsätze zu steigern (Nerdinger, 2001b). So wird im persönlichen Verkauf z.B. regelmäßig empfohlen, Gemeinsamkeiten mit dem Kunden zu thematisieren, da auf diesem Wege das Gefühl der Ähnlichkeit erhöht wird. Mit der wahrgenommenen Ähnlichkeit steigt wiederum die Sympathie, was einen Verkaufsabschluss wahrscheinlicher macht (Cialdini, 2007).

Diese Befunde sind rein deskriptiv und geben keine Erklärungen für das Entstehen von Rapport. Für die praktische Steuerung der Interaktion durch die Dienstleister haben sie aber eine nicht unerhebliche Bedeutung, denn sie geben anschauliche Beschreibungen erfolgskritischer sozialer Verhaltensweisen und können als Grundlage für Schulungsmaßnahmen dienen. Dabei lassen sich die verschiedenen Methoden, mit denen Rapport hergestellt wird, z.B. in Form von Rollenspielen üben.

Wissenschaftlich gesehen fehlt es aber noch an theoretischen Grundlagen zum Verständnis der bei der Rapport-Bildung ablaufenden Prozesse sowie eine quantitativ-statistische Prüfung der Wirkung der verschiedenen Techniken. Mcintosh (2009) hat im Rahmen einer Fragebogenstudie einen ersten Versuch in diese Richtung unternommen. Er befragte 121 Patienten zu ihrer Beziehung zu ihrem jeweiligen Zahnarzt. Überprüft wurden hypothetische Antezedenzen und Konsequenzen des Rapports mit Strukturgleichungsmodellen. Demnach sind Vertrautheit, wechselseitige Selbstoffenbarung (self-disclosure), Extras (ungewöhnliche Aufmerksamkeiten) und wahrgenommene Gemeinsamkeiten mit dem Dienstleister wichtige Antezedenzen von Rapport, der wiederum zu Kundenzufriedenheit und Weiterempfehlungen führt. Vertrauen als Konsequenz ist dagegen differenzierter zu betrachten: in frühen Phasen der Beziehung führt Rapport zu Vertrauen, im Laufe der Beziehung verliert

Rapport seine Bedeutung für das wechselseitig Vertrauen. In sehr lange dauernden Beziehungen soll nach den Ergebnissen dieser Studie der Rapport aber wieder wichtiger werden.

Diese Befunde bedürfen sicher noch genauerer Untersuchung, basieren sie doch lediglich auf einer Querschnittuntersuchung einer zudem sehr spezifischen professionellen Dienstleistungsbeziehung. Außerdem können die untersuchten Antezedenzen offensichtlich auch zu gegenteiligen Effekten führen. So finden sich z.B. Hinweise, dass Extras im Sinne ungewöhnlich aufmerksamen Verhaltens negative Wirkungen haben können, wenn die Erwartungen der Kunden allzu weit übertroffen werden und sie deshalb anfangen, über die Ursachen der als übertrieben empfundenen Aufmerksamkeit nachzudenken (Estelami & de Maeyer, 2002).

Schließlich können auch aus dem gegensätzlichen Verhalten Schlüsse über die Bedeutung von Rapport gezogen werden. Das Gegenteil von rapportstiftendem Verhalten – offen feindseliges Verhalten von Dienstleistern – sollte nach den Überlegungen von Doucet (2004) nicht immer zu negativen Konsequenzen führen. Gemäß ihrer Hypothese wird die Wirkung feindseligen Verhaltens durch die Qualität der technischen Leistung (d.h. also den Ergebnissen des instrumentellen Handelns) und der vom Kunden dem Service zugeschriebenen Nützlichkeit moderiert. Unter *feindseligem Verhalten* versteht Doucet (2004) offensichtliche Aktionen einer Partei gegenüber einer anderen, die von dieser als bösartig, nachteilig oder als militant erlebt werden.

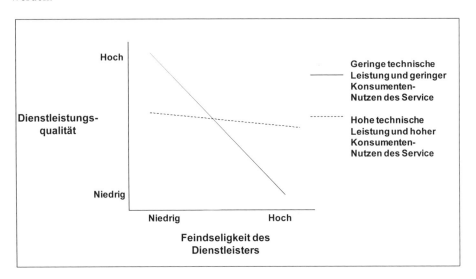

Abbildung 17: Die Wirkung feindseligen Verhaltens von Dienstleistern auf die von Kunden wahrgenommene Dienstleistungsqualität in Abhängigkeit von der technischen Leistung (nach Doucet, 2004)

Doucet (2004) hat ihre Hypothese an aufgezeichneten Dialogen zwischen Call-Center-Agenten und Kunden sowie an nachträglichen Befragungen der entsprechenden Kunden untersucht. Interaktionen mit Call-Center-Agenten sind relativ anonym und daher erleben sich Kunden eher wenig zur Höflichkeit verpflichtet. Untersucht wurden die Interaktionen von 142 Mitarbeiter-Kunden Paaren. Feindseligkeit des Mitarbeiters wurde über ein Kodierschema operationalisiert, Dienstleistungsqualität mittels Fragebogen über neun Items bei den zugeordneten Kunden erhoben (vgl. Abbildung 17).

Die Ergebnisse bestätigen die Hypothese, d.h. unter bestimmten Bedingungen ist die Problemlösung wichtiger als das soziale Verhalten. Wenn das technische Verhalten, d.h. die Problemlösung durch den Mitarbeiter in gewünschter Qualität erfolgt und der dadurch erzielte Nutzen für den Kunden sehr hoch ist, wird die wahrgenommene Dienstleistungsqualität – zumindest bei Interaktionen mit Call-Center-Agenten – auch durch feindseliges Verhalten nicht negativ beeinflusst.

Aus den Ergebnissen lässt sich aber auch schlussfolgern, dass in den meisten Fällen das soziale Verhalten des Dienstleisters, speziell das rapportstiftende Verhalten, entscheidend ist für die Bewertung der Dienstleistungsqualität. Damit erhebt sich die Frage nach der relativen Bedeutung beider Verhaltensweisen.

6.3.4 Die Relation von instrumentellem zu sozialem Verhalten

Sowohl instrumentelles als auch soziales Verhalten kann in der Dienstleistungsbegegnung in sehr differenzierter Form auftreten. Zum Verständnis der Tätigkeit von Dienstleistern sind beide Formen zu berücksichtigen, denn diese sind wechselseitig aufeinander bezogen. So dient gewöhnlich das soziale Verhalten dazu, die Leistung problemlos abzuwickeln, d.h. aus Sicht des Dienstleisters unterstützt es das instrumentelle Verhalten. Soziales Verhalten richtet sich intentional in bestimmter Weise auf Subjekte. Der damit verbundene, eher rituelle Austausch von Höflichkeiten und Achtungsbezeugungen zielt letztlich auf den Schutz der Persönlichkeit der Akteure, durch soziales Handeln wird gezeigt, dass das instrumentelle Handeln nichts mit der Persönlichkeit des Interaktionspartners zu tun hat (Goffman, 1961). Umgekehrt scheint damit aber die Persönlichkeit bzw. das Selbst der Akteure allein durch den Umstand einer Begegnung zwischen Fremden prinzipiell in die Dienstleistung involviert zu sein. Durch ihr Verhalten präsentieren die Akteure jeweils eine bestimmte Persönlichkeit, die bei den Interaktionspartnern einen entsprechenden Eindruck hinterlässt. Die Erfahrung der Problemlösung ist daher immer auch Erfahrung von der Persönlichkeit anderer Menschen. Die Einschätzung der Qualität einer Leistung umfasst mehr als nur die wahrgenommene Qualität der Problemlösung.

Aus Sicht der Kunden kann das soziale Verhalten deshalb sogar wichtiger sein als das instrumentelle. Butcher, Sparks und O'Callaghan (2003) haben die Wirkung des sozialen Respekts, den ein Dienstleister gegenüber dem Kunden zeigt, mit der Bedeutung der wahrgenommenen Qualität der Kern-Dienstleistung und dem wahrgenommenen Preis-Leistungsverhältnis jeweils in ihrer Auswirkung auf die Zufriedenheit mit der Dienstleistungsbegegnung verglichen. *Sozialen Respekt* definieren die Autoren als die authentisch gezeigte Achtung, die Rücksicht gegenüber und das Interesse für den Kunden. Sozialer Respekt macht demnach einen wesentlichen Teil der sozialen Verhaltensebene aus. Die Autoren haben Kunden von Friseuren, Cafés und Naturheilkundlern befragt. Dabei hatte sozialer Respekt in allen drei Bereichen einen größeren Einfluss auf die Zufriedenheit mit der Dienstleistung im Vergleich mit dem wahrgenommenen Preis-Leistungsverhältnis. Insgesamt gesehen ist die

Bedeutung von sozialem Respekt ähnlich groß wie die wahrgenommene Qualität der Kern-Dienstleistung (die Qualität des Haarschnitts beim Friseur, der Getränke im Café bzw. der Behandlung im Sinne des instrumentellen Verhaltens des Naturheilkundlers), im Café ist sozialer Respekt nach den Befunden von Butcher et al. (2003) sogar noch wichtiger.

In dieser Studie erweist sich soziales Verhalten als (mindestens) genauso wichtig wie das Ergebnis der Kern-Dienstleistung. Allerdings wurden hier eher einfache, für den Kunden mit wenig Risiko verbundene Dienstleistungen untersucht. Demgegenüber haben Kanning und Bergmann (2006) von 351 Privatkunden einer Bank die Zufriedenheit mit den Dienstleistungen der Bank einstufen lassen. Zudem wurden die soziale und die Fachkompetenz der Bankangestellten sowie die Produkte (Vielfalt, Konditionen, Qualität) und die Rahmenbedingungen der Serviceleistung (Erreichbarkeit, räumliche Gegebenheiten, Personalbesetzung, Informationspolitik) bewertet. Die soziale Kompetenz konnte 46% der Kundenzufriedenheit erklären, Fachkompetenz dagegen hatte keinerlei Erklärungskraft (zum Vergleich: Die Produkte erklären 3% und die Rahmenbedingungen 1%; zu ähnlichen, wenn auch nicht ganz so extrem unterschiedlichen Verteilungen zwischen sozialen und technischen Fähigkeiten kommt Hennig-Thurau, 2004).

Demnach wäre die Qualität des sozialen Handelns praktisch alleine verantwortlich für die Kundenzufriedenheit, instrumentelles Handeln dagegen wäre völlig unwichtig. Dieser Befund muss genauer interpretiert werden, schließlich ist kaum anzunehmen, dass Bankkunden einen fachlich unfähigen Berater nur wegen seines angenehmen sozialen Verhaltens akzeptieren würden (und sogar noch zufrieden wären, wenn sie aufgrund seiner Beratung ihr Geld verlieren). Vermutlich ist das Ergebnis eher so zu verstehen: Die fachlichen Kompetenzen der Bankberater haben mittlerweile – zumindest aus Sicht der Kunden – einen so hohen Standard, dass eine adäquate Beratung als Selbstverständlichkeit vorausgesetzt wird. In diesem Fall richtet sich die Aufmerksamkeit verstärkt auf das soziale Verhalten des Dienstleisters, seine Höflichkeit, Zuvorkommenheit, sein Eingehen auf die individuellen Besonderheiten etc. Würde ein Berater aber z.B. Anlagen empfehlen, die zu Verlusten führen, könnten solche Fehler des instrumentellen Verhaltens vermutlich nicht durch das soziale Verhalten kompensiert werden. Für diese Deutung sprechen auch die Ergebnisse einer Untersuchung von Specht und Fichtel (2006). In einer Befragung von Dienstleistungskunden fanden sie heraus, dass ein aus der wahrgenommenen Anstrengung und der sozialen Kompetenz des Dienstleisters gebildeter Faktor die Zufriedenheit der Kunden mit der Leistung in sehr viel höherem Maße erklärt als ein Faktor der fachlichen Fähigkeiten. Das gilt für einen Durchschnittswert aller abgefragten Ereignisse mit dem Dienstleister. Werden aber positive und negative Ereignisse getrennt untersucht, zeigt sich, dass bei der Erklärung negativer Ereignisse die fachlichen Fähigkeiten einen stärkeren Einfluss als die sozialen Fähigkeiten haben.

Folgende Schlussfolgerungen bieten sich an. Solange in einer Dienstleistungsbranche das instrumentelle Verhalten der Dienstleister eine sehr hohe Qualität erreicht (bzw. von den Kunden wahrgenommen wird) oder aber die Kunden kaum Unterschiede in der fachlichen Kompetenz verschiedener Dienstleister wahrnehmen, achten sie vor allem auf das soziale Verhalten. Daher wird in diesen Fällen das soziale Verhalten über die wahrgenommene Qualität der Dienstleistung und die Zufriedenheit der Kunden entscheiden. In der Konsequenz ermöglicht das soziale Verhalten unter solchen Bedingungen eine Differenzierung zwischen konkurrierenden Dienstleistungsunternehmen. Um ein solches, positiv bewertetes soziales Verhalten zeigen zu können, benötigen die Dienstleister jedoch einige grundlegende psychologische Fähigkeiten, wobei der Fähigkeit zur Bewältigung der Anforderungen an die Emotionsarbeit besondere Bedeutung zukommt.

6.4 Grundlegende Anforderungen: Emotionsarbeit

Rollenverhalten bzw. die verschiedenen Formen sozialen und instrumentellen Verhaltens gegenüber mehr oder weniger fremden Menschen bilden den Kern der Tätigkeit von Dienstleistern. Die erfolgreiche Bewältigung solcher Tätigkeiten – erfolgreich im Sinne der wahrgenommenen Dienstleistungsqualität, der Kundenzufriedenheit, der Wiederkaufsabsicht der Kunden etc. – stellt grundlegende Anforderungen an die sozialen Fähigkeiten von Dienstleistern. Dazu zählen die bereits erläuterten Fähigkeiten der Empathie (Batson, 1981) oder der Perspektivenübernahme (Parker & Axtell, 2001) bzw. generell alle Merkmale, die mit dem sehr allgemeinen und deshalb relativ unscharfen Konzept der sozialen Kompetenz beschrieben werden (Kanning, 2005). Ein wichtiger Aspekt der sozialen Kompetenz ist die Fähigkeit, die Gefühle der Kunden gezielt zu beeinflussen – das Erleben positiver Gefühle ist eine wesentliche Voraussetzung, damit die Kunden mit der Interaktion zufrieden sind und die Dienstleistungsqualität positiv einschätzen. Die Beeinflussung der Gefühle des Kunden setzt wiederum voraus, dass Dienstleister ihre eigenen Gefühle kontrollieren und dem Kunden einen bestimmten erwünschten Gefühlsausdruck überzeugend präsentieren können. Diese Fähigkeit wird in der Literatur als Emotionsregulation bezeichnet, mit Blick auf die beruflichen Anforderungen wird es mit dem Konzept der Emotionsarbeit erforscht. Für die hier gewählte Differenzierung des Verhaltens lässt sich feststellen: Emotionsarbeit ist wesentliche Voraussetzung für den Erfolg des in der Interaktion mit dem Kunden gezeigten sozialen Verhaltens (dagegen bildet es für Schauspieler – deren Tätigkeit ebenfalls zu den Dienstleistungen zählt – einen für ihre Kunst entscheidenden Aspekt des instrumentellen Verhaltens).

Zum Feld der Emotionsarbeit findet sich mittlerweile sehr viel Literatur, einige wesentliche Erkenntnisse dieser Forschungen werden im Folgenden knapp rekonstruiert. Dazu ist es notwendig, zunächst einige emotionspsychologische Grundlagen zu verdeutlichen.

6.4.1 Emotionspsychologische Grundlagen

Obwohl es sich bei den Emotionen um ein zentrales Forschungsfeld der Psychologie handelt, besteht bislang in dieser Disziplin keine Übereinstimmung darüber, was dieser Begriff genau bezeichnet (vgl. zum Folgenden Nerdinger, 2008a). In einem sehr eingeschränkten Sinn sind darunter innere Erregungsvorgänge zu verstehen, die als angenehm oder unangenehm erlebt werden. Mit dieser Definition lassen sich Emotionen von den verwandten Konzepten „Affekt" und „Stimmung" abgrenzen:

Affekte sind demnach kurzzeitige, sehr starke Emotionen; Stimmungen sind dagegen länger dauernde Tönungen des Erlebens, die gewissermaßen einen atmosphärischen Hintergrund des Erlebens bilden.

Die inhaltliche Umschreibung von Emotionen steht vor dem Problem der extremen Differenziertheit des emotionalen Erlebens. Dabei lassen sich verschiedene Merkmale unterscheiden, wobei zumindest über drei dieser Merkmale weitgehende Einigkeit besteht. Diese werden daher auch als *Emotions-Trias* bezeichnet. Demnach umfassen Emotionen

- physiologische Prozesse,
- das bewusst erlebte Gefühl und
- den Gefühlsausdruck, der sich als nonverbales Verhalten darstellt.

Emotionen sind „leib-seelische" Vorgänge, d.h. physiologische und psychische Prozesse sind untrennbar miteinander verbunden. So ist die Emotion „Angst" gewöhnlich gekennzeichnet durch einen hohen Anteil des Stresshormons „Adrenalin" im Blut, durch eingeschränkte Blutzufuhr zur Haut, aufgerissene Augen, große Muskelspannung, erhöhten Puls und schnellen Atemrhythmus. Allerdings können nicht für alle Emotionen je spezifische Muster *physiologischer Prozesse* identifiziert werden, sodass auf der Basis der physiologischen Reaktionen keine eindeutige Beschreibung der verschiedenen Qualitäten von Emotionen möglich ist.

Die Qualitäten des Erlebens werden als *Gefühle* bezeichnet. Obwohl – oder vielleicht weil – die Sprache über eine unüberschaubare Zahl von Begriffen zur Beschreibung von Gefühlen verfügt, ist eine wissenschaftlich-präzise Kennzeichnung der Gefühle äußerst schwierig. Sehr viel präziser lässt sich dagegen das dritte Merkmal von Emotionen erfassen, der *Gefühlsausdruck*. Darunter werden die Reaktionen in Mimik, Gestik, Stimme und anderen körperlichen Formen verstanden, die eine Emotion begleiten. Für das menschliche Ausdrucksverhalten ist die Mimik besonders wichtig. Starkes Interesse hat in der Forschung die Frage gefunden, ob einzelne Emotionen mit einem eindeutig erkennbaren Gesichtsausdruck einhergehen und ob solche Gesichtsausdrücke interkulturell vergleichbar sind. In diesem Fall kann auf die Wirkung angeborener neuronaler Programme geschlossen werden. Beide Fragen lassen sich bejahen (vgl. Scherer & Wallbott, 1990).

Typische mimische Ausdrucksmuster zentraler Emotionen hat bereits Charles Darwin in seinem bahnbrechenden Werk „The expression of the emotions in man and animals" (1872/2000) beschrieben:
- *Freude/Glück:* der Mund ist geöffnet, die Mundwinkel nach hinten und oben gezogen; die Oberlippe ist etwas angehoben, unter und neben den Augen zeigen sich Fältchen;
- *Trauer/Verzweiflung:* die Mundwinkel sind gesenkt, die inneren Enden der Augenbrauen angehoben;
- *Furcht/Angst:* weit geöffneter Mund und aufgerissene Augen, zusammengezogene Pupillen;
- *Ärger/Wut:* senkrechte Falten auf der Stirn, zurückgezogene Lippen oder zusammengepresste Lippen und Zähne;
- *Abscheu:* Naserümpfen, leichtes Heben der Nase, senkrechte Falten auf der Stirn und geöffneter Mund.

Die Erfassung der Emotionen über die Beobachtung des Ausdrucks steht allerdings vor dem Problem, dass dieser Ausdruck in vielen Situationen der sozialen Kontrolle unterliegt – beispielsweise wird der Ausdruck von Wut oder Furcht gewöhnlich in Anwesenheit anderer Personen unterdrückt. Eine solche Beeinflussung der Emotionen wird als Emotionsregulation bezeichnet, die im Zentrum der Emotionsarbeit steht.

6.4.2 Konzepte der Emotionsarbeit

Der Begriff *Emotionsarbeit* wird in der wissenschaftlichen Literatur unterschiedlich verwendet (vgl. zum Folgenden Nerdinger, 2001a; Rastetter, 2008). Strauss, Fagerhaugh, Suczek und Wiener (1980) haben diesen Begriff in die Forschung eingeführt und verstehen darunter die Beeinflussung der Gefühle des Patienten (ihr Konzept wurde im Rahmen von Untersuchungen in Krankenhäusern entwickelt). Darin sehen diese Autoren eine entscheidende Erfolgsbedingung der Arbeit in den heilenden und pflegenden Dienstleistungen. Emotionsarbeit – von ihnen als *sentimental work* bezeichnet – definieren sie als diejenigen Handlungen, die für die Durchführung der Hauptarbeitslinie notwendig sind. Der Begriff *Hauptarbeitslinie* bezieht sich auf die instrumentellen Handlungen zur Bewältigung der Arbeitsanforderungen. In ärztlichen bzw. pflegerischen Handlungen kann die Hauptarbeitslinie z.B. im Beseitigen verbrannter Hautreste bestehen, die dafür notwendigen instrumentellen Handlungen bestehen im Abschrubben der verbrannten Haut des Patienten (vgl. Strauss et al., 1980). Diese für den Patienten enorm schmerzhafte Prozedur begleiten Krankenschwestern gewöhnlich mit Sprechhandlungen, die auf die Gefühle des Patienten Einfluss nehmen, ihn z.B. trösten, beruhigen oder vom schmerzhaften Erleben ablenken sollen. So verstandene Emotionsarbeit steht also im Dienst der Arbeitsaufgabe, sie ermöglicht oder erleichtert zumindest die Ausführung der instrumentellen Arbeitshandlungen.

Damit diese Form der Emotionsarbeit effektiv ist, müssen Dienstleister aber auch ihre eigenen Gefühle kontrollieren, im gewählten Beispiel dürfen sie keinen Ekel oder anderen negativen Gefühle wie Erschrecken über das Aussehen der Haut oder Ärger über „unkooperative" Reaktionen des Patienten zeigen, stattdessen sollen sie zuversichtlich wirken und mitfühlende Ruhe ausstrahlen. Die Bewältigung dieser Anforderung bezeichnen Strauss et al. (1980) als „emotional work". Dieser Begriff beschreibt also die Anforderung, dem Patienten einen bestimmten Gefühlsausdruck zu präsentieren. Das zweite, in der Literatur sehr viel häufiger anzutreffende Konzept der Emotionsarbeit konzentriert sich auf die emotional work, auf die Präsentation von Gefühlen. Dabei interessiert die Regulation und Bearbeitung der eigenen Gefühle durch den Dienstleister mit dem Ziel, einen – in der Regel vom Unternehmen erwünschten – Gefühlsausdruck hervorzurufen.

Die Frage der sozialen Erwünschtheit präsentierter Gefühle ist zentral für das zweite Konzept der Emotionsarbeit, das die Soziologin Arlie Hochschild (1990) bekannt gemacht hat. Sie definiert Emotionsarbeit als das Management des Fühlens mit dem Ziel, im Tausch für Lohn eine öffentlich sichtbare Darstellung der Gefühle zu präsentieren. Den Ausgangspunkt ihrer Überlegungen bildet die Feststellung, dass sich in vielen Dienstleistungsunternehmen *Darstellungsregeln* finden, die vorschreiben, welchen Gefühlsausdruck die Mitarbeiter im Kontakt mit den Kunden zeigen sollen. Solche Regeln bleiben gewöhnlich implizit, in manchen Unternehmen werden sie aber auch schriftlich fixiert bzw. den Mitarbeitern im Rahmen von entsprechenden Trainings vermittelt (Rastetter, 2008). Darstellungsregeln variieren in der Regel auf zwei Dimensionen: den Anforderungen, positive Emotionen darzustellen bzw. der Forderung, negative Gefühle zu unterdrücken. In Abhängigkeit von der auszudrückenden Emotion und den spezifischen Arbeitszielen können diese Dimensionen allerdings starken Nuancen unterliegen (Diefendorff & Greguras, 2009). Nur in Ausnahmefällen, z.B. bei Inkasso-Angestellten oder bei Mitarbeitern von Sicherheitsdiensten, finden sich umgekehrte Anforderungen in dem Sinne, dass sie bei anderen – die nicht ihre Kunden sondern buchstäblich die Objekte ihres Handelns sind – möglichst Angst auslösen sollen (vgl. Sutton, 1991; Rafaeli & Sutton, 1991). Darstellungsregeln beruhen auf Normen der Organisation oder des Berufs, sie werden im Rahmen der beruflichen bzw. organisationalen Sozialisation erlernt und bilden einen wesentlichen Teil der beruflichen Rolle (Diefendorff, Richard & Croyle, 2006).

Die bewusste Herstellung und Präsentation eines Gefühlsausdrucks, der in Einklang mit den normativen Darstellungsregeln einer Arbeitssituation steht, bezeichnet Hochschild (1990) als Emotionsarbeit. Warum Darstellungsregeln zu Emotionsarbeit im Sinne der Regulation von Emotionen führt, haben Diefendorff und Gosserand (2003) kontrolltheoretisch erklärt. Die Kontrolltheorie postuliert, dass Selbstregulation über den Vergleich des wahrgenommenen Ist-Zustandes mit einem vorgegebenen Soll-Zustand – einem zu erfüllenden Standard – erfolgt. Werden Diskrepanzen zwischen Ist und Soll festgestellt, kommt es zur Regulation bis zu dem Punkt, an dem die Diskrepanz verschwunden ist. Übertragen auf das Problem der Emotionsarbeit lassen sich Darstellungsregeln als Standard (Soll-Wert) interpretieren, der mit der aktuell wahrgenommenen Gefühlsdarstellung verglichen wird. Werden dabei Diskrepanzen festgestellt, versuchen Dienstleister sie durch Emotionsarbeit zu beseitigen. Ausgehend von dieser Interpretation haben Allen, Pugh, Grandey und Groth (2010) empirisch belegt, dass die Wahrnehmung von Standards in Form von Darstellungsregeln zu Emotionsarbeit führt, und zwar unabhängig von der dispositionellen Affektivität als ein Persönlichkeitsmerkmal der befragten Dienstleister, das bestimmte Emotionsdarstellungen nahelegt. Dabei reagieren aber nicht alle Menschen auf Darstellungsregeln gleich, d.h. nicht alle Menschen übernehmen sie als Standard oder Soll-Wert und richten daran ihre Emotionsregulation aus. Vielmehr hängt die Einhaltung der Regeln vom Commitment, d.h. der Bindung an die Regeln ab. Je mehr sich Dienstleister an die Regeln gebunden fühlen, desto ausgeprägter ist ihre Emotionsarbeit und desto besser entsprechen die im beruflichen Kontakt mit Kunden gezeigten Gefühle den Darstellungsregeln der Organisation (Gosserand & Diefendorff, 2005).

Auch im Alltagsleben müssen Menschen häufig ihre Gefühle regulieren, als Beispiel führt Hochschild die Teilnahme an einer Beerdigung an, wobei erwartet wird, dass die Anwesenden Gefühle der Trauer präsentieren. In dem Maße, in dem diese nicht empfunden werden, muss der entsprechende Gefühlsausdruck willkürlich hervorgerufen werden. Ähnliche Anforderungen erleben Dienstleister in beruflichen Interaktionen mit den Kollegen, den Vorgesetzten und vor allem mit den Kunden.

Interessanterweise wird im Rahmen von Dienstleistungsberufen mehr mit Kollegen interagiert und die Interaktionen mit diesen erfordern mehr Emotionsarbeit als in anderen Branchen (vgl. Tschan, Rochat & Zapf, 2005). Während die Orientierung an Darstellungsregeln im Alltag unproblematisch erscheint – Hochschild (1990) spricht in diesem Zusammenhang nicht von Emotionsarbeit, sondern von Emotionsmanagement – wird in Dienstleistungstätigkeiten, die eine Interaktion mit Kunden erfordern, der Gefühlsausdruck zu einem wesentlichen Teil der Arbeit. Der Wert und die Qualität einer Dienstleistung wird auch – in vielen Fällen sogar in erster Linie – nach der Form, in der sie erbracht wird, beurteilt (Nerdinger, 2005a; 2007a). Hochschild erläutert diese Differenz zwischen privater und beruflicher Emotionsregulation mit Begriffen der Entfremdungstheorie von Karl Marx. Emotionsregulation hat im Privatleben *Gebrauchswert* und ist deshalb unproblematisch, im Berufsleben dagegen hat es einen *Tauschwert* (die Gefühlsdarstellung und die damit verbundene Anstrengung wird im Tausch gegen Geld gezeigt), daher soll sie nach ihrer Konzeption negative Konsequenzen für den Mitarbeiter haben (vgl. Kapitel 6.5).

Im Gegensatz dazu konzentrieren sich Morris und Feldman (1996) aus stresstheoretischer Sicht auf den mit Emotionsarbeit verbundenen psychischen Aufwand. Der Dienstleister muss nicht nur seine Aufgaben erfüllen und sich dabei körperlich und geistig anstrengen, er muss darüber hinaus beim Kunden einen – in der Regel positiven – emotionalen Eindruck auslösen. Da sich der beruflich geforderte Ausdruck bestimmter Gefühle nicht immer automatisch einstellt, sondern der Dienstleister ihn häufig bewusst herstellen muss, sollte diese Arbeitsanforderung mit psychischer Anstrengung verbunden sein. Daher definieren Morris und Feldman (1996) Emotionsarbeit als den Aufwand, den Planung und Kontrolle des von der Organisation erwünschten Gefühlsausdrucks in beruflichen Interaktionen erfordern. Zu beachten ist, dass diese Definition lediglich auf den mit Emotionsarbeit verbundenen psychischen Aufwand verweist, dabei aber deren Zweck, nämlich in anderen bestimmte Gefühle hervorzurufen, vernachlässigt (vgl. Seery & Corrigall, 2009). Für die Erfassung der Konsequenzen der Emotionsarbeit ist es wichtig, den mit Emotionsarbeit verbundenen psychischen Aufwand zu betonen. Bevor die Konsequenzen genauer betrachtet werden, ist noch zu klären, wie Emotionsarbeit verrichtet wird, d.h. welche Strategien dabei eingesetzt werden.

6.4.3 Strategien der Emotionsarbeit

Nach Hochschild lassen sich zwei Strategien der Emotionsarbeit unterscheiden, die sie Oberflächenhandeln (surface acting) bzw. Tiefenhandeln (deep acting) nennt. Beim *Oberflächenhandeln* versuchen Dienstleister, die sichtbaren Anteile der Emotion – den Gefühlsausdruck – unabhängig von den erlebten Gefühlen in Einklang mit den Darstellungsregeln zu bringen. Wenn also z.B. gefordert ist, den Kunden freundlich zu begegnen, werden sie in diesem Fall die Kunden anlächeln. Allerdings ist der nonverbale Ausdruck von Gefühlen nicht so leicht zu beeinflussen wie das verbale Verhalten und wirkt daher leicht unglaubwürdig. Beispielsweise unterliegen die um den Mund liegenden Muskeln der willkürlichen Kontrolle, weshalb es relativ einfach ist, mit dem Mund ein Lächeln zu simulieren. Wird aber das zugehörige Gefühl der Freude nicht erlebt, bleibt die Muskulatur um die Augen unbewegt, da diese unwillkürlich auf die erlebten Gefühle bzw. die damit verbundenen physiologischen Änderungen reagiert (Ekman, 2003; vgl. aber Krumhuber & Manstead, 2009). Vermutlich orientieren sich Menschen im Rahmen von Interaktionen gerade deshalb an bestimmten nonverbalen Signalen – besonders der Augen –, um herauszufinden, ob sie den Gefühlsdarstellungen des anderen „trauen" können.

Oberflächenhandeln steht nicht nur in Gefahr, unauthentisch zu wirken und damit den beim Kunden erwünschten Effekt zu verfehlen, es hat vor allem auch negative Konsequenzen für den Dienstleister. Dargestellte und erlebte Gefühle können sich widersprechen, ein Zustand, den Hochschild (1990) als *emotionale Dissonanz* bezeichnet hat. Verschiedene empirische Untersuchungen belegen, dass Oberflächenhandeln zum Erleben emotionaler Dissonanz führt, die wiederum ein wichtiger Prädiktor von Stress und Burnout ist (u.a. Dormann, Zapf & Isic, 2002; Grebner, Semmer, Faso, Gut, Kälin & Elfering, 2003; Zapf & Holz, 2006; Wegge, van Dick & von Bernstorff, 2010; Hülsheger, Lang & Maier, 2010; vgl. Kapitel 6.5.2).

Diese negativen Konsequenzen können durch *Tiefenhandeln* vermieden werden. Im Unterschied zum Oberflächenhandeln wird beim Tiefenhandeln versucht, das zu fühlen, was dargestellt werden soll. Dazu setzen Dienstleister nach Hochschild (1990) im Wesentlichen drei Techniken ein.

1. Durch *Aufmerksamkeitsfokussierung* werden die Gedanken auf Erlebnisse oder Objekte gerichtet, die in der Lage sind, die erforderlichen Gefühle hervorzurufen. In Anlehnung an den russischen Regisseur Stanislawski, der diese Technik seinen Schauspielern zur Erzeugung eines authentischen Gefühlsausdrucks vermittelt hat, wird das auch als *Stanislawski-Technik* bezeichnet. So können negative Gefühle im Kundenkontakt durch das gezielte Hervorrufen angenehmer Erinnerungen bekämpft werden. Zum Beispiel stellen sich manche Flugbegleiter angesichts schwieriger Fluggäste vor, dass sich diese wie Kinder vor der Situation im Flugzeug fürchten und daher für ihr ungebührliches Verhalten nicht verantwortlich sind (Hochschild 1990). Sofern ihnen dies gelingt, werden sie ähnliche Gefühle wie gegenüber ängstlichen Kindern erleben und automatisch den entsprechend fürsorglichen Gefühlsausdruck zeigen.
Eine spezielle Form der Aufmerksamkeitsfokussierung stellt die Perspektivenübernahme dar, d.h. die kognitive Fähigkeit, sich in andere Menschen hineinzuversetzen und deren Wahrnehmung eines Ereignisses nachzuvollziehen (Parker & Axtell, 2001). Durch dieses Vorgehen können auch die eigenen Gefühle gegenüber einer Situation im Sinne des anderen, dessen Perspektive übernommen wird, modifiziert werden (vgl. Totterdell & Holman, 2003).
2. Bei der zweiten Technik – der *kognitiven Umdeutung* – werden Situationen umbewertet, um die Emotionen zu verändern, die eine Bewertung hervorrufen können. So kann ein Mitarbeiter z.B. versuchen, die Ursachen für den Ärger des Kunden nicht bei der eigenen Person zu suchen, sondern auf Merkmale der Situation zurückzuführen.
3. Negative Gefühle lassen sich schließlich auch durch den Einsatz von *Entspannungstechniken* kontrollieren. Wenn Dienstleister vor einem schwierigen, möglicherweise angstauslösenden Kundenkontakt stehen, können sie sich durch entsprechende Techniken vorher entspannen. Da Entspannung und Angst inkompatibel sind – das Gefühl der Angst geht immer mit physiologischen Prozessen ein-

her, die zu körperlicher Spannung führen –, fällt es ihnen dann leichter, dem Kunden mit einem angemessenen Gefühlsausdruck zu begegnen.

Die Einteilung der Emotionsregulationsstrategien in Oberflächen- und Tiefenhandeln scheint der Komplexität der Realität allerdings nicht hinreichend gerecht zu werden. Gross (1998; 2002) hat ein prozessorientiertes Modell der Emotionsregulation vorgelegt, das von der theoretischen Annahme ausgeht, Emotionen würden auf zwei Arten reguliert – indem entweder der gefühlsauslösende Reiz (Stimulus) selbst bzw. die Wahrnehmung des Reizes verändert wird (antecedent-focused regulation) oder aber indem auf die Reaktion eingewirkt wird (response-focused regulation). In der stimulusbezogenen Regulation unterscheidet Gross (1998; 2002) vier verschiedene Formen, sodass insgesamt fünf Klassen von Strategien entstehen: Situationsauswahl, Situationsmodifikation, Aufmerksamkeitsverteilung, kognitiver Wandel sowie Reaktionsmodulation.

Diese Differenzierung der Emotionsregulationsstrategien ist auch für den Dienstleistungsbereich von Bedeutung. Diefendorff, Richard und Yang (2008) haben in einer Befragung von 260 berufstätigen Studenten u.a. die Häufigkeit des Einsatzes dieser Strategien in der Arbeit und die Verbindung zu konkreten emotionalen Ereignissen untersucht. Zuerst wurden Items zu jeder der fünf Kategorien formuliert, die auf mehreren Wegen zu folgenden 14 Strategien der Emotionsregulation verdichtet wurden:

1. *Situationsauswahl:*
   - Unangenehme Gefühle auslösende Situation vermeiden
   - Mit Personen in Kontakt treten, bei denen man sich wohl fühlt;
2. *Situationsmodifikation:*
   - Versuchen, das Problem zu lösen;
   - Sich aus der Situation zurückziehen;
3. *Aufmerksamkeitsverteilung:*
   - Etwas Angenehmes machen, um die Stimmung zu verbessern;
   - Die ganze Energie auf andere Dinge richten;
   - Die Aufmerksamkeit auf etwas richten, das nicht beunruhigt;
4. *Kognitiver Wandel:*
   - Die Situation in einem positiven Licht sehen (re-interpretieren);
   - Die witzige Seite der Situation herausfinden;
   - Daran denken, wie die andere Person sich fühlt;
   - Daran denken, dass die Situation auch viel schlimmer sein könnte;
   - Sich daran erinnern, dass man alles kontrollieren kann;
5. *Reaktionsmodulation:*
   - Vorgeben, in guter Stimmung zu sein;
   - Verbergen, wie man sich wirklich fühlt.

Zwischen 46 und 75% der Befragten hatte in den letzten 30 Tagen vor der Befragung eine der 14 Strategien mindestens einmal in der Arbeit eingesetzt. Im Zusammenhang mit Dienstleistungstätigkeiten wurden besonders häufig folgende Strategien genannt: sich aus der Situation zurückziehen; die Situation in einem positiven Licht sehen (re-interpretieren); die witzige Seite der Situation herausfinden; daran denken, wie die andere Person sich fühlt; sich daran erinnern, dass man alles kontrollieren kann; verbergen, wie man sich wirklich fühlt.

Allgemein sind nach den Befunden dieser Studie vermeidungsbasierte Strategien (z.B. „sich aus der Situation zurückziehen") bei der Arbeit weniger nützlich im Vergleich zu aktiven Strategien der Emotionsregulation (z.B. „die Situation re-interpretieren"). Zudem zeigt sich, dass *Reaktionsmodulation* und *kognitiver Wandel*, die annähernd dem Oberflächen- bzw. Tiefenhandeln entsprechen, nur mit mittleren Frequenzen auftreten – im Gegensatz zur Annahme, dass damit die wichtigsten Strategien der Emotionsregulation beschrieben sind, legt diese Studie nahe, dass es vermutlich nicht die gängigsten sind. Zudem können die Autoren einen relativ engen Zusammenhang zwischen bestimmten, Gefühle auslösenden Situationen und zugehörigen Emotionsregulationsstrategien nachweisen. Demnach wäre es wichtig, künftig differenziertere Strategien in Verbindung mit den auslösenden Situationen zu untersuchen. Bislang beschränkt sich allerdings die Erforschung der Regulationsstrategien im Dienstleistungsbereich weiterhin auf das Oberflächen- und Tiefenhandeln.

Eine weitere Frage betrifft das Problem, wovon es abhängt, ob ein Dienstleister als Reaktion auf wahrgenommene Darstellungsregeln mit Oberflächen- bzw. Tiefenhandeln reagiert. Hier kommen in erster Linie Personenmerkmale in Betracht. Diefendorff, Croyle und Gosserand (2005) haben an 270 Dienstleistern aus verschiedenen Branchen überprüft, ob durch das Fünf-Faktoren-Modell der Persönlichkeit der Einsatz der verschiedenen Strategien zu erklären ist. Demnach lässt sich Oberflächenhandeln relativ gut durch Persönlichkeitsmerkmale erklären, Tiefenhandeln dagegen nur in geringem Maße. *Neurotizismus* korreliert positiv mit Oberflächenhandeln und kann den größten Anteil an der Varianz erklären, dagegen haben Gewissenhaftigkeit, Verträglichkeit und Extraversion schwächere negative Zusammenhänge mit Oberflächenhandeln. Demgegenüber kann Tiefenhandeln nur durch *Verträglichkeit*, d.h. ein sozial orientiertes Persönlichkeitsmerkmal signifikant, aber relativ schwach erklärt werden. Verträglichkeit erklärt auch den authentischen Ausdruck gefühlter Emotionen in gleicher Höhe wie die Extraversion. In der Metaanalyse von Mount et al. (1998; vgl. Kapitel 6.1) hatte sich gezeigt, dass Neurotizismus von den fünf Faktoren am engsten (negativ) mit der Leistung korreliert. Nach diesen und den Befunden von Diefendorff et al. (2005) führt die mit diesem Merkmal umschriebene Ängstlichkeit im Umgang mit anderen zu einer Gefühlsdarstellung durch Oberflächenhandeln. Die ebenfalls befragten Führungskräfte dieser Dienstleister stuften solche, durch Oberflächenhandeln gekennzeichnete Leistungen schlechter ein im Vergleich zu Leistungen, die durch Tiefenhandeln erzielt wurden.

Neurotizismus sollte zudem mit einer geringeren Kundenorientierung einhergehen, entsprechend haben Allen et al. (2010) vermutet, dass die Kundenorientierung der Dienstleister für die Wahl der Regulationsstrategie entscheidend ist. Im Sinne von Brown et al. (2002) verstehen sie Kundenorientierung als die intrinsische Motivation zur Arbeit mit Kunden, d.h. die Freude an der Interaktion und der Möglichkeit, Kunden zufriedenzustellen, sind ihr Hauptantrieb. Da die persönlichen Ziele kundenorientierter Mitarbeiter mit den Darstellungsregeln des Unternehmens übereinstimmen sollten und aufgrund ihrer Freude an der Interaktion mit Kunden erwarten die Autoren, dass kundenorientierte Mitarbeiter häufiger ihre Gefühlsdarstellung durch Tiefenhandeln regulieren, um authentischer erlebt zu werden und einen besseren Kontakt zu den Kunden herzustellen. Dagegen sollten Dienstleister mit geringerer Kundenorientierung häufiger zu Oberflächenhandeln greifen, da es ihnen lediglich darum geht, den von der Organisation geforderten Darstellungsregeln zu entsprechen. In einer Untersuchung von über 500 Dienstleistern mit Kundenkontakt zeigte sich, dass Kundenorientierung direkt auf Tiefenhandeln wirkt, d.h. unabhängig von der Stärke des Standards, der durch Darstellungsregeln gesetzt wird, regulieren kundenorientierte Dienstleister häufiger ihre Emotionen durch Tiefenhandeln. Dagegen moderiert Kundenorientierung die Beziehung zwischen der Stärke der Darstellungsregeln und Oberflächenhandeln. Während sich bei schwach ausgeprägten Standards in den Darstellungsregeln kein Unterschied zeigt, neigen wenig kundenorientierte Mitarbeiter bei stark ausgeprägten Standards zu deutlich mehr Oberflächenhandeln im Vergleich zu sehr kundenorientierten Mitarbeitern.

Bleibt noch zu klären, ob die Strategien der Emotionsarbeit im Dienstleistungsbereich tatsächlich das bewirken, was ihnen unterstellt wird. Hochschild (1990) hat in ihrer Arbeit nur untersucht, welche (negativen) Folgen Emotionsarbeit für den Dienstleister hat. Die aus Sicht der Organisation und des Kunden naheliegende Frage, ob denn Emotionsarbeit tatsächlich dazu führt, dass Kunden zufriedener mit der Dienstleistung sind, deren Qualität besser einstufen, sich besser bedient fühlen etc., wurde dagegen in der Forschung weitgehend vernachlässigt. Hennig-Thurau, Groth, Paul und Gremler (2006) konnten in einer Simulationsstudie zeigen, dass durch Tiefenhandeln vermittelte emotionale Authentizität der Mitarbeiter signifikant positiv auf die Gefühle der Kunden wirkt (zum Zusammenhang von Authentizität und Emotionsarbeit vgl. Ashforth & Tomiuk, 2000). Groth, Hennig-Thurau und Walsh (2009) gelang es schließlich, den erwarteten Zusammenhang zumindest teilweise empirisch nachzuweisen. Die Autoren haben instruierte Kunden gebeten, nach einer Dienstleistungsbegegnung jeweils den Dienstleister zu fragen, ob er bereit sei, einen Fragebogen über die eben abgelaufene Begegnung auszufüllen. Wenn er zusagte, haben auch die Kunden einen auf ihre Situation zugeschnittenen Fragebogen ausgefüllt (wobei die Kunden über den eigentlichen Zweck der Untersuchung nicht informiert waren). Die Dienstleister mussten das Maß ihres eben gezeigten Oberflächen- und Tiefenhandelns einstufen (da sie den Fragebogen anschließend den Kunden geben sollten, könnten diese Einstufungen allerdings aufgrund des Wissens um die Situation verzerrt sein). Die Kunden stuften folgende Variablen ein: das an den Dienstleistern wahrgenommene Oberflächen- bzw. Tiefenhandeln, das Maß seiner Kundenorientierung, die Qualität der Dienstleistung sowie ihre Intention, die Dienstleistung wieder in Anspruch zu nehmen (Kundenloyalität). Der Grad, in dem die Kunden die Handlungen der Dienstleister richtig erkannten, wurde als moderierende Variable angesetzt, ebenso die Art der Dienstleistung (ist die Interaktion dabei zentral oder nebensächlich). Die Ergebnisse verdeutlicht Abbildung 18.

Tiefenhandeln wirkt positiv auf die von den Kunden wahrgenommene Kundenorientierung des Dienstleisters. Der Grad, in dem Kunden richtig erkennen, dass der Dienstleister Tiefenhandeln einsetzt, moderiert den Einfluss so, dass der Zusammenhang zwischen Tiefenhandeln und Kundenorientierung stärker wird. Die Kundenorientierung beeinflusst die wahrgenommene Dienstleistungsqualität und darüber vermittelt die Loyalität der Kunden (hier ist allerdings zu beachten, dass alle zuletzt genannten Variablen bei den Kunden erhoben wurden, daher sind die Zusammenhänge wahrscheinlich deutlich überhöht). Umgekehrt hat Oberflächenhandeln negative Wirkungen auf die Kundenorientierung, wenn sie richtig als solches identifiziert wird. Kunden erkennen also Tiefenhandeln als Leistung an, Oberflächenhandeln dagegen hat – sofern es durchschaut wird – negative Konsequenzen für die dem Dienstleister zugeschriebene Kundenorientierung. Ansonsten findet sich für Oberflächenhandeln kein Zusammenhang, was möglicherweise ein Artefakt der Erhebungssituation ist. Offen bleibt, woran Menschen erkennen, dass andere ihren Gefühlsausdruck durch Oberflächen- oder Tiefenhandeln erzeugen (vermutlich haben die Kunden auf den entsprechenden Skalen ihren Eindruck von der Authentizität des Ausdrucks eingestuft). Bei allen denkbaren methodischen Einwänden gibt die Untersuchung ernstzunehmende Hinweise, wonach Emotionsarbeit im Sinne des Tiefenhandelns von Kunden positiv aufgenommen wird und sich aus Sicht der Organisation auszahlen kann.

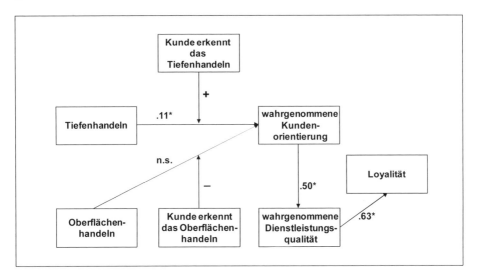

Abbildung 18: Wirkungen der Emotionsarbeitsstrategien (nach Groth et al., 2009); * p = .05; n.s. = nicht signifikant

Zusammenfassend lässt sich sagen, die erfolgreiche Bewältigung von Dienstleistungstätigkeiten fordert Emotionsarbeit, die Fähigkeit zur damit verbundenen Emotionsregulation ist eine wesentliche Voraussetzung für eine erfolgreiche Problemlösung durch den Dienstleister. Die für die Erstellung der Dienstleistung notwendige Ko-Produktion durch den Kunden erschwert die Arbeit, denn im Gegensatz zu einer Tätigkeit, die auf Objekte gerichtet ist, sind Kunden buchstäblich „eigenwillig". Emotionsarbeit bietet den Dienstleistern eine Möglichkeit, den Kunden in ihrem Sinne zu steuern und damit ihre Tätigkeit möglichst reibungslos zu bewältigen. Bei gelungener Emotionsarbeit, d.h. vor allem durch den Einsatz von Tiefenhandeln, wird der Kunde sich wohler fühlen und auch die Qualität der Dienstleistung besser bewerten. Das gelingt Mitarbeitern mit ausgeprägter Kundenorientierung bzw. mit geringer sozialer Ängstlichkeit (Neurotizismus), da sie Emotionsarbeit häufiger in Form von Tiefenhandeln ausführen. Indirekt sollte Emotionsarbeit also auch Auswirkungen auf den geschäftlichen Erfolg haben, eine Annahme, für die sich erste empirische Belege finden (Tiffert, 2006; Groth et al., 2009). Den positiven ökonomischen Folgen steht allerdings eine Vielzahl von Untersuchungen entgegen, die belegen, dass bestimmte Formen der Emotionsarbeit für die Dienstleister mit Stress und Burnout verbunden sind. Die Konsequenzen der beruflichen Tätigkeit für den Dienstleister werden aufgrund ihrer Bedeutung in einem eigenen Kapitel behandelt.

6.5   Konsequenzen für den Dienstleister

Die Konsequenzen der Tätigkeit mit Kundenkontakt für den Dienstleister werden von zwei psychologischen Forschungsrichtungen sehr unterschiedlich modelliert (vgl. Grandey & Diamond, 2009). Gemäß dem *Arbeitsgestaltungsansatz* sind Interaktionen mit der Öffentlichkeit – besonders mit Kunden, aber auch mit Vertretern anderer Organisationen – von besonderer Bedeutung für den sozialen Kontext einer Tätigkeit und sollen sich über die in der Folge wahrgenommene, erhöhte Bedeutung der eigenen Tätigkeit positiv auf die Arbeitsmotivation auswirken (Kil, Leffelsend & Metz-Göckel, 2000; Humphrey, Nahrgang & Morgeson, 2007). Solche Interaktionen sollen für positive Stimmung sorgen, Rollenambiguität – die Unklarheit über die zu erreichenden Ziele – vermindern (da Interaktionen immer auch zu Rückmeldungen über die eigene Leistung führen) und zudem sollten sich daraus Möglichkeiten der sozialen Unterstützung ergeben. Darüber hinaus können Kunden als Quelle positiver Wertschätzung wirken. Nach den Ergebnissen einer qualitativen Studie von Jacobshagen und Semmer (2009) bezeichnen Dienstleister ihre Kunden nach den Vorgesetzten als zweithäufigste Quelle der Wertschätzung – neben verbalem Lob äußert sich die Anerkennung der Kunden auch in Präsenten und Folgeaufträgen (zur Frage der Anerkennung in der Dienstleistungsarbeit vgl. Voswinkel, 2005).

Demgegenüber führen Interaktionen mit der organisationsexternen Öffentlichkeit nach dem *Emotionsarbeitsansatz* häufiger zum Erleben unangenehmer Kommunikation und zu Konflikten, deshalb sollten solche Tätigkeiten mit hohen persönlichen Kosten verbunden sein (vgl. z.B. Dormann & Zapf, 2004). Zudem löst nach diesem Ansatz der Zwang zur Einhaltung von Darstellungsregeln gehäuft emotionale Dissonanz aus, die nach Hochschild (1990) zu Burnout führt. Entsprechend untersucht diese Forschungsrichtung in erster Linie negative Konsequenzen der Tätigkeit mit Kundenkontakt wie Stress und Burnout.

Die Forschungslage zu den beiden Ansätzen stellt sich sehr ungleich dar. Während der Arbeitsgestaltungsansatz erst seit wenigen Jahren – vor allem in Folge der Entwicklung des zunehmend einflussreichen Modells von Humphrey et al. (2007; vgl. aber Kil et al., 2000) – seine darauf bezogenen Hypothesen untersucht, hat der Emotionsarbeitsansatz seit der bahnbrechenden Arbeit von Hochschild (1990) eine Fülle äußerst differenzierter Ergebnisse zur Frage der Konsequenzen vorgelegt. Zudem findet die These positiver Konsequenzen der Kontakte mit der Öffentlichkeit bislang nur schwache empirische Unterstützung. In einer Metaanalyse konnte lediglich eine korrigierte Korrelation von .06 zwischen der Anforderung „Interaktion mit der Öffentlichkeit" und der Arbeitszufriedenheit nachgewiesen werden (Humphrey et al. 2007). Mehrere Validierungsstudien einer deutschsprachigen Version des in diesen Untersuchungen verwendeten Work Design Questionnaire finden Korrelationen zwischen den Anforderungen an die Interaktion mit der Öffentlichkeit und der Arbeitszufriedenheit, die zwischen .00 und .11 liegen. Die intrinsische Motivation – als Indikator für die Arbeitsfreude – korreliert in diesen Studien zwischen .00 und .09 mit Kundenkontakt (Stegmann, van Dick, Ullrich, Charalambous, Menzel, Egold & Wu, 2010). Aufgrund dieser eher enttäuschenden Ergebnisse haben Grandey und Diamond (2009) vermutet, dass bedeutsame positive Zusammenhänge zwischen Kundenkontakt und Arbeitszufriedenheit nur in komplexen Dienstleistungstätigkeiten mit höheren Autonomiegraden, in denen zwischen Dienstleister und Kunde eher Beziehungen im Sinne von Gutek et al. (1999) entstehen, nachzuweisen sind. Diese Hypothese muss aber erst noch genauer geprüft werden.

Aufgrund der Forschungslage konzentrieren sich die folgenden Ausführungen auf die negativen Konsequenzen der Tätigkeit mit Kundenkontakt wobei zu berücksichtigen ist, dass der Emotionsarbeitsansatz bevorzugt solche Tätigkeiten untersucht, die durch kurzzeitige Begegnungen gekennzeichnet sind und in denen die Mitarbeiter gewöhnlich über wenig Autonomie und Gestaltungsmöglichkeiten in der Interaktion verfügen. In komplexeren Dienstleistungstätigkeiten, in denen die Mitarbeiter über mehr Autonomie verfügen (und dies auch begrüßen), muss die Frage der Konsequenzen vermutlich differenzierter betrachtet werden.

6.5.1 Burnout und Emotionsarbeit

Burnout wird seit der Untersuchung von Hochschild (1990) am häufigsten als (negative) Folge von Emotionsarbeit untersucht. *Burnout* stellt eine spezifische Beanspruchungsfolge dar, die durch belastende Kontakte mit anderen Menschen entsteht (vgl. Burisch, 2005; Nerdinger, 2001a). Mit diesem Begriff wurde ursprünglich der Prozess beschrieben, in dessen Verlauf zunächst idealistisch-aufopferungsbereite, pflichtbewusste und hoch motivierte Dienstleister im Sozial- und Gesundheitsbereich nach einiger beruflicher Erfahrung Symptome chronischer Erschöpfung und Müdigkeit zeigen. Im Zuge dieser Entwicklung verändert sich die ursprünglich positive Einstellung zu den Klienten und wird zunehmend zynischer und rücksichtsloser, die Helfer zeigen Anzeichen von Reizbarkeit, Rigidität und Depressivität. Ursprünglich auf psychosoziale und medizinische Berufe begrenzt, wird Burnout heute als Merkmal aller personenbezogenen Dienstleistungen – häufig sogar als Folge jeglicher intensiver Interaktion, u.a. auch bei Führungskräften – untersucht.

Burnout wird als Syndrom von emotionaler Erschöpfung, Depersonalisierung und Gefühlen reduzierter persönlicher Leistungsfähigkeit beschrieben. *Emotionale Erschöpfung* äußert sich im unterschiedlich intensiven Gefühl, ausgelaugt, erledigt, ausgebrannt und frustriert zu sein, die Arbeit mit Menschen wird als Strapaze und als zu anstrengend erlebt. *Depersonalisierung* beschreibt die Tendenz, Klienten als unpersönliche Objekte zu behandeln und ihnen gegenüber negative und zynische Einstellungen zu entwickeln. Als *reduzierte Leistungsfähigkeit* wird das Gefühl mangelnder Tatkraft bezeichnet, das durch den wachsenden Eindruck der Inkompetenz und des Versagens bei der Arbeit mit Menschen entsteht.

Zur Erklärung von Burnout finden sich im Wesentlichen zwei theoretische Ansätze (Nerdinger, 2001a). In eher klinisch orientierten Studien steht die Persönlichkeit des Mitarbeiters im Vordergrund, wobei angenommen wird, dass der Konflikt zwischen den Erwartungen an den Beruf bzw. die Arbeit mit Menschen und der desillusionierenden Realität den Ausgangspunkt für den Prozess des Ausbrennens bildet. Die Ursache des Burnouts suchen diese Ansätze in einer nicht gelungenen Anpassungsleistung der Person an die berufliche Situation. Arbeitspsychologische Untersuchungen konzentrieren sich dagegen auf die Erforschung der situativen Ursachen des Burnouts. Das Syndrom wird stresstheoretisch als Folge eines spezifischen Verhältnisses von Belastungen zu Ressourcen gedeutet. Als Belastungen werden u.a. Zeitdruck, rollenbezogene Probleme bzw. Arbeitsmenge untersucht, als Ressourcen besonders soziale Unterstützung sowie Tätigkeits- oder Handlungsspielräume (Autonomie; vgl. Lee & Ashforth, 1996). Nach den Ergebnissen neuerer Studien bildet auch das Führungsverhalten eine wichtige Ressource in diesem Prozess (Wilk & Moynihan, 2005).

Burnout führt zu verstärktem Rückzugsverhalten, d.h. Fehlzeiten und Fluktuation nehmen zu. Dem Unternehmen entstehen dadurch indirekte Kosten, die zu Ergebnisminderungen führen. Burnout hat aber auch direkt negative Wirkungen auf die Leistung betroffener Mitarbeiter. Cropanzano, Rupp und Byrne (2003) fanden in zwei Studien mit unterschiedlich zusammengesetzten Stichproben von Dienstleistern negative Zusammenhänge zwischen emotionaler Erschöpfung und der Leistung sowie dem Organizational Citizenship Behavior und eine positive Korrelation mit den Wechselabsichten. Wright und Cropanzano (1998) haben gezeigt, dass emotionale Erschöpfung die von den Vorgesetzten eingestufte Leistungsminderung von Call-Center-Agenten erklären kann. Bei diesem Befund muss aber auch die Art der Tätigkeit beachtet werden. So blieb in einer Untersuchung an Mitarbeitern eines Call-Centers bei steigendem Burnout die Produktivität der Mitarbeiter unverändert, die Qualität der Leistung nahm jedoch gravierend ab (Singh, 2000). Da die Produktivität bei Call-Center-Jobs von den Vorgesetzten besser kontrollierbar ist, versuchen „ausgebrannte" Mitarbeiter offensichtlich, ihre Produktivität zu Lasten der Qualität aufrechtzuerhalten (wobei Überwachung der Produktivität im Call-Center nicht notwendig negative Folgen haben muss; vgl. Holman, Chissick & Totterdell, 2002). Bei Verallgemeinerung dieser Befunde wäre zu erwarten, dass Burnout bzw. speziell emotionale Erschöpfung des Kundenkontaktpersonals infolge der negativen Auswirkungen auf das Leistungsverhalten die von den Kunden wahrgenommene Dienstleistungsqualität beeinträchtigt.

Wenn Burnout eine spezifische Beanspruchungsfolge in Dienstleistungstätigkeiten ist, sollte die Symptomatik zu den Anforderungen der Interaktion mit Kunden in Beziehung stehen, wobei der Emotionsarbeit besondere Bedeutung zukommt. Sowohl die Häufigkeit der Emotionsarbeit als auch das Erleben emotionaler Dissonanz wird seit Hochschild (1990) als Auslöser von Burnout vermutet. Die vorliegenden empirischen Studien zeigen allerdings für den Zusammenhang zwischen Emotionsarbeit und Burnout kein einheitliches Bild. So haben hohe emotionale Anforderungen der Tätigkeit wie z.B. die Häufigkeit und die Dauer der Interaktionen mit Klienten sowie die Stärke der im psychosozialen Bereich bearbeiteten Probleme der Klienten keinen so engen Zusammenhang mit emotionaler Erschöpfung wie z.B. die klassischen Stressoren Überlastung oder Rollenkonflikt. Allein die Anzahl emotional belastender Interaktionen führt demnach nicht automatisch zu Burnout.

Ein eindeutiges Bild zeigen dagegen Untersuchungen eines anderen Zusammenhangs, emotionale Dissonanz ist demnach ein wichtiger Auslöser von emotionaler Erschöpfung (Zapf, 2002; Grebner et al., 2003; Dormann et al., 2003; Zapf & Holz, 2006; Wegge et al., 2010; Hülsheger et al., 2010; Philipp & Schüpbach, 2010). Die Höhe des Zusammenhangs zwischen emotionaler Dissonanz und emotionaler Erschöpfung hängt aber von einigen Merkmalen der beruflichen Situation bzw. der Person des Mitarbeiters ab. Bei hoher *Autonomie* in der Arbeit sind die negativen Konsequenzen für die Dienstleister sehr viel geringer im Vergleich zu beruflichen Situationen, in denen keine Autonomie besteht (Grandey, Fisk & Steiner, 2005; dies belegen auch experimentelle Untersuchungen, vgl. Goldberg & Grandey, 2007). Autonomie umschreibt, inwieweit der Mitarbeiter selbst darüber entscheiden kann, wie die Arbeit ausgeführt wird. Verfügen die Beschäftigten über genügend Autonomie, haben sie die Möglichkeit, solche Emotionen zu zeigen, die der jeweiligen Situation angemessen sind. Da sie in diesem Fall ihre Gefühlsdarstellung selbst steuern können, erleben sie weniger emotionale Dissonanz. Über diesen Mechanismus lassen sich auch interkulturelle Unterschiede erklären. So ist der Zusammenhang zwischen Emotionsregulation und Arbeitsunzufriedenheit bei französischen Kundenkontaktmitarbeitern geringer als bei amerikanischen (Grandey et al., 2005). Die Autoren erklären diesen Unterschied mit der größeren persönlichen Kontrolle über den emotionalen Ausdruck, über die Dienstleister in Frankreich im Vergleich zu ihren amerikanischen Kollegen verfügen.

Soziale Unterstützung kann ebenfalls die negativen Folgen emotionaler Dissonanz abschwächen. Hat ein Mitarbeiter die Möglichkeit, sich nach belastenden Interaktionen mit Kollegen, Vorgesetzten oder auch Freunden und Bekannten über die erlebten Vorfälle auszusprechen und stärken diese sein Selbstwertgefühl, indem sie ihn z.B. in seinen Deutungen des Kunden bestätigen, hat die erlebte emotionale Dissonanz kaum negative Folgen für sein Wohlbefinden. Schließlich beeinflussen auch *Persönlichkeitsmerkmale* die Wirkung von Emotionsarbeit. So hat sich z.B. emotionale Kompetenz im Sinne der Fähigkeit, die eigenen Gefühle zu regulieren, als wichtige persönliche Ressource zur Verringerung negativer Effekte der Emotionsarbeit erwiesen (Giardini & Frese, 2006). Ähnliche Wirkungen hat offensichtlich das Persönlichkeitsmerkmal der Extraversion (Judge, Woolf & Hurst, 2009).

Während die Folgen der Emotionsarbeit für die emotionale Erschöpfung mittlerweile sehr gut erforscht sind, ist die Forschungslage für die beiden anderen Dimensionen des Burnouts noch unbefriedigend. Die wenigen Studien, in denen die Auswirkungen auf die Depersonalisierung untersucht wurden, weisen nur relativ schwache Zusammenhänge nach. In den Untersuchungen von Zapf (2002) finden sich auch keine eindeutigen Ergebnisse für die Beziehung zwischen Emotionsarbeit und persönlicher Leistungsfähigkeit. Allerdings haben die Anforderung zur Darstellung positiver Gefühle und die Notwendigkeit, sich in die Kunden einzufühlen, positive Auswirkungen auf die persönliche Leistungsfähigkeit (Zapf & Holz, 2006). Demnach kann Emotionsarbeit – ganz im Sinne des Arbeitsgestaltungsansatzes – auch positive Konsequenzen haben. Wer sich in Klienten einfühlen muss und auf dieser Basis positive Emotionen darstellt, der erlebt sich auch als leistungsfähiger. Die Wirkungen der Emotionsarbeit sind deshalb differenzierter zu betrachten, als es bislang die Regel ist (zu interkulturellen und internationalen Unterschieden von Emotionen in Organisationen vgl. Fischbach, 2009).

6.5.2 Wirkungen in Abhängigkeit von den Regulationsstrategien

Die ursprünglich von Hochschild (1990) lancierte Vorstellung, wonach Emotionsarbeit mehr oder weniger automatisch zu negativen Konsequenzen führen muss, lässt sich empirisch nicht bestätigen. Vielmehr muss zum einen die Einstellung zur Tätigkeit berücksichtigt werden, zum anderen die gewählte Form der Emotionsregulation. Zunächst zur *Einstellung zur Tätigkeit:* Nerdinger und Röper (1999) haben die Konsequenzen der Emotionsarbeit bzw. der dabei erlebten emotionalen Dissonanz im Pflegebereich eines Krankenhauses untersucht. In Anlehnung an Rafaeli und Sutton (1987) haben sie vermutet, dass Emotionsarbeit in zwei verschiedenen Einstellungen zur Tätigkeit durchgeführt werden kann: Zum einen können die Betroffenen Gefühle darstellen, die sie nicht erleben, weil sie der Überzeugung sind, dass die Kunden einen Anspruch darauf haben – Rafaeli und Sutton (1987) nennen das „faking in good faith". Zum Beispiel kann eine Pflegekraft einem sterbenskranken Patienten hoffnungsvolle Zuversicht „vorspielen", weil sie davon überzeugt ist, dass sie damit dem Patienten die letzten Tage erleichtert. Sie kann das aber auch gegen die eigene Überzeugung machen – allein, weil es in der Arbeit verlangt wird. Eine solche Gefühlsdarstellung entgegen der eigenen Überzeugung wird als „faking in bad faith" bezeichnet.

Diese beiden Formen der Emotionsarbeit wurden bei 293 Pflegekräften eines Krankenhauses der Allgemeinversorgung erhoben. Zudem wurden als Indikatoren des individuellen Wohlbefindens die Symptome des Burnouts gemessen. Die regressionsanalytische Überprüfung zeigte, dass die Darstellung von Emotionen aus Überzeugung („faking in good faith") signifikant negativ mit dem wichtigsten Indikator des Burnouts – emotionaler Erschöpfung – korreliert, Emotionsarbeit entgegen der Überzeugung („faking in bad faith") korreliert dagegen damit positiv. Demnach kann Emotionsarbeit mit dem Ziel der Darstellung nicht erlebter Gefühle, von deren Wert die Beschäftigten überzeugt sind, emotionale Erschöpfung verhindern. Nur wer gegen seinen Willen bzw. gegen seine Überzeugung Emotionsarbeit leisten muss, wird darunter leiden.

Ob Emotionsarbeit zu Burnout führt, hängt demnach von der Einstellung zu diesem Aspekt der Arbeit ab. Darüber hinaus zeigen etliche Untersuchungen, dass es auch von der Art der gewählten *Emotionsregulationsstrategie* abhängt. Totterdell und Holman (2003) haben an Call-Center-Agenten eine Untersuchung mit der Time-Sampling-Methode durchgeführt. Dabei konnten sie nachweisen, dass 8.9% aller Kontakte mit Kunden als unangenehm eingestuft wurden (vgl. dazu auch Grandey, Kern & Frone, 2007). Die Agenten reagieren darauf in der Regel mit der Vortäuschung von positiven Gefühlen mit Hilfe von Oberflächenhandeln. Des Weiteren zeigt sich, dass Oberflächenhandeln – nicht jedoch Tiefenhandeln – mit Gefühlen der emotionalen Erschöpfung einhergeht. Tiefenhandeln dagegen korrelierte u.a.

positiv mit der Qualität der Leistung (zu ähnlichen Ergebnissen kommen u.a. Grandey, 2003; Beal, Trougakos, Weiss & Green, 2006). Während bei den meisten vorliegenden Untersuchungen die Frage der Kausalität unklar ist, belegen Hülsheger et al. (2010) in einer Längsschnittstudie an Lehramtsanwärtern mithilfe einer Cross-Lagged-Panel Analyse, dass Oberflächenhandeln die ein Jahr später gemessene emotionale Belastung erklären kann, wogegen Tiefenhandeln zu einer Steigerung der Leistung nach einem Jahr führt. Die umgekehrten (zeitlichen) Zusammenhänge sind nicht signifikant, was für eine kausale Wirkung in der erwarteten Richtung spricht (zu ähnlichen Ergebnissen kommen Philipp & Schüpbach, 2010).

Darüber hinaus wirken die negativen Folgen des Oberflächenhandelns auch auf das Verhalten der Mitarbeiter. Chau, Dahling, Levy und Diefendorff (2009) konnten an einer Stichprobe von 263 Bankangestellten mit Kundenkontakt durch Überprüfung eines pfadanalytischen Modells einen hochsignifikanten Pfad zwischen Oberflächenhandeln und emotionaler Erschöpfung nachweisen. Dieses Symptom des Burnouts wiederum ist der wichtigste Prädiktor von Wechselabsichten, die ihrerseits die sechs Monate später objektiv erfassten, tatsächlich erfolgten Kündigungen erklären. Demgegenüber hat Tiefenhandeln auch in dieser Untersuchung keinen Einfluss auf emotionale Erschöpfung und korreliert sogar negativ mit der Absicht zu kündigen (da Fluktuation immer mit Kosten verbunden ist, zeigt sich darin eine ökonomische Konsequenz der unterschiedlichen Strategien; die negative Auswirkungen des Oberflächenhandelns auf die Qualität der Aufgabenerfüllung wurden auch experimentell belegt; vgl. Goldberg & Grandey, 2007).

Wie lässt sich diese Differenz in den Wirkungen der beiden Strategien erklären? Betrachtet man die Entstehung von Emotionen als Prozess, so beeinflusst Oberflächenhandeln deren Darstellung zu einem späteren Zeitpunkt. Dabei werden die sichtbaren körperlichen Zeichen der Emotion unterdrückt – z.B. wird beim Erleben von Ärger die Verengung der Augen durch ein willkürlich beeinflussbares Lächeln maskiert –, die zugehörige Emotion wird aber durchlebt. Das beschreibt das Konzept der emotionalen Dissonanz. Beim Tiefenhandeln können sich dagegen die körperlichen Aspekte der Emotion gar nicht entfalten, da die Entstehung der Emotion bereits am Beginn des Prozesses unterbrochen wird. Gross (1998) hat die physiologischen Wirkungen – Hautleitfähigkeit, Herzschlag, Fingerpuls etc. – der beiden Strategien im Labor untersucht. Probanden mussten einen ekelerregenden Film sehen, wobei zwei Gruppen gebildet wurden: Die eine Gruppe sollte während des Films reaktionsbezogene Strategien (Oberflächenhandeln) einsetzen, die andere antezedensbezogene, die nach dem Modell von Gross (1998; 2002) annähernd dem Tiefenhandeln entsprechen. Eine Kontrollgruppe sah einen emotional unproblematischen Film ohne Anweisungen zur Emotionsregulation. In der Gruppe der Tiefenhandler wurden während der Filmvorführung ähnliche physiologische Werte wie in der Kontrollgruppe gemessen, im Vergleich dazu wiesen die Oberflächenhandler eine erhöhte Aktivierung des sympathischen Nervensystems auf (u.a. starke Erhöhung des Blutdrucks, der Herzfrequenz und des Stoffwechsels). Die Ursachen für die negative Wirkung des Oberflächenhandelns könnten in diesen physiologischen Folgen liegen. In jedem Fall scheint nach allen bislang vorliegenden Erkenntnissen das Tiefenhandeln die „gesündere" Strategie der Emotionsarbeit zu sein (zu einem bislang empirisch noch nicht hinlänglich geprüften theoretischen Modell, das in Abhängigkeit von den Reaktionen der Kunden differenzierte Wirkungen des Tiefenhandelns postuliert, vgl. Coté, 2005).

Schließlich ist zu beachten, dass auch Oberflächenhandeln nicht bei jedem Menschen unbedingt zu emotionaler Erschöpfung führen muss, vielmehr sind hier Persönlichkeitsmerkmale zu berücksichtigen. Judge et al. (2009) haben in einer Tagebuchstudie das Erleben von 127 Dienstleistern aus verschiedenen Organisationen untersucht. Die Dienstleister mussten im Untersuchungszeitraum – jeweils am Ende eines Arbeitstages – mindestens viermal einen kurzen Fragebogen ausfüllen. Darin sollten sie einstufen, mit welcher Intensität sie im Laufe des Tages Oberflächen- und Tiefenhandeln eingesetzt haben. Zusätzlich sollten sie ihre je aktuelle Arbeitszufriedenheit, den Grad der emotionalen Erschöpfung und ihre emotionale Stimmung bewerten. Unabhängig davon haben die Dienstleister am Beginn der Untersuchung einen umfassenderen Fragebogen beantwortet, in dem sie u.a. ihre Persönlichkeitsmerkmale im Sinne des Fünf-Faktoren-Modells einstuften. Die detaillierten Zeitreihenanalysen zeigen, dass Oberflächenhandeln mit negativen Stimmungen zusammenhängt, die wiederum einen Teil der damit verbundenen emotionalen Erschöpfung und der Arbeitsunzufriedenheit erklären (Tiefenhandeln korrelierte in dieser Untersuchung nicht mit Arbeitszufriedenheit). Das Persönlichkeitsmerkmal der Extraversion erwies sich als wichtiger Moderator. Bei extravertierten Dienstleistern hat Oberflächenhandeln mehr positive und Tiefenhandeln weniger negative Effekte im Vergleich zu introvertierten Dienstleistern. Diesen Effekt verdeutlicht Abbildung 19.

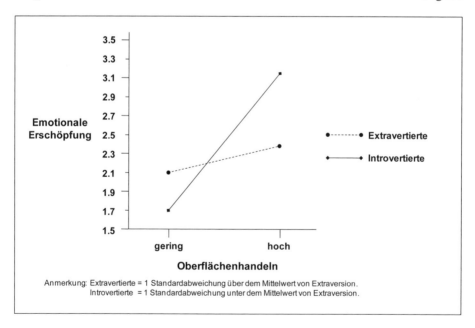

Abbildung 19: Der Zusammenhang zwischen Oberflächenhandeln und emotionaler Erschöpfung in Abhängigkeit von Extraversion (Judge et al., 2009)

Die ursprünglich von Hochschild (1990) geäußerte Vermutung, wonach jede Form der Emotionsarbeit letztlich zulasten der Dienstleister geht, ist empirisch eindeutig widerlegt. Zwar führt Oberflächenhandeln – das wurde vielfach nachgewiesen – zu emotionaler Dissonanz, die wiederum häufig Burnout auslöst. Dabei hat Oberflächenhandeln aber nicht immer dieselben negativen Wirkungen, vielmehr scheinen introvertierte Dienstleister besonders gefährdet zu sein. Außerdem muss es „in bad faith" durchgeführt werden, um zu negativen Konsequenzen zu führen. Oberflächenhandeln kann dagegen positive Wirkungen auf Dienstleister haben, wenn diese die Darstellungsregeln bejahen und deshalb die geforderten Gefühle „in good faith" darstellen. Dieser Teil von Hochschilds (1990) These kann daher nur bedingt bestätigt werden, sehr viel problematischer ist aber die These, Tiefenhandeln würde zu Selbstentfremdung – d.h. zu Entfremdung vom authentischen Erleben der eigenen Gefühle (vgl. auch Weber & Rieder, 2004) – führen. Zwar finden sich in der Literatur keine direkten Überprüfungen dieser These – vermutlich, weil für das Konzept der Selbstentfremdung zumindest in der psychologischen Forschung keine theoretisch fundierten Operationalisierungen entwickelt wurden –, eine große Zahl von Untersuchungen belegt dagegen, dass Tiefenhandeln in vielen Fällen jegliche Form gesundheitlicher Beeinträchtigung verhindert.

6.5.3 Dienstleistungsarbeit und Stress

Stresstheoretisch betrachtet ist Oberflächenhandeln bzw. emotionale Dissonanz ein Belastungsfaktor, entsprechend sollte sich auch die Wirkung von Emotionsarbeit stresstheoretisch analysieren lassen. Wie und warum Emotionsarbeit zu Burnout führt, haben Brotheridge und Lee (2002) auf Basis der *Conservation-of-Resources (COR)-Theorie* der Stressentstehung von Hobfoll (1989) untersucht. Nach der COR-Theorie versuchen Menschen, wertgeschätzte Ressourcen zu erhalten und jede Gefahr ihres Verlusts zu minimieren. Dabei versteht Hobfoll (1989) unter Ressourcen Objekte (z.B. technische Hilfen, die die Arbeit erleichtern), persönliche Merkmale (Fähigkeiten, Persönlichkeitseigenschaften), Bedingungen (z.B. organisationale Unterstützung) oder Energien (z.B. Zeit, Wissen, mentale oder physische Energie). Nach dieser Theorie entsteht Stress, wenn eine oder mehrere der folgenden Bedingungen eintreten: Ressourcen werden bedroht, eine Ressource wird tatsächlich verloren oder es wurden eigene Ressourcen investiert, um einen adäquaten Gewinn zu erzielen, der dann aber nicht eintritt. Mitarbeiter investieren Ressourcen, um bestimmte Anforderungen der Arbeit zu bewältigen mit der Erwartung, im Gegenzug positive Ergebnisse aus der Arbeit zu erhalten. Sie erleben Stress, wenn sie wertgeschätzte Ressourcen nicht wiedergewinnen können. Belohnende soziale Beziehungen herzustellen wäre im Sinne dieser Theorie ein wichtiger Weg, um Ressourcen zu gewinnen (zu bewahren). Aus Sicht der COR-Theorie werden Dienstleister mit emotionalen Anforderungen in Form der Darstellungsregeln konfrontiert. Zur Bewältigung solcher Anforderungen verausgaben sie Ressourcen – das entspricht dem Aufwand, um Oberflächen- bzw. Tiefenhandeln zu betreiben – mit der Annahme, dadurch belohnende soziale Beziehungen zu Kunden zu erhalten. Stress resultiert u.a., wenn durch Emotionsarbeit solche Beziehungen nicht entstehen und deshalb die für die Emotionsarbeit verwendeten Ressourcen verschwendet erscheinen.

Die wesentlichen Aussagen aus diesem Modell haben Brotheridge und Lee (2002) an einer heterogenen Stichprobe von 236 Dienstleistern untersucht, wobei sie die meisten Vermutungen bestätigen konnten (vgl. Abbildung 20).

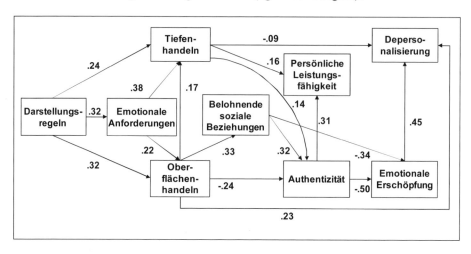

Abbildung 20: COR-Modell des Zusammenhangs von Emotionsarbeit und Burnout (nach Brotheridge & Lee, 2002); alle Pfade sign. für mind. p = .05

Darstellungsregeln werden als emotionale Anforderungen erlebt, die wiederum Emotionsarbeit im Sinne des Oberflächen- und Tiefenhandelns beeinflussen. Nach den Ergebnissen dieser Untersuchung wirken aber Darstellungsregeln auch direkt auf die Regulationsstrategien. Handeln Dienstleister an der Oberfläche, erleben sie sich eher als unauthentisch, was wiederum die stärkste Erklärungsgröße der emotionalen Erschöpfung darstellt. Das steht insofern in Einklang mit der COR-Theorie, als Authentizität eine Ressource darstellt, die durch Oberflächenhandeln verringert wird. Wie erwartet, hängt Oberflächenhandeln – jedoch nicht Tiefenhandeln, was keineswegs erwartet wurde – mit belohnenden sozialen Beziehungen zusammen. Wenn diese nicht als bedroht erscheinen, verhindert das emotionale Erschöpfung. Die Auswirkungen des Tiefenhandelns sind insgesamt positiv – es vermeidet Depersonalisierung, d.h. wer seine Gefühlsdarstellung durch Tiefenhandeln reguliert, muss nicht den stressreduzierenden Copingmechanismus der Depersonalisierung seiner Kunden einsetzen. Zudem hat nach diesen Befunden nur Tiefenhandeln eine positive Beziehung zum Erleben der Leistungsfähigkeit, die interessanterweise auch dadurch positiv beeinflusst wird, wenn sich Dienstleister in der Arbeit als authentisch erleben. Nach diesem Modell lässt sich Tiefenhandeln als eine Ressource interpretieren, die Stress verhindern kann. Dagegen führt Oberflächenhandeln zum Verlust wichtiger Ressourcen (erlebte Authentizität) und damit zu Stress und emotionaler Erschöpfung.

Diese Untersuchung weist allerdings noch einige Schwächen auf. Zum einen wurden nur intrapsychische Variablen erhoben, es fehlt sowohl der Zusammenhang zum Verhalten der Dienstleister als auch zu objektiver erfassbaren Stresskonsequenzen im Sinne der Folgen für die physische und psychische Gesundheit. Weiter bleibt unklar, ob Oberflächenhandeln immer zu Symptomen von Burnout bzw. gesundheitlichen Beeinträchtigungen führt oder ob hier wichtige Moderatoren zu beachten sind. Schließlich sind in dieser Untersuchung alle Variablen nur bei einer Stichprobe von Dienstleistern erhoben worden, sodass die Zusammenhänge vermutlich deutlich überschätzt sind. An diesen Mängeln setzt die Untersuchung von Drach-Zahavy (2010) an. Die Autorin geht von der Frage aus, welche Folgen es für die Dienstleister hat, wenn sie einen hochqualitativen Service erbringen. Theoretisch sind widersprüchliche Folgen denkbar. Zum einen könnte dadurch die unterstellte, grundlegende Motivation, dem Kunden den bestmöglichen Service zu bieten, erfüllt werden mit der Folge höherer Zufriedenheit und besserer Gesundheit. Die Forderung nach hochqualitativem Service könnte aber auch als besondere Last erlebt werden, die vom Unternehmen aufgezwungen erscheint und daher negative Wirkungen auf die Gesundheit zur Folge hat.

Nach der Hypothese von Drach-Zahavy (2010) sollten diese unterschiedlichen Wirkungen abhängig sein von der (mangelnden) Übereinstimmung des Handelns mit dem Dienstleistungsklima in der Organisation. In Anlehnung an Schneider, Mayer, Ehrhart, Saltz und Nilles-Jolly (2005) versteht die Autorin unter einem *Dienstleistungsklima* die von den Mitarbeitern geteilte Wahrnehmung, dass eine qualitativ hochwertige Dienstleistung tatsächlich das für die Organisation bzw. eine Organisationseinheit Wichtigste ist. Nach der COR-Theorie könnte die Arbeit in einer Organisationseinheit mit einem stark ausgeprägten Dienstleistungsklima als Energie-Ressource für Dienstleister wirken, die einer Verausgabung von Ressourcen in der Arbeit entgegen wirkt. Dahinter steht folgende Überlegung: Dienstleister sind gewöhnlich motiviert, Ressourcen (Zeit und Energie) in eine Extra-Anstrengung zu investieren, die notwendig ist, um Kunden einen exzellenten Service zu bieten. Das Dienstleistungsklima kann als Ressource verstanden werden aufgrund der realen Unterstützung, die eine dienstleistungsorientierte Organisation den Mitarbeitern bietet. Daher sollte in einem solchen förderlichen Klima ein qualitativ hochwertiger Service als Arbeitsergebnis der emotionalen Erschöpfung entgegenwirken und damit zu einer besseren physischen wie psychischen Gesundheit führen. Umgekehrt können aber negative Folgen für die Gesundheit entstehen, wenn ein Dienstleister in einer Organisationseinheit arbeitet, in der qualitativ hochwertiger Service sehr geschätzt wird und er diesen nicht erbringt. In einem solchen Fall sollte emotionale Dissonanz auftreten mit der Folge des Erlebens emotionaler Erschöpfung und den entsprechenden körperlichen Symptomen.

Die moderierende Wirkung des Dienstleistungsklimas auf den Zusammenhang zwischen dem Dienstleistungsverhalten und den gesundheitlichen Konsequenzen hat Drach-Zahavy (2010) an 328 Krankenschwestern aus 66 Abteilungen von acht verschiedenen Krankenhäusern untersucht. Zur Erfassung des Dienstleistungsverhaltens wurde jede Krankenschwester in drei verschiedenen Interaktionen mit Patienten je ca. 20 min. lang beobachtet. Dienstleistungsverhalten wurde anhand einer Beobachtungsliste über neun Kategorien aufgezeichnet (z.B. „löst emotionale Reaktionen beim Patienten aus"; „drückt Empathie mit der emotionalen Reaktion des Patienten aus", „hakt nach, ob der Patient alles verstanden hat und lädt ihn zu Fragen ein" etc.). Damit entspricht es dem, was hier als soziales Verhalten der Dienstleister definiert wurde. Um die Interaktionen nicht durch die Beobachtung zu stören, wurden sie von geschulten Schwesternhelferinnen durchgeführt, deren Anwesenheit in den entsprechenden Situationen normal war. Die Krankenschwestern haben u.a. den Grad ihrer emotionalen Erschöpfung sowie ihre physische und psychische Gesundheit mit getesteten Instrumenten eingestuft. Das Dienstleistungsklima wurde für die 66 Abteilungen erhoben, die Auswertung erfolgte ebenfalls auf Abteilungsniveau. Die hier interessierenden Ergebnisse zeigt Abbildung 21.

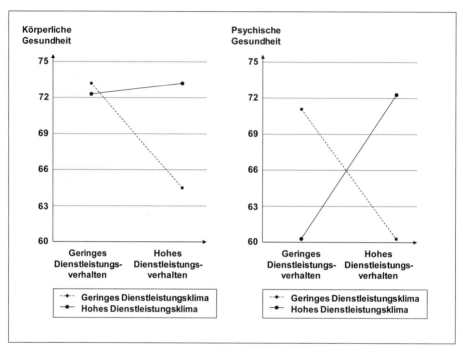

Abbildung 21: Körperliche und psychische Gesundheit in Abhängigkeit vom Dienstleistungsverhalten und dem Dienstleistungsklima (nach Drach-Zahavy, 2010)

Demnach bestätigen sich die Erwartungen des Zusammenhangs zwischen Dienstleistungsverhalten und psychischer Gesundheit. Wird in Krankenstationen, in denen ein stark ausgeprägtes Dienstleistungsklima herrscht, ein qualitativ geringer Service gezeigt, berichten die Krankenschwestern über eine schlechtere psychische Gesundheit. Handeln sie dagegen in Übereinstimmung mit dem stark ausgeprägten Dienstleistungsklima, weisen sie deutlich bessere Werte in der psychischen Gesundheit auf. Das umgekehrte Muster zeigt sich in Krankenstationen, in denen der Service keine große Bedeutung hat. Bringt eine Krankenschwester unter solchen Bedingungen qualitativ hochwertigen Service, leidet darunter ihre psychische Gesundheit. Sie hat dagegen weniger Probleme, wenn sie in Einklang mit der geringen Ausprägung des Dienstleistungsklimas auch weniger Wert auf einen qualitativ hochwertigen Service legt. Dieselbe Beziehung findet sich für die Wirkungen auf die körperliche Gesundheit, wobei im Falle eines starken Dienstleistungsklimas unhabhängig vom Dienstleistungsverhalten weniger körperliche Beschwerden auftreten – dieser Befund könnte nach Meinung der Autorin auch darauf zurückzuführen sein, dass körperliche Beschwerden vor allem mit den körperlichen Anforderungen der Arbeit korrelieren.

Stress und Burnout sowie die damit verbundenen Beeinträchtigungen der psychischen und körperlichen Gesundheit können somit negative Konsequenzen der Emotionsarbeit und des Dienstleistungsverhaltens im Dienstleistungsbereich sein. Emotionale Erschöpfung als wichtigstes Symptom des Burnouts findet sich, wenn Dienstleister emotionale Dissonanz erleben. Emotionale Dissonanz tritt häufig bei Oberflächenhandeln auf, aber vermutlich nur, wenn dieses gegen die eigene Überzeugung – in bad faith – ausgeführt wird bzw. wenn die Dienstleister eher introvertiert sind. Daneben finden sich auch einige Variablen, die die Beziehung zwischen Anforderungen und Burnout moderieren. Dazu zählt auf der individuellen Ebene die Kundenorientierung der Betroffenen. Kundenorientierte Dienstleister erleben bei gleichen Anforderungen weniger Burnout als ihre nicht kundenorientierten Kollegen (vgl. Babakus et al., 2009) – vermutlich, weil sie weniger zum Oberflächenhandeln neigen (vgl. Allen et al., 2010). Auf der Ebene der Organisation ist es das Dienstleistungsklima, welches über den Zusammenhang entscheidet. Wird in Einklang mit dem Klima gehandelt, ist die psychische Gesundheit besser, z.T. auch die körperliche. Schließlich sind die Konsequenzen des Dienstleistungsverhaltens und der Emotionsarbeit für das Stresserleben von Bedeutung. Wird in Folge der Emotionsarbeit die soziale Beziehung zum Kunden als belohnend erlebt, kommt es kaum zu Burnout.

Der Kunde und sein Verhalten haben demnach erheblichen Einfluss auf das Wohlbefinden der Kundenkontaktmitarbeiter. Im nächsten Schritt wird die Situation des Kunden näher betrachtet.

7 Die Person des Kunden

Der Kunde ist aus Sicht des Unternehmens entscheidend für den Erfolg der angebotenen Dienstleistungen. Nach der gängigen Auffassung des Dienstleistungsmarketing (Bruhn & Georgi, 2005; Meffert & Bruhn, 2009) soll an seinen Erwartungen die Ausführung der Dienstleistung ausgerichtet werden, daher ist zunächst das Konzept der Erwartung zu klären. Als wichtigstes Ergebnis der Begegnung mit dem Dienstleister wird die Zufriedenheit des Kunden angesehen, die – nach dem Diskonfirmationsparadigma – aus dem Soll-Ist-Vergleich von erwartetem (Soll-) und wahrgenommenem (Ist-)Service resultiert. Das ist allerdings eine einseitig kognitiv geprägte Vorstellung von der Entwicklung von Kundenzufriedenheit, daher wird nach der Darstellung dieses Modells noch kurz die Rolle der Emotionen bei der Entstehung von Kundenzufriedenheit betrachtet. Anschließend folgt ein Blick auf einen häufig übersehenen Einflussfaktor, die Bedeutung anderer, bei der Erstellung der Dienstleistung anwesender Kunden für die Entwicklung von Kundenzufriedenheit. Den Abschluss bildet die in der Forschung bislang ebenfalls noch wenig beachtete Frage der Teilhabe des Kunden an der Dienstleistungserstellung – die Wahrnehmung der Ko-Produktion durch den Kunden.

7.1 Erwartungen an die Dienstleistung

Die Forderungen, die ein Kunde an ein Produkt oder eine Dienstleistung stellt, werden als *Erwartungen* bezeichnet. Erwartungen beschreiben das Leistungsniveau, das der Kunde vom Unternehmen verlangt (vgl. zum Folgenden Nerdinger, 2003a; Dormann & Zapf, 2007). Für das Verständnis der Dienstleistungsinteraktion sind (Kunden-)Erwartungen zentral. Zum einen hängt die Leistungsbeurteilung während und nach einer Interaktion von den Kundenerwartungen ab, was über das Konzept der (wahrgenommenen) Dienstleistungsqualität erfasst wird. Zum anderen beeinflussen die Erwartungen bereits vor dem Kaufzeitpunkt die Kaufentscheidung, d.h. der Kunde wird – sofern er Wahlmöglichkeiten hat – den Anbieter wählen, von dem er sich die Erfüllung seiner Wünsche verspricht. Dabei können Erwartungen sehr unterschiedliche Formen annehmen (Georgi, 2001), die sich im Laufe des Dienstleistungsprozesses zudem noch ändern können (Bruhn, Richter & Georgi, 2006):

1. *Erwünschtes Niveau*: eine Leistung, die sich der Kunde wünscht und die der Anbieter liefern soll – in diesem Fall entsprechen die Erwartungen den Wünschen des Kunden. Das erwünschte Niveau ist abhängig von den Erfahrungen des Kunden und seinen darauf beruhenden Ansprüchen.
2. *Idealniveau:* die Vorstellung von einer optimalen, nicht zu überbietenden Leistung. Diese Erwartung markiert die bestmögliche Leistung und hängt nicht zuletzt von der Fantasie und dem Vorstellungsvermögen des Kunden ab.

3. *Typisches Niveau:* die Vorstellung von der typischen oder durchschnittlichen Qualität einer Leistung. Diese Erwartung bezieht sich häufig auf eine bestimmte Klasse von Produkten oder Dienstleistungen. Ein Kunde, der z.B. häufig in derselben Hotelkette absteigt oder in Restaurants einer Fast-Food-Kette speist, bildet sich Erwartungen darüber, welche Qualität das Essen in solchen Restaurants hat oder welchen Komfort und welchen Service ein Hotel dieser Kette bietet.
4. *Minimal tolerierbares Niveau:* die Vorstellung davon, was eben noch akzeptabel ist. Bei einer Übernachtungsmöglichkeit können das z.B. ein sauberes Bett und entsprechende sanitäre Einrichtungen sein, auf anderes – Fernsehgerät, Minibar etc. – wird zur Not verzichtet.

Die Erwartungen des Kunden sind so wichtig für den Anbieter eines Produkts oder einer Dienstleistung, weil der Kunde die Angebote mit seinen Erwartungen vergleicht und dieser Vergleich über seine Zufriedenheit oder Unzufriedenheit entscheidet – das ist die Grundaussage des Diskonfirmationsparadigmas, welches sowohl die Forschung zur Kundenzufriedenheit als auch zur Dienstleistungsqualität dominiert (Dormann & Zapf, 2007; Homburg & Stock, 2008). Die in diesem Paradigma angenommenen Vergleiche mit den Erwartungen sind statisch angelegt, Erwartungen sind aber dynamische Vorstellungen, die sich je nach Situation und in der Zeit ändern können (vgl. Bruhn et al., 2006). Sucht jemand z.B. eine Übernachtungsmöglichkeit in einer Stadt, wird er vermutlich zunächst in Hotels mit angemessenem Komfort nachfragen. Stellt er fest, dass in der Stadt z.B. aufgrund eines Kongresses alle entsprechenden Hotels ausgebucht sind, wird er sich letztlich auch über ein einfaches Zimmer freuen, sofern es den minimalen Ansprüchen genügt. In solchen Fällen sind Kunden bereit, von ihren erwünschten oder gar idealen Erwartungen zum minimal tolerierbaren zu wechseln.

Was aber noch eben tolerierbar ist, das hat sich im Laufe der Zeit stark gewandelt. Es gab Zeiten, als die Toilette auf dem Gang noch typisch für das Niveau von Herbergen war, heute ist ein solcher Zustand in Mitteleuropa nicht mehr akzeptabel. In dieser Entwicklung liegt auch eine Gefahr für die Unternehmen, die als *Erwartungs-Wahrnehmungs-Spirale* bezeichnet wird (Nerdinger, 2003a). Demnach bemühen sich Unternehmen, ihre Leistungen zu verbessern, um im Wettbewerb zu bestehen. Haben sich die Kunden an ein höheres Leistungsniveau gewöhnt, steigen ihre Erwartungen an die Qualität der Dienstleistung. Im Laufe der Zeit wird es daher immer schwieriger, Kunden zufriedenzustellen.

Welche Erwartungen Kunden an Dienstleistungen richten, lässt sich exemplarisch an den Ergebnissen einer Untersuchung verdeutlichen, in der Kunden von verschiedenen Dienstleistungsunternehmen zu ihren Erwartungen befragt wurden (Zeithaml et al., 1992; vgl. Nerdinger, 2003a). Es handelte sich dabei um Kunden von Kreditkartenunternehmen, Wertpapiermaklern, Reparaturwerkstätten und Privatkunden von Banken. Die von diesen Unternehmen angebotenen Dienstleistungen unterscheiden sich in verschiedenen wichtigen Merkmalen. Banken und Wertpapiermakler bieten arbeitsintensive Dienste an, die im direkten Kontakt mit dem Kunden verrichtet werden, wodurch Beziehungen im Sinne von Gutek (1995) entstehen können. Dagegen erfordern Reparaturleistungen lediglich bei der Annahme bzw. der Abholung einen Kontakt mit dem Kunden, hier liegt also in der Regel eine Pseudobeziehung vor. Wertpapiermakler und Reparaturwerkstätten erzielen mit ihren Leistungen anhaltende Wirkungen, dagegen stiften Banken und Kreditkartenunternehmen unmittelbaren Nutzen. Die untersuchten Dienstleistungen sind also recht unterschiedlich, trotzdem stimmen die Erwartungen der Kunden an die Dienstleistungen weitgehend überein. In Gruppendiskussionen mit Kunden solcher Unternehmen konnten die folgenden zehn Klassen von Erwartungen ermittelt werden (nach Zeithaml et al., 1992; vgl. Nerdinger, 2003a):

1. *Materielles:* das Erscheinungsbild von Einrichtungen und Ausrüstungen sowie des Personals und der gedruckten Kommunikationsmittel;
2. *Zuverlässigkeit:* die Fähigkeit, den versprochenen Service verlässlich und präzise auszuführen;
3. *Entgegenkommen:* die Bereitschaft, Kunden zu helfen und sie prompt zu bedienen;
4. *Kompetenz:* das notwendige berufliche Können und das Fachwissen zur Ausführung der Dienstleistung sind vorhanden;
5. *Zuvorkommenheit:* die Höflichkeit und Freundlichkeit, die das Personal im Kontakt mit dem Kunden zeigt;
6. *Vertrauenswürdigkeit:* die Glaubwürdigkeit und Ehrlichkeit des Dienstleisters;
7. *Sicherheit:* Kunden wollen nicht Gefahren oder Risiken ausgeliefert sein;
8. *Erreichbarkeit:* der Kunde findet leicht Zugang zu Ansprechpartnern;
9. *Kommunikation:* den Kunden zuhören und sie in einer für Laien verständlichen Sprache informiert halten;
10. *Kundenverständnis:* sich die Mühe machen, die Kunden und ihre Bedürfnisse kennenzulernen.

Die meisten dieser Erwartungen richten sich direkt auf das Verhalten der Mitarbeiter, die mit dem Kunden in Kontakt kommen: Zuverlässigkeit, Entgegenkommen, Kompetenz, Zuvorkommenheit, Vertrauenswürdigkeit, Sicherheit, Erreichbarkeit, Kommunikation und Kundenverständnis sind alles Erwartungen, die von den Mitarbeiter zu erfüllen sind. Demgegenüber haben die materiellen Aspekte als Aufgabe des Unternehmens eher geringe Bedeutung. Nach der Grundidee der Kundenzufriedenheitsforschung werden solche Erwartungen mit den wahrgenommenen Dienstleistungen verglichen und in der Folge entsteht (Un-)Zufriedenheit.

7.2 Zufriedenheit mit der Dienstleistung

7.2.1 Das Konzept „Kundenzufriedenheit"

Kundenzufriedenheit wird gewöhnlich als Resultat einer Bewertung (eines Produkts oder einer Dienstleistung) konzipiert (Dormann & Zapf, 2007). So definiert z.B. Oliver (1996): „Zufriedenheit ist die Reaktion des Kunden auf eine Erfüllung (fulfillment). Es ist die Beurteilung, dass ein Merkmal des Produkts oder der Dienstleistung, oder das Produkt bzw. die Dienstleistung selbst, einen angenehmen Grad der konsumbezogenen Erfüllung geboten hat, wobei Grade der Über- und Untererfüllung eingeschlossen sind" (zit. nach Dormann & Zapf, 2007). Hier wird also Zufriedenheit als Resultat einer Bewertung verstanden, die sowohl kognitive als auch emotionale Aspekte umfasst. Oliver verweist darauf, dass Zufriedenheit auch Resultat einer Untererfüllung sein kann – das wurde am Beispiel der Erwartungen eines Kunden, der eigentlich ein gutes Hotel sucht und aufgrund des Kongresses in der Stadt nur eine einfache Absteige bekommt, bereits erläutert.

Zufriedenheit im Sinne einer Bewertung entsteht aus direkten Erfahrungen mit dem Unternehmen, seinen Mitarbeitern, den Angeboten sowie den verschiedenen Formen der Kommunikation. Von besonderer Bedeutung sind die direkten Kontakte mit dem Unternehmen und seinen Mitarbeitern, die deshalb auch *Augenblicke der Wahrheit* genannt werden (Stauss, 2000). Bei diesen Kontakten werden die Erwartungen entweder bestätigt, übertroffen oder verfehlt. Nach dem wichtigsten Modell zur Erklärung der Entwicklung von Kundenzufriedenheit, dem *Diskonfirmationsparadigma* (Stauss, 1999; Dormann & Zapf, 2007; Homburg & Stock, 2008), bewertet der Kunde jeden Kontakt mit dem Unternehmen, seinen Mitarbeitern oder den Produkten, indem er seine Wahrnehmungen und Erlebnisse (Ist-Leistung) mit den Erwartungen (Soll-Leistung) vergleicht. Bleibt die Leistung deutlich hinter den Erwartungen zurück, ist der Kunde enttäuscht und unzufrieden. Entspricht die Leistung genau den Erwartungen, ist die Leistung eben so, wie sie sein soll – Zufriedenheit wird dadurch nicht ausgelöst. Werden die Erwartungen übertroffen, so wird der Kunde zufrieden sein – in besonderen Fällen kann das sogar zu Begeisterung führen (Homburg & Stock, 2008). Allerdings reagieren Kunden auf die Erfüllung oder Nichterfüllung ihrer Erwartungen nicht immer in der gleichen Weise. Das zeigt Abbildung 22.

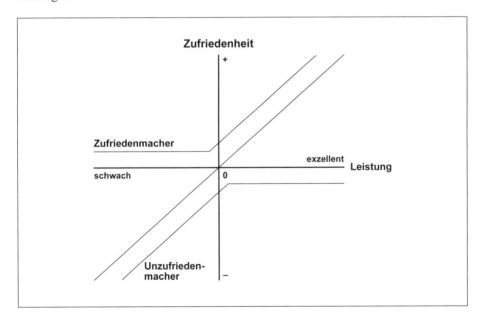

Abbildung 22: Die Wirkung verschiedener Merkmale einer Leistung auf die Zufriedenheit (nach Johnston & Heineke, 1998)

Demnach können nur bestimmte Merkmale einer Leistung Zufriedenheit *und* Unzufriedenheit auslösen (vgl. Johnston & Heineke, 1998). In der Untersuchung von Zeithaml et al. (1992; vgl. Kapitel 7.1) sind solche Merkmale z.B. Entgegenkommen, die Bereitschaft, den Kunden zu helfen und sie prompt zu bedienen. Diese Merkmale werden als *kritisch* bezeichnet, da ihre Erfüllung zu Zufriedenheit, ihre Nichterfüllung zu Unzufriedenheit führt. Wird dem Kunden ein Sonderwunsch prompt erfüllt, so stellt ihn das zufrieden; erklärt der Dienstleister ihm dagegen, wegen ihm könne keine Ausnahme gemacht werden, so wird das den Kunden gewöhnlich verärgern und zu Unzufriedenheit führen.

Dagegen betrachten Kunden die Erfüllung mancher Erwartungen als Selbstverständlichkeit, deshalb entsteht bei ihrer Erfüllung auch keine Zufriedenheit. Werden diese Erwartungen jedoch nicht erfüllt, reagieren die Kunden äußerst ungehalten – dies entspricht der Zwei-Faktorentheorie der Arbeitszufriedenheit von Herzberg, Mausner und Snyderman (1959). Wer z.B. in ein Restaurant der oberen Preisklasse geht und nicht (höflich) begrüßt wird, der wird indigniert reagieren. Wird er aber adäquat begrüßt, ist er allein deswegen noch nicht zufrieden. Solche Merkmale der Leistung sind also nur für die Unzufriedenheit der Kunden verantwortlich, zur Zufriedenheit tragen sie nichts bei. Sie werden daher auch als *Unzufriedenmacher* (Hygienefaktoren i.S. von Herzberg et al., 1959) bezeichnet.

Andere Merkmale der Leistung führen dagegen zu Zufriedenheit oder gar zu Begeisterung; werden sie nicht erlebt, entsteht dadurch aber nicht unbedingt Unzufriedenheit. Besucht ein Kunde ein Restaurant nach einiger Zeit das zweite Mal und der Kellner erkennt den Gast wieder, so ist das gewöhnlich eine angenehme Überraschung. Erinnert er sich vielleicht sogar noch an den bevorzugten Wein, kann das Begeisterung auslösen. Wird man aber nach längerer Zeit nicht wieder erkannt, ist deswegen kaum jemand unzufrieden – die meisten Kunden haben dafür Verständnis. Da solche Merkmale also in erster Linie für die Zufriedenheit der Kunden zuständig sind, werden sie als *Zufriedenmacher* (Motivatoren i.S. von Herzberg et al., 1959) bezeichnet.

Welche Merkmale einer Leistung Zufriedenmacher, Unzufriedenmacher oder kritisch sind, hängt stark von den jeweiligen Dienstleistungen ab. Zudem können sie sich im Laufe der Zeit ändern, sodass z.B. aus einem Zufriedenmacher ein Unzufriedenmacher wird – das Außergewöhnliche wird zum Selbstverständlichen, wenn es erst einmal die Regel ist. Das ist es, was die Erwartungs-Wahrnehmungs-Spirale beschreibt (Nerdinger, 2003a).

Von ganz besonderer Bedeutung für die Entwicklung von Kundenzufriedenheit sollte das Verhalten der Mitarbeiter im Kundenkontakt sein. Dazu finden sich einige Belege. Zum Beispiel haben Liljander und Mattsson (2002) an 148 Kunden von drei Dienstleistungsunternehmen – Bank, Fast-Food-Restaurant und Reisebüro – untersucht, welchen Einfluss die Stimmung des Kunden vor der Inanspruchnahme der Dienstleistung auf die Wahrnehmung des Verhaltens des Dienstleisters und – darüber vermittelt – die Kundenzufriedenheit hat. Das Verhalten der Dienstleister wurde in Anlehnung an die von Winsted (2000) ermittelten Dimensionen operationalisiert. Demnach wirken drei Dimensionen des Verhaltens von Kundenkontaktmitarbeitern entscheidend auf die Kundenzufriedenheit:

1. *Besorgnis*: zuvorkommendes Verhalten, auf den Kunden eingehen etc.;
2. *Unhöflichkeit:* den Kunden rüde behandeln, ignorieren, abgelenkt wirken etc.;
3. *Charme:* Lächeln, enthusiastisch, fröhlich sein etc.

Diese Dimensionen beziehen sich durchweg auf das soziale Verhalten der Dienstleister. Nach den Ergebnissen der Untersuchung von Liljander und Mattsson (2002) haben alle drei Dimensionen Einfluss auf die Kundenzufriedenheit. Darüber hinaus korreliert eine positive Stimmung des Kunden *vor* der Inanspruchnahme der Dienstleistung positiv mit den *später* wahrgenommenen Verhaltensdimensionen Besorgnis und Charme, negativ mit Unhöflichkeit. War der Kunde vorher in negativer Stimmung, so finden sich die umgekehrten Zusammenhänge. Demnach ist das Verhalten der Mitarbeiter zwar sehr wichtig für die Kundenzufriedenheit, dessen Wahrnehmung ist aber wiederum durch den Kunden selbst, durch seine Stimmung vor der Inanspruchnahme beeinflusst. Kundenzufriedenheit entsteht demnach aus der Wechselwirkung zwischen der wahrgenommenen Leistung und Merkmalen des Kunden (seinen Erwartungen, aber auch seiner Stimmung).

7.2.2 Antezedens: Dienstleistungsqualität

Zufriedenheit kann durch verschiedene Merkmale der Dienstleistung ausgelöst werden, wobei dem Mitarbeiterverhalten besondere Bedeutung zukommt. Aus betriebswirtschaftlicher Sicht wird dagegen die wahrgenommene Qualität der Dienstleistung als entscheidend für die Kundenzufriedenheit angesehen (Bruhn & Stauss, 2000). Qualität lässt sich scheinbar eindeutig bestimmen, so kommt die Deutsche Gesellschaft für Qualität zu folgender Definition: Qualität ist die Gesamtheit von Eigenschaften und Merkmalen eines Produktes oder einer Tätigkeit, die sich auf deren Eignung zur Erfüllung gegebener Erfordernisse bezieht (vgl. Dormann & Zapf, 2007).

Im Gegensatz zum Produktbereich, auf den diese Definition zielt, lässt sich die „Gesamtheit von Eigenschaften und Merkmalen" allerdings bei Dienstleistungen aufgrund ihres immateriellen Charakters nicht objektiv bestimmen. Daher wird Dienstleistungsqualität gewöhnlich als subjektive Einschätzung der Kunden gefasst, wonach Qualität dem entspricht, was der Kunde als Qualität einschätzt. Weiter wird vermutet, dass diese Einschätzung das Ergebnis eines Vergleichs von wahrgenommener (Ist-Wert) mit idealer Leistung (Soll-Wert) ist. Diese Bestimmung entspricht dem – bereits im Zusammenhang mit der Kundenzufriedenheit dargestellten – Diskonfirmationsparadigma.

Die gleiche Konzeption beider Begriffe hat viel zur Verwirrung über ihren Status beigetragen. Da sie aufgrund derselben theoretischen Annahmen ähnlich operationalisiert werden, zeigen sich zwischen den beiden Größen in empirischen Untersuchungen gewöhnlich auch sehr enge Zusammenhänge. Dabei lässt sich Dienstleistungsqualität begrifflich relativ klar von Zufriedenheit abgrenzen (vgl. Dormann & Zapf, 2007). So haben unterschiedliche Größen Einfluss auf die Kundenzufriedenheit und die wahrgenommene Qualität – zum Beispiel hat der Preis einer Leistung großen Einfluss auf die Zufriedenheit, dagegen keinen auf die Qualität. Zur Einschätzung der Qualität einer Leistung genügt es häufig, sich über die Leistung genau zu informieren, ein (Un-)Zufriedenheitserlebnis wird daraus aber nicht entstehen. Schließlich ist die Zufriedenheit emotional getönt, Qualität dagegen ist eine kognitive Konstruktion.

Da die wahrgenommene Qualität von Dienstleistungen wichtige Informationen für deren Steuerung liefert, ist das Konzept von großer Bedeutung für Wissenschaft und Praxis. Die praktische Bedeutung lässt sich an dem wichtigsten Modell der Dienstleistungsqualität, dem *Gap-Modell* von Parasuraman, Zeithaml und Berry (1985) verdeutlichen. Im Gap-Modell wird die Diskrepanz zwischen erlebtem und idealem Service auf Prozesse im Unternehmen zurückgeführt, die selbst wiederum als Ist-Soll-Abweichungen (Lücken bzw. gaps) konzipiert werden (vgl. Abbildung 23).

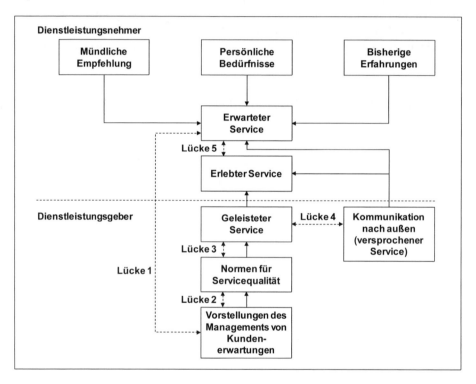

Abbildung 23: Das Gap-Modell von Parasuraman et al. (1985)

Eine Lücke zwischen erwartetem und erlebtem Service bildet den Orientierungspunkt für unternehmerisches Handeln *(Lücke 5)*. Die Erwartungen der Kunden werden durch mündliche Empfehlungen von Bekannten, durch persönliche Bedürfnisse und durch bisherige Erfahrungen mit der Dienstleistung geprägt. Das Unternehmen beeinflusst diese Erwartungen durch kommunikative Maßnahmen – in erster Linie durch Werbung –, in denen gewöhnlich eine bestimmte Qualität der Dienstleistung versprochen wird. Damit solche Kommunikation gelingt, sollte das Management wissen, was die Kunden von der Dienstleistung erwarten. Das herauszufinden ist eine Aufgabe der Marktforschung. Besteht hier eine Diskrepanz *(Lücke 1),* sollte das

Management durch weitere Marktforschung, aber auch durch Befragung des Kundenkontaktpersonals die notwendigen Informationen erhalten.

Das Management ist auch verantwortlich für die Normen der Dienstleistungsqualität, d.h. das Management sollte die Erwartungen der Kunden in Vorschriften für das Verhalten des Kundenkontaktpersonals übersetzen. Die Divergenz zwischen den wahrgenommenen Erwartungen und den bestehenden Vorschriften bildet die *Lücke 2*. *Lücke 3* kann sich zwischen diesen Vorschriften und den tatsächlich geleisteten Diensten eröffnen, d.h. das Verhalten des Kundenkontaktpersonals widerspricht diesen Normen. Diese Lücke tritt vor allem in Unternehmen auf, deren Dienstleistungen sehr arbeitsintensiv sind, die Zusammenarbeit vieler Mitarbeiterinnen und Mitarbeiter verlangen und die an vielen, weit verstreuten Filialen angeboten werden. Ursachen für die Lücke 3 sind gewöhnlich Rollenkonflikte und Rollenambiguität – die Mitarbeiter werden über die Ziele, die sie in der Arbeit erreichen sollen, im Unklaren gelassen oder aber dem Unternehmen ist der Umsatz wichtiger als die Qualität der Dienstleistung (Zeithaml et al., 1992).

Auch wenn die Lücken eins bis drei geschlossen sind, kann die Kommunikation nach außen den geleisteten Diensten nicht entsprechen, da Werbung häufig relativ unabhängig von den angebotenen Leistungen gestaltet wird. In diesem Fall öffnet sich eine *Lücke 4*, die ebenfalls negativen Einfluss auf die Qualität der wahrgenommenen Dienstleistung hat.

Bleibt noch die Frage nach der kausalen Beziehung zwischen einer über diese Lücken definierten Dienstleistungsqualität und der Kundenzufriedenheit. Mittlerweile gibt es eine Vielzahl von Studien, die den Zusammenhang zwischen den beiden Konzepten untersucht haben (vgl. Brown & Lam, 2008). Dienstleistungsqualität erscheint demnach als eine wichtige Bedingung der Kundenzufriedenheit (wobei nach neueren Befunden die Beziehung zwischen Dienstleistungsqualität und Kundenzufriedenheit nicht nur linear, sondern u.U. auch nonlinear zu modellieren ist; vgl. Falk, Hammerschmidt & Schepers, 2010). Das Gap-Modell gibt entsprechend dem Management von Dienstleistungen Hinweise, wie sich die Zufriedenheit der Kunden durch gezielte Steuerung der Dienstleistungsqualität beeinflussen lässt. Dies ist betriebswirtschaftlich aufgrund der Konsequenzen der Kundenzufriedenheit sehr relevant.

7.2.3 Konsequenzen: Bindung und ökonomische Folgen

Mittlerweile liegen verschiedene Untersuchungen vor, die einen Zusammenhang zwischen Kundenzufriedenheit und ökonomischem Erfolg belegen (vgl. z.B. Gruca & Rego, 2005). Diese Wirkung wird gewöhnlich damit erklärt, dass Kundenzufriedenheit zur *Bindung* (Commitment) des Kunden an das Unternehmen führt, denn zufriedene Kunden sind dem Unternehmen treu und verhalten sich ihm gegenüber loyal. Bindung bezieht sich sowohl auf das bisherige Verhalten als auch auf die Absichten für die Zukunft und kann verschiedene Formen sowie unterschiedliche Bindungsobjekte haben. Bei den *Formen* lässt sich zwischen einem affektiven, einem normativen und einem fortsetzungsbezogenen Commitment unterscheiden (Bansal, Irving & Taylor, 2004). Bei *affektivem* Commitment sind Kunden aufgrund ihrer positiven Emotionen an das Dienstleistungsunternehmen gebunden; liegt *normatives*

Commitment vor, fühlt sich der Kunde – aus welchen Gründen auch immer – verpflichtet, dem Unternehmen treu zu bleiben; *fortsetzungsbezogenes* Commitment meint, der Kunde bleibt bei dem Unternehmen, weil die Kosten für einen Wechsel zu hoch sind. Bansal et al. (2004) fanden für diese Formen sowohl unterschiedliche Antezedenzen als auch Wirkungen auf die Wechselabsichten: normatives Commitment wurde durch subjektive Normen erklärt, affektives durch Vertrauen in das Unternehmen und das fortsetzungsbezogene Commitment durch die Wechselkosten. Die Wechselabsichten wurden nur durch das normative und das fortsetzungsbezogene Commitment direkt beeinflusst, affektives Commitment wirkt demnach nur vermittelt über das normative Commitment.

Mit Bezug auf das *Objekt* der Bindung haben Jones, Taylor und Bansal (2008) unterschieden zwischen der Bindung an die Organisation, an die Person des Dienstleisters in seiner beruflichen Rolle bzw. an seine Person außerhalb der Rolle. Nach ihren Befunden wird die Wiederkaufsabsicht – eine klassische Variable der Kundenloyalität – stärker durch die wahrgenommene Dienstleistungsqualität als durch die Bindung an das Unternehmen erklärt. Dagegen kann diese Größe andere Reaktionen der Kunden wie z.B. die Bereitschaft, mehr für dieselbe Dienstleistung zu zahlen, besser begründen. Die beiden Formen der Bindung an den Mitarbeiter in seinen verschiedenen Rollen zeigen kaum Zusammenhänge mit diesen, für das Dienstleistungsunternehmen so wichtigen Konsequenzen. Beide Formen tragen allerdings indirekt zur Erklärung bei, da ihre Wirkung über den positiven Einfluss auf die Bindung an das Unternehmen vermittelt wird.

Kundenbindung äußert sich in verschiedenen Verhaltensweisen, die sich in Anlehnung an Homburg und Faßnacht (2001) nach dem bisherigen Verhalten und den Verhaltensabsichten systematisieren lassen (vgl. Abbildung 24).

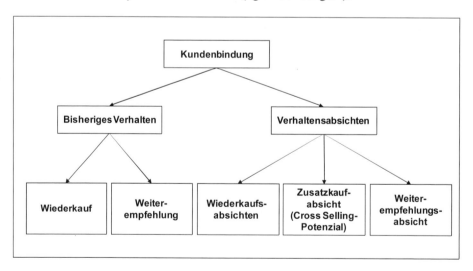

Abbildung 24: Ausprägungen der Kundenbindung (nach Homburg & Faßnacht, 2001)

Mit Blick auf das bisherige Verhalten kann Bindung am Wiederkauf und den Weiterempfehlungen erkannt werden. *Wiederkauf* meint: Wer über einen bestimmten

Zeitraum hinweg immer die Produkte oder Dienstleistungen des Unternehmens kauft, ist an das Unternehmen gebunden. Mit den gängigen Methoden des Controllings lässt sich das relativ einfach feststellen, etwas schwieriger ist dagegen die Erfassung der *Weiterempfehlungen*. Sinnvoll ist es – soweit als möglich – alle Neukunden systematisch danach zu befragen, wie sie den Weg zum Unternehmen gefunden haben. In der Weiterempfehlung wird der besondere Wert der Kundenbindung für das Unternehmen deutlich. Loyale Kunden werben für das Unternehmen und ersparen damit Kosten für die Akquisition neuer Kunden (Nerdinger, 2003a).

Kundenbindung umfasst aber mehr als nur das bisher gezeigte Verhalten Gebundene Kunden haben die Absicht, auch in Zukunft bei dem Unternehmen zu kaufen (*Wiederkaufsabsicht*), sie sind entschlossen, es bei Gelegenheit weiterzuempfehlen (*Weiterempfehlungsabsicht*) und – aus Sicht der Unternehmen besonders wichtig – haben die Absicht, Zusatzkäufe zu tätigen. Das *Cross-Selling-Potenzial* verschiedener Kundengruppen bietet dem Unternehmen diverse Vorteile, u.a. ermöglicht es eine bessere Kalkulation vor der Entwicklung neuer Produkte und Dienstleistungen (Homburg & Faßnacht, 2001). Wer sich auf einen Stamm loyaler Kunden stützen kann, kennt deren Bedürfnisse und ihre Bereitschaft, darauf abzielende Produkte zu kaufen.

Zufriedenheit der Kunden bringt den Unternehmen wirtschaftliche Vorteile, wobei dieser Zusammenhang gewöhnlich durch die Bindung der Kunden vermittelt wird. Zufriedene und gebundene (loyale) Kunden sind berechenbare Kunden, das verringert im Management die Unsicherheit und ermöglicht ihm eine bessere Planung der Zukunft. Mittlerweile gibt es eine Vielzahl empirischer Überprüfungen dieser Zusammenhänge. In einer Metaanalyse haben Szymanski und Henard (2001) 50 Studien, in denen Prädiktoren und Ergebnisse der Kundenzufriedenheit untersucht wurden, analysiert. Wesentliche Befunde dieser Studie zeigt die Tabelle 3.

Tabelle 3: Prädiktoren und Konsequenzen der Kundenzufriedenheit (nach Szymanski & Henard, 2001)

	Zahl der Studien	N	Range: r	Ø r
Prädiktoren:				
- Erwartung	8	5.927	-.13 bis .66	.24
- Diskonfirmation	30	37.897	-.24 bis .87	.37
- Leistung	21	88.959	-.37 bis .81	.33
Ergebnisse:				
- Beschwerdeverhalten	3	580	-.43 bis -.20	-.31
- neg. Mundpropaganda	3	1.170	-.79 bis -.07	-.37
- Wiederkauf	9	5.066	-.11 bis .91	.48

Die Folgen der Kundenzufriedenheit sind empirisch klar nachweisbar (wenn auch teilweise nur durch relativ wenige Studien belegt). Vor allem hängt es mit dem Wiederkaufverhalten der Kunden zusammen, darüber hinaus kann Kundenzufriedenheit aber auch negative Mundpropaganda und Beschwerden reduzieren. Bei den Prädiktoren ist die Diskonfirmation der bloßen Ist-Wahrnehmung der Leistung kaum überlegen. Werden dagegen bei der Vorhersage der Kundenzufriedenheit nur die Erwartungen der Kunden berücksichtigt, fällt die Erklärung deutlich schlechter aus. Aus diesen Gründen lässt sich zusammenfassend sagen: Kundenzufriedenheit ist eine ökonomisch zentrale Zielgröße, die sich durch ein Diskonfirmationsmodell bzw. eine Beschreibung der wahrgenommenen Leistung gut erklären lässt.

7.2.4 Einflüsse von Emotionen und Stimmungen

Das Diskonfirmationsparadigma als das dominante Modell zur Erklärung der Entstehung von Kundenzufriedenheit kann zwar den ökonomischen Erfolg recht gut erklären, konzeptuell ist das Modell aber einseitig kognitiv geprägt und daher psychologisch fragwürdig. Nach diesem Konzept erlebt der Kunde einen Service (Ist-Zustand), vergleicht dieses Erleben mit seinen Erwartungen (Soll-Zustand) und in der Folge stellt sich (Un-)Zufriedenheit ein. Zufriedenheit ist aber per definitionem ein emotional getöntes Erleben (Oliver, 1996; Dormann & Zapf, 2007). Zudem gibt es einige empirische Hinweise, wonach in komplexen Dienstleistungen die Stimmungen und Gefühle der Kunden sehr wichtig für die Entwicklung von Zufriedenheit sind (vgl. Gardner, 1985). Aber auch in einfachen, kurzzeitigen Dienstleistungsinteraktionen dürfte dieses Paradigma die Realität des Erlebens auf Kundenseite nur bedingt widerspiegeln.

Der Frage, welche Rolle Emotionen und Stimmungen des Kunden in einfachen, kurzzeitigen Dienstleistungen bei der Bewertung der Interaktion spielen, sind Mattila und Enz (2002) empirisch nachgegangen. Nach der Vermutung der Autoren sind die während der Interaktion von den Kunden gezeigten Emotionen ein Prädiktor ihrer Bewertung der Begegnung und der allgemeinen Einschätzung des Dienstleistungsunternehmens. Diese Bewertungen sollten auch mit der (nachträglich erhobenen) Stimmung zusammenhängen. Schließlich haben die Autoren auch noch den Zusammenhang zwischen der Einschätzung der Begegnung durch den Kunden und der Einschätzung der eigenen Leistung durch die Dienstleister ermittelt.

Zu diesem Zweck haben sie eine Beobachtungsstudie in zwei Grand Hotels in Singapur durchgeführt. Zwei trainierte Beobachter haben jeweils in der Lobby der Hotels Interaktionen zwischen Dienstleistern (Mitarbeitern an der Rezeption) und Kunden beobachtet und dabei die Gefühlsdarstellungen der Kunden aufgezeichnet (in drei Kategorien: Augenkontakt, Lächeln und freundliches Bedanken). Anschließend haben sie die jeweiligen Kunden angesprochen, ihnen Ablauf und Zweck der Studie erklärt und sie um das Ausfüllen eines Fragebogens gebeten. Die Kunden sollten in diesem Fragebogen ihre Stimmung einschätzen, die Interaktion bewerten und die Qualität des Hotels einstufen. Insgesamt 200 Kunden haben sich in dieser Form an der Studie beteiligt. Zudem haben die 21 beobachteten Mitarbeiter im Anschluss an jede Interaktion mit einem Kunden ihre eigene Leistung eingestuft. Die

Zusammenhänge zwischen den Beobachtungen und den Kundeneinstufungen zeigt Tabelle 4.

Tabelle 4: Zusammenhänge zwischen dargestellten und erlebten Emotionen sowie der Bewertung von Dienstleistungen (nach Mattila & Enz, 2002); * p = .05

Variablen	1.	2.	3.	4.
1. Stimmung des Kunden	-			
2. Dargestellte Gefühle	.19*	-		
3. Bewertung der Interaktion	.43*	.25*	-	
4. Allgemeine Bewertung des Hotels	.40*	.30*	.60*	-

Demnach korrelieren die von den Mitarbeitern dargestellten Gefühle signifikant mit der Stimmung der Kunden, die Stimmung der Kunden wiederum korreliert hochsignifikant mit der Bewertung der Interaktion und ihrer allgemeinen Bewertung des Hotels (die Höhe der Zusammenhänge der bei den Kunden erhobenen Variablen ist vermutlich aufgrund der gemeinsamen Varianzquelle überschätzt). Die Ergebnisse zusätzlich durchgeführter hierarchischer Regressionen verdeutlichen, dass die dargestellten Emotionen und die nachträglich berichteten Stimmungen signifikante Anteile an der Bewertung der Interaktion und der Einschätzung des Unternehmens erklären (bei Kontrolle verschiedener Variablen wie Geschlecht, Dauer der Interaktion etc.). Dagegen hängt die Selbsteinschätzung der Leistung durch die Mitarbeiter nicht mit der Einschätzung der Interaktion durch die Kunden zusammen. Die Mitarbeiter scheinen die Gefühlsdarstellung der Kunden nicht richtig wahrzunehmen, obwohl diese ein wichtiger Indikator von deren Zufriedenheit ist. Hier eröffnet sich ein weites Feld u.a. für das Training entsprechender Fähigkeiten von Dienstleistern.

Zufriedenheit mit einer Dienstleistung wird (auch) von der Stimmung des Kunden beeinflusst, und diese kann – vom Kunden weitgehend unbemerkt – durch die vom Dienstleister nonverbal ausgedrückten Gefühle infiziert werden (das ist ein Effekt der emotionalen Ansteckung; vgl. Nerdinger, 2009; vgl. Kapitel 8.2). Kundenzufriedenheit wird darüber hinaus durch die affektiv getönten Persönlichkeitsmerkmale der Kunden beeinflusst – unabhängig von der wahrgenommenen Dienstleistungsqualität. Burns und Bowling (2010) haben bei Studierenden die Persönlichkeitsmerkmale Positive bzw. Negative Affektivität und deren Zufriedenheit mit sowie ihre Einschätzungen der Qualität des Services in der Uni-Bibliothek, der Mensa und den Wohnheimen erhoben. Unter *Negativer Affektivität* wird die allgemeine individuelle Neigung zum Erleben negativer Stimmungen in einer Vielzahl von Situationen verstanden. *Positive Affektivität* beschreibt dagegen die Neigung, sich in einer Vielzahl von Situationen als enthusiastisch und voller Energie zu erfahren. Dabei handelt es sich nicht um Gegensätze, vielmehr wird eine Person mit geringer Ausprägung in Negativer Affektivität als ruhig und emotional-stabil beschrieben. Nach den Befunden dieser Studie korreliert Positive Affektivität, nicht jedoch Negative Affektivität mit der Zufriedenheit mit den Dienstleistungen sowie der Wahrnehmung der Qualität dieser Dienstleistungen. Zwar ist auch diese Untersuchung methodisch nicht unproblematisch, da alle Variablen bei einer Stichprobe erhoben wurden, es scheint aber plausibel, dass auch stimmungsbezogene Persönlichkeitsmerkmale Einfluss auf die Kundenzufriedenheit haben.

Die Bedeutung der Emotionen für die Zufriedenheit wird noch deutlicher im Falle der Wirkung negativer Emotionen. Was ist die Folge von Unzufriedenheit? Häufig wird angenommen, dass Unzufriedenheit direkt zu – aus Sicht des Unternehmens – negativem Kundenverhalten wie Beschwerden, negativer Mundpropaganda oder gar zum Wechsel des Anbieters führt. Demgegenüber haben Bougie, Pieters und Zeelenburg (2003) vermutet, der Effekt der Unzufriedenheit würde durch den in diesem Zustand häufig erlebten Ärger vermittelt. Theoretisch erscheint Unzufriedenheit als relativ undifferenziertes Gefühl, das unspezifisch ist in dem Sinne, als es eine allgemeine, wertende Reaktion auf ein negatives Ereignis darstellt. Davon unterscheidet sich nach den Ergebnissen einer qualitativen Befragung das Gefühl des Ärgers in allen relevanten Dimensionen – Fühlen, Gedanken, Handlungstendenzen, Handlungen und den Zielen der Emotion. In einer zweiten Studie haben die Autoren die Hypothese überprüft, dass die Wirkung der Unzufriedenheit auf das Kundenverhalten (partiell) durch das Gefühl des Ärgers vermittelt wird (Abbildung 25).

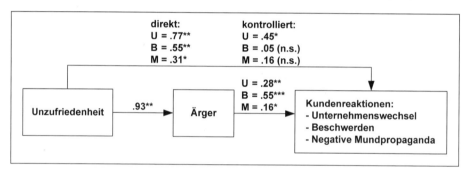

Abbildung 25: Die zwischen Unzufriedenheit und Kundenreaktionen vermittelnde Wirkung erlebten Ärgers (nach Bougie et al., 2003); U = Unternehmenswechsel; B = Beschwerden; M = Negative Mundpropaganda; * p = .05; ** p = .01; *** p = .001; n.s. = nicht signifikant

Unzufriedenheit korreliert direkt mit der Absicht zum Unternehmenswechsel (U = .77), mit Beschwerden (B = .55) und mit negativer Mundpropaganda (M = .31). Wird der durch ein Ereignis ausgelöste Ärger als vermittelnde Variable berücksichtigt, sinken diese Zusammenhänge vor allem für die Beschwerden dramatisch (U = .45; B = .05; M = .16): Der Zusammenhang mit Beschwerden und mit negativer Mundpropaganda wird vollständig durch Ärger mediiert, der Zusammenhang mit der Absicht zum Unternehmenswechsel wird zumindest partiell durch diese starke Emotion vermittelt. Das ist auch psychologisch plausibel. Wer unzufrieden mit einer Leistung ist und sich darüber ärgert, wird sich eher beschweren bzw. bei anderen negativ über das Unternehmen reden als sofort das Unternehmen zu wechseln (ein Unternehmenswechsel setzt vor der Handlung noch kalkulative Überlegungen voraus, die in vielen Fällen den erlebten Ärger dämpfen können). Nach diesen Befunden sollte also das Problem der Folgen des Ärgers und der Wut der Kunden eigenständig untersucht werden, die bloße Erfassung der Kunden(un)zufriedenheit genügt dafür nicht.

Ärger und Wut sind gewöhnlich emotionale Reaktionen auf das Verhalten der Dienstleister bzw. allgemein auf Fehler im Service. Die Frage, wie Kunden auf Fehler im Service reagieren, haben McColl-Kennedy, Patterson, Smith und Brady (2009) systematisch untersucht. Zur Erklärung der dabei auftretenden Emotionen und Verhaltensweisen gehen sie von der *Affective Events Theory* (AET) von Weiss und Cropanzano (1996) aus. Auf der Grundlage der psychologischen Stress-Theorie von Lazarus und Folkman (1984) postuliert die AET, dass Menschen auf negative Ereignisse in einem zweistufigen Bewertungsprozess reagieren, der zu Coping, d.h. dem Versuch der Bewältigung solcher Ereignisse führt. In einer ersten Bewertung (primary appraisal) werden Stimuli mit Blick auf ihre Relevanz für das Selbst bewertet. Bedrohungen des Selbstwertgefühls, Ungerechtigkeiten und Bedrohungen nahestehender Menschen führen zu starken negativen Emotionen. Als Reaktion auf diese Emotionen werden Copingversuche gezeigt – Anstrengungen der Person mit dem Ziel, die stressende Situation zu bewältigen oder zumindest ihre Wirkung zu minimieren. Coping hat zwei Funktionen: stressende Emotionen und ihre Konsequenzen zu kontrollieren (*emotion-focused coping*) und die problematische Person-Umwelt-Beziehung, die als Ursache des Stress anzusehen ist, zu verändern (*problem-focused coping*). Entsprechend sollten einige Kunden ihre Wut und ihren Ärger über negative Erlebnisse in der Dienstleistungsbegegnung u.a. durch offene Akte der Aggression ausdrücken, andere dagegen durch eher indirekte Mittel wie einen Wut signalisierenden nonverbalen Ausdruck.

In einer Untersuchung an 140 Kunden und 83 Dienstleistern mithilfe der Critical-Incident-Technique (Flanagen, 1954) haben die Autoren zunächst Daten erhoben, aus denen Items zur Konstruktion von Skalen formuliert wurden. Aus diesen Items wurden drei Skalen konstruiert - bezogen auf die in diesem Zusammenhang erlebten Emotionen die Customer-Rage-Emotions-(CRE-)Skala, mit Blick auf den Gefühlsausdruck die Customer-Rage-Expression-(CRX-)Skala und für das Verhalten die Customer-Rage-Behavior-(CRB-)Skala. Die Skalen umfassen folgende Bereiche:

1. *Customer Rage Emotions (CRE):*
    - Erbitterte Wut (rancorous rage): Erleben von Ekel, Verachtung oder Groll;
    - Rachsüchtige Wut (retaliatory rage): Gefühl wilder Entschlossenheit, Zorn;
2. *Customer Rage Expression (CRX):*
    - Verbal: Fluchen, negative Bemerkungen über das Unternehmen machen; den Dienstleister beleidigen, anbrüllen;
    - Physisch: Versuch bzw. Drohung, den Dienstleister zu verletzen; Versuch, Eigentum der Organisation zu zerstören;
    - Konstruktiv: sich selber beruhigen; Versuch zu akzeptieren, dass es immer wieder Fehler gibt;
    - Verschoben: andere anwesende Personen anbrüllen; den Ärger später an anderen auslassen;
    - Nonverbal: demonstrativ den Kopf schütteln, damit der Dienstleister es sieht; die Augen rollen; den Dienstleister wütend anstarren;

3. Customer Rage Behaviors (CRB):
- Beendigung: nie mehr bei diesem Unternehmen kaufen; nie mehr diese Dienstleistung in Anspruch nehmen;
- Vergeltung: Versuch, das Unternehmen oder seine Mitarbeiter zu sabotieren;
- Negative Mundpropaganda: Gegenüber anderen negativ über das Unternehmen bzw. seine Mitarbeiter sprechen.

Untersuchungen mit diesen Skalen zeigen u.a. folgende Zusammenhänge (McColl-Kennedy et al., 2009). Wird in einer Dienstleistungsbegegnung erbitterte Wut erlebt, so geht das mit erhöhtem physischem und verschobenem Ausdruck einher; das Erleben rachsüchtiger Wut verringert physischen und verschobenen Ausdruck. Verbaler Ausdruck der Wut ist mit passiv-aggressivem Verhalten verbunden, während physischer Ausdruck zu relativ aggressivem Verhalten führt. Das sind weitgehend plausible Zusammenhänge, die das Verhalten der Kunden in entsprechenden Situationen beschreiben können. In weiteren Untersuchungen müssen aber die Bedingungen für das Erleben unterschiedlicher Wut-Emotionen genauer analysiert werden (zum Entstehen spezifischer Emotionen – Angst und Ärger im Erleben von Flugpassagieren – in Abhängigkeit von Attributionen vgl. Menon & Dubé, 2004).

Zusammenfassend betrachtet scheint eine einseitig kognitive Konzeption der Kundenzufriedenheit über Soll-Ist-Vergleiche zu kurz zu greifen. Im Dienstleistungsbereich entsteht die Zufriedenheit der Kunden nicht zuletzt aus der Begegnung mit dem Dienstleister, und da es sich hier um Begegnungen zwischen Menschen handelt, können immer mehr oder weniger heftige Emotionen auftreten. Solche starken Emotionen können aber alle kognitiven Prozesse überstrahlen und den Grad der Zufriedenheit bestimmen. Daher ist es notwendig, die emotionale Dynamik der Begegnung mit dem Dienstleister bei der Modellierung der Zufriedenheit künftig sehr viel stärker zu berücksichtigen. In bestimmten Dienstleistungen ist darüber hinaus noch ein Einflussfaktor zu beachten, der ebenfalls mit emotionalen Reaktionen verbunden ist – andere, bei der Erstellung der Dienstleistung anwesende Kunden.

7.3 Einflüsse anderer anwesender Kunden

Die Frage, welchen Einfluss andere Kunden, die während der Abwicklung der Dienstleistung anwesend sind, auf die Kundenzufriedenheit haben, ist bislang noch wenig erforscht – vielleicht, weil von Seiten des Managements nur wenige Einflussmöglichkeiten auf diese Situation gesehen werden. Dabei haben bereits Martin und Pranter (1989) ein Modell des Kunden-Kompatibilitäts-Managements entwickelt, das von der – zwischenzeitlich auch empirisch bestätigten These – ausgeht, dass Kunden mit einer Dienstleistung zufriedener sind, wenn die ebenfalls anwesenden anderen Kunden hinsichtlich verschiedener Aspekte zu ihnen passen.

Die meisten bislang zu diesem Problembereich durchgeführten Untersuchungen richten sich auf das Erleben von Überfüllung, das *Crowding*, z.B. in Einzelhandelsgeschäften oder Supermärkten. Diese Untersuchungen kommen gewöhnlich zum Ergebnis, dass Crowding negative Konsequenzen auf Kunden hat (vgl. z.B. Machleit, Eroglu & Powell Mantel, 2000). Allerdings gibt es Situationen in Verbindung mit hedonischen Dienstleistungen – erlebnisvermittelnde Dienstleistungen wie Vergnügungsparks, Konzerte etc. –, in denen Überfüllung manchmal durchaus positiv erlebt wird. Dabei lassen sich kulturelle Unterschiede nachweisen, z.B. erleben Bewohner des Mittleren Ostens die objektiv gleiche Dichte von Personen in Einzelhandelsgeschäften als weniger beengend im Vergleich zu US-Amerikanern und bewerten diese Situation auch sehr viel positiver als diese (Pons, Laroche & Mourali, 2006). Neben der Untersuchung der Bedingungen von Crowding findet sich auch noch ein deutlich weniger ausgeprägter Forschungsstrang, in dem untersucht wird, unter welchen Bedingungen Kunden von anderen Kunden soziale Unterstützung erhalten und dadurch sowohl das individuelle Wohlbefinden von Kunden als auch der finanzielle Erfolg von Unternehmen befördert wird (vgl. Rosenbaum, 2006; Rosenbaum, Ward, Walker & Ostrom, 2007).

Wie die Anwesenheit anderer Kunden konkret erlebt wird, geht aus diesen Untersuchungen nicht hervor. Grove und Fisk (1997) haben eine Critical-Incident-Studie durchgeführt, um einen ersten Einblick in dieses Phänomen zu erhalten. Die Autoren wollten herausfinden, wie die Anwesenheit anderer Kunden das Dienstleistungserlebnis beeinflusst und ob sich Kunden in diesem Erleben unterscheiden. Befragt wurden 486 Touristen an touristisch anziehenden Plätzen in Florida (Disney Park etc.). Sie sollten sich an kürzlich erlebte Ereignisse beim Besuch von Touristenattraktionen erinnern, bei denen sie aufgrund der Anwesenheit anderer Touristen besonders zufrieden bzw. besonders unzufrieden waren. 330 kritische Ereignisse wurden gesammelt, die sich grob in zwei Kategorien einteilen lassen:

1. *Protokoll-Ereignisse:* muss sich der Kunde Raum und Zeit mit anderen Kunden teilen, wird das Erlebnis dadurch beeinflusst, inwieweit sich andere Kunden an explizite oder implizite Verhaltensregeln („das Protokoll") halten.
2. *Geselligkeits-Ereignisse* beschreiben, wie das soziale Verhalten der anderen Kunden wahrgenommen wird. Hierzu gehören Ereignisse, in deren Rahmen die anderen Kunden als sehr freundlich oder aber sehr feindselig erlebt werden.

Die meisten Protokoll-Ereignisse beziehen sich auf die Situation in Warteschlangen und hier auf das physische bzw. verbale Verhalten der anderen wartenden Kunden – Warteschlangen bilden ganz offensichtlich eine äußerst kritische Situation für die Organisation von Dienstleistungen. Drei Kategorien ließen sich bei den Protokoll-Ereignissen unterscheiden:

- *Physische Ereignisse in der Schlange:*
  Positiv: „There was no pushing or breaking in line to get ahead of others. It was nice to see people acting like people";
  Negativ: „… there was a couple that was trying to cut in front of us and they were being rude. We told them to move and ended up fighting and then in the emergency room – horrible".
- *Verbale Ereignisse in der Schlange:*
  Positiv: „I met these really nice people from Canada who talked to me in line waiting for the ET ride at Universal Studios";
  Negativ: „While standing in line at Universal Studios, these people from New York were in front of us. They were using foul language and yelling to get the line moving".

- *Sonstige Ereignisse:*
  Positiv: „At Busch Gardens we always seemed to be in the same place as this elderly couple and they made sure that our 2 kids could see the animals";
  Negativ: „Some guy at Wet-n-Wild spit on my wife's foot".

Die Geselligkeits-Ereignisse lassen sich nach der Freundlichkeit bzw. der Stimmung unterscheiden (inwieweit sich die bloße Anwesenheit anderer Kunden auf die eigenen Gefühle niederschlägt). Hier finden sich zwei Kategorien:
- *Freundliche und unfreundliche Ereignisse:*
  Freundlich: „At EPCOT Center we met a couple from Montana. We spent time with them at the pub. It was pleasant to meet somebody from out west";
  Unfreundlich: „The foreigners at Disneys were rude. They would talk about you in their language".
- *Stimmungs-Ereignisse:*
  Positiv: „At the ‚back to the future' (Universal Studios), other customers on the ride added to the experience";
  Negativ: „Busch Gardens had like way too many silverheads [older people], they get in your way".

Rund 57% der Befragten geben an, dass die Anwesenheit der anderen Kunden ihre Zufriedenheit mit der Touristenattraktion signifikant beeinflusst hat. Im Rahmen von Protokoll-Ereignissen war dieser Einfluss überwiegend negativ. Das ist plausibel, denn negative Verletzungen von Regeln treten häufiger auf als positive bzw. bleiben besser im Gedächtnis haften. Die Geselligkeits-Ereignisse wurden dagegen überwiegend positiv beschrieben. Zusammenfassend lässt sich damit sagen: Kunden, die mit anderen den Ort der Dienstleistung teilen, sind sehr sensibel für Verletzungen der Verhaltensregeln. Verhalten sich die anderen Kunden angenehm gesellig, kann das die Erfahrung sehr positiv beeinflussen. Verstoßen sie gegen kulturell definierte Regeln, so wird das als sehr negativ erlebt. Dabei lassen sich individuelle Unterschiede partiell nachweisen. US-Bürger sind eher unzufrieden, wenn andere Touristen anwesend sind, dagegen hat dies die befragten Touristen aus Europa weniger gestört. Auffallend häufig beziehen sich die negativen Ereignisse auf Interaktionen mit anderen Altersgruppen. Ältere berichten, wie laut und ungehobelt jüngere anwesende Kunden waren, Jüngere beklagen sich häufiger über die Aggressivität älterer Kunden in der Warteschlange.

Diese Untersuchung beschränkt sich auf lediglich eine Klasse von Dienstleistungen, daher haben Zhang, Beatty und Mothersbaugh (2010) eine vergleichbare CIT-Studie in 15 verschiedenen Service-Situationen durchgeführt. Dabei zeigte sich, dass andere Kunden in Restaurants, im Kino und auch bei Transportdienstleistungen (Fliegen, Zugfahren etc.) den größten Einfluss auf die Zufriedenheit haben, in Lebensmittelgeschäften und Banken dagegen den geringsten. Inhaltlich finden sich hier etwas breiter gestreute Ereignisse, die sich aber thematisch nicht gravierend von den Kategorien, die Grove und Fisk (1997) gefunden haben, unterscheiden.

Die Wahrnehmung anwesender Kunden spielt noch in einem weiteren Zusammenhang eine wichtige Rolle. Wenn anwesende Kunden die Interaktion von Dienstleistern mit anderen Kunden beobachten, neigen sie dazu, die Ergebnisse der Interaktion zu attribuieren, d.h. die Ergebnisse werden bestimmten Ursachen zugeschrieben (Försterling, 2006). Nach der Attributionstheorie lassen sich die Ergebnisse von Handlungen prinzipiell durch zwei Klassen von Ursachen erklären – Faktoren, die in der Person und solche, die in der Umwelt liegen. Die Zuschreibung von Ursachen auf Faktoren in der Person wird als *internale Attribution*, die Zuschreibung auf Faktoren der Umwelt als *externale Attribution* bezeichnet. In einer Vielzahl von Untersuchungen hat sich gezeigt, dass in sozialen Inferenzprozessen häufiger internale Attributionen vorgenommen werden, d.h. Ergebnisse von sozialen Ereignissen werden bevorzugt den Dispositionen und Neigungen eines der beobachteten Akteure zugeschrieben. Die Merkmale der Situation, in der gehandelt wird, werden demgegenüber vernachlässigt. Dieses Phänomen wird als *fundamentaler Attributionsfehler* bezeichnet (Ross, 1977).

Cowley (2005) hat gefragt, wie ein Fehler, der in einer Dienstleistungsbegegnung auftritt und den andere Kunden beobachten, von den Beobachtern erklärt wird. In einer Laborstudie mit Studenten trat der fundamentale Attributionsfehler nur auf, wenn Dienstleister beurteilt wurden, nicht jedoch bei der Beurteilung der (beobachteten) Kunden, die mit dem Dienstleister interagiert haben. Demnach wird der Dienstleister allein aufgrund seiner Rolle als verantwortlich für das Ergebnis der Interaktion, speziell für Fehler angesehen. Das hat gravierende Folgen. Da die Attribution negativer Ergebnisse einer Dienstleistungsbegegnung auf die Person des Dienstleisters erwarten lässt, dass solche Fehler wieder auftreten (stabile Attribution), wird die Erwartung der beobachtenden Kunden in Bezug auf ihre eigene – demnächst anstehende – Interaktion mit dem Dienstleister negativ beeinflusst. In Dienstleistungen, in denen andere Kunden die Interaktion beobachten können, potenzieren sich demnach die negativen Wirkungen von Fehlern.

Diesen Ansatz haben Huang, Lin und Wen (2010) auf die Frage erweitert, unter welchen Bedingungen ein von Kunden beobachtetes Fehlverhalten anderer Kunden zu Unzufriedenheit mit dem Dienstleistungsunternehmen führt. Nach Meinung der Autoren hängt dies von der Attribution der Ursachen ab. 224 Kunden eines taiwanesischen Shopping-Centers wurden mit einer Szenario-Technik befragt, wobei in den Szenarien die Attributionsmöglichkeiten des Fehlverhaltens nach drei Dimensionen systematisch variiert wurden:
- *Stabilität* – tritt das Fehlverhalten regelmäßig auf oder ist es ein Sonderfall;
- *Kontrollierbarkeit* – kann das Unternehmen die Ursachen des Fehlverhaltens kontrollieren oder nicht;
- *Globalität vs. Spezifität* – ein bestimmtes Fehlverhalten von Kunden kommt auch in anderen Organisationen vor oder nur in der fraglichen (d.h. das Fehlverhalten ist für diese Organisation spezifisch).

Die Szenarien beschreiben einen Vorfall in einem Restaurant, in dem sich andere Gäste sehr laut verhalten. Unter der Bedingung der Kontrollierbarkeit benehmen sich drei junge Männer am Nebentisch sehr laut, unter der Bedingung der Unkontrollierbarkeit schreit am Nebentisch ein kleines Kind. Unter der Instabilitätsbedingung informiert der Kunde seine Essenspartner, dass dies zum ersten Mal in diesem Restaurant passiert. Im Falle der Stabilitätsbedingung sagt er zu ihnen, das würde ihm hier immer wieder passieren. Unter der Spezifitätsbedingung sagt der Kunde, so etwas habe er bislang nur in diesem Restaurant erlebt und unter der Globalitätsbedingung meint er, das sei in sehr vielen Restaurants üblich. Wie die Ergebnisse belegen, sind die Befragten besonders unzufrieden mit dem Restaurant, wenn die Kunden glauben, die Restaurantleitung könnte das Ereignis kontrollieren oder erwarten, künftig würden solche negativen Ereignisse wieder auftreten. Glauben die Kunden, so etwas könne auch in anderen Restaurants passieren, sind die Auswirkungen auf die Unzufriedenheit weniger gravierend.

Die Anwesenheit anderer Kunden sowie die Beobachtung der Interaktion eines Dienstleisters mit einem Kunden durch andere beeinflusst offensichtlich deren Bewertung in vielen Dienstleistungen nicht unerheblich. Allerdings liegen dazu bislang nur methodisch eingeschränkte Untersuchungen – qualitative Befragungen bzw. Szenario-Studien – vor, deren Übertragbarkeit auf reale Dienstleistungssituationen erst noch im Feld genauer zu überprüfen ist.

7.4 Wahrnehmung der Ko-Produktion

An der Erstellung der Dienstleistung ist der Kunde immer mehr oder weniger beteiligt, ein gegenüber der industriellen Produktion differenzierendes Merkmal von Dienstleistungen, das als *Ko-Produktion* bezeichnet wird (Voß & Rieder, 2005; Hacker, 2009; vgl. Kapitel 5). Gewöhnlich beschränkt sich die Mitarbeit des Kunden auf die Vermittlung von Informationen, die ein Dienstleister benötigt, um die Dienstleistung verrichten zu können – so muss z.B. der Kunde dem Taxifahrer nach dem Einsteigen sagen, wohin die Fahrt gehen soll. Genauso muss der Bankkunde seinem Berater sagen, welche Anlagemöglichkeit er für sein Vermögen sucht (sonst wird ihm der Berater sagen, was er braucht). Damit der Arzt seine Diagnose erstellen kann, muss der Patient – den Anweisungen des Arztes gehorchend – den Körper in bestimmte Stellungen bringen. In manchen psychologischen Dienstleistungen scheint der Kunde nahezu die ganze Arbeit selbst zu übernehmen, ihre eigene Aufgabe beschreiben die Dienstleister in diesem Fall als „Hilfe zur Selbsthilfe". Diese Formen bezeichnet Hacker (2009) als *unerlässliche* Ko-Produktion und unterscheidet davon *erlässliche* Formen, bei denen Unternehmen versuchen, den Kunden möglichst viele Aufgaben zu übertragen, die vormals vom Dienstleister verrichtet wurden. Das gelingt ihnen nicht zuletzt aufgrund der stetig zunehmenden Möglichkeiten, die Selbstbedienungstechnologien und das Internet als Vertriebsbasis bieten (vgl. Meuter et al., 2000; zu den Auswirkungen solcher Technologien auf ältere Menschen vgl. Rieder, Laupper, Dorsemagen & Krause, 2008).

Jede Form der Ko-Produktion erfordert, den Kunden für die Mitarbeit zu motivieren bzw. ihn dafür zu qualifizieren. Trotz der großen theoretischen Bedeutung dieses Phänomens finden sich erstaunlich wenige theoretische Analysen der zentralen Fragen, wie die Kunden dazu gebracht werden, solche Aufgaben zu übernehmen, wie sie für diese Aufgaben geschult werden etc. (aus betriebswirtschaftlicher Sicht vgl. Gouthier, 2003; aus arbeitspsychologischer Sicht vgl. Hacker, 2009). Mit Blick auf die Kunden ist von Interesse, wie diese die „Zumutung" der Ko-Produktion wahrnehmen und wie sie darauf reagieren. Auch dazu gibt es sehr wenig gesichertes Wissen. Das mag mit der Komplexität der Fragestellung zusammenhängen, was sich an einer empirischen Studie exemplarisch verdeutlichen lässt. Bendapudi und Leone (2003) haben untersucht, welche Auswirkungen die Beteiligung der Konsumenten an einer Dienstleistung für deren Zufriedenheit mit dem Dienstleistungsunternehmen hat. Die Autoren gehen von dem sozialpsychologischen Phänomen des *self-serving bias* aus. Nach diesem Effekt führen Menschen ihre Erfolge überwiegend auf interne Faktoren wie die eigenen Fähigkeiten und Anstrengungen zurück, ihre Misserfolge erklären sie dagegen bevorzugt durch externe Faktoren wie Aufgabenschwierigkeit oder Pech (Försterling, 2006). Übertragen auf eine Situation, in der zwei Personen ein Ergebnis zusammen produzieren, sollte eine Person für die erfolgreiche (gemeinsame) Abwicklung im Sinne des self-serving bias mehr eigene Verantwortung reklamieren, für eine fehlerhafte Leistung sollte sie dagegen die Verantwortung bevorzugt bei der anderen Person oder den situativen Bedingungen suchen.

Entsprechend erwarten Bendapudi und Leone (2003), dass ein Kunde im Dienstleistungsbereich für positive Ergebnisse einer gemeinsam produzierten Dienstleistung mehr Verantwortung seiner Person zuschreibt. In diesem Fall müsste er auch weniger zufrieden mit der Dienstleistungsfirma sein, da er die gute Leistung auf seinen Einsatz zurückführt. Fällt dagegen das Ergebnis schlechter als erwartet aus, sollte der Kunde weniger Verantwortung für das Ergebnis übernehmen. Daher vermuten die Autoren, dass die Zufriedenheit mit dem Unternehmen im Falle schlechter Ergebnisse unabhängig von der Frage der Beteiligung des Kunden ist. Dasselbe gilt auch, wenn ein Ergebnis genau den Erwartungen entspricht.

Solche differenzierten Hypothesen lassen sich kaum im Feld überprüfen, entsprechend haben die Autoren – wie es im Rahmen sozialpsychologischer Untersuchungen von Attributionsprozessen üblich ist – eine Befragung von Studenten unter Verwendung der Szenario-Technik durchgeführt. Bei dieser Technik werden den Versuchsteilnehmern Fragebögen vorgelegt, in denen konkrete Vorkommnisse beschrieben sind, wobei die zu untersuchenden Variablen systematisch variiert werden. Ein Beispiel der in dieser Untersuchung verwendeten Szenarien lautet so: Pat geht zum Rechtsanwalt, weil er erreichen will, dass ihm sein Vermieter die Kaution zurück zahlt, die Pat bei der Anmietung einer Wohnung hinterlegt hat. In der ersten Variante des Szenarios zeigt der Rechtsanwalt Pat eine Briefvorlage, die er anschließend ausarbeitet und dem Vermieter schickt. In der zweiten Variante zeigt der Rechtsanwalt Pat ebenfalls die Briefvorlage, die dann aber Pat selbst ausarbeitet und auch selbst dem Vermieter schickt. Der Brief ist in Ordnung und Pat erhält eine Kautionsrückzahlung, die viel höher, genauso hoch oder geringer ist, als erwartet. Im Anschluss an diese sechs Varianten des Szenarios – „Beteiligung an der Leistung hoch bzw. niedrig" mal „Ergebnis besser als erwartet, wie erwartet bzw. niedriger als erwartet" – sollen die Befragten u.a. ihre Zufriedenheit mit der Arbeit des Rechtsanwaltes einstufen. Sechs solcher Szenarien für sechs verschiedene Dienstleistungen wurden entwickelt. Die Ergebnisse für das Rechtsanwalts-Beispiel zeigt Abbildung 26.

Die Befragten sind mit dem Rechtsanwalt weniger zufrieden, wenn sie an der Erstellung der Leistung beteiligt waren und diese gut ausgefallen ist. In den beiden anderen Fällen findet sich kein Unterschied zwischen den Formen der Ko-Produktion. Die meisten anderen Szenarien kommen zu denselben Ergebnissen. Nach den Ergebnissen einer zweiten Studie wird der Effekt des self-serving bias abgemildert, wenn die Kunden die Möglichkeit haben zu entscheiden, ob sie an der Erstellung beteiligt sein wollen oder nicht (Bendapudi & Leone, 2003). Daher sollten nach Meinung der Autoren Unternehmen, die ihre Kunden an der Leistungserstellung beteiligen möchten, diesen die Wahlmöglichkeit einräumen (was wohl allein aus ökonomischen Gründen nicht immer möglich sein wird).

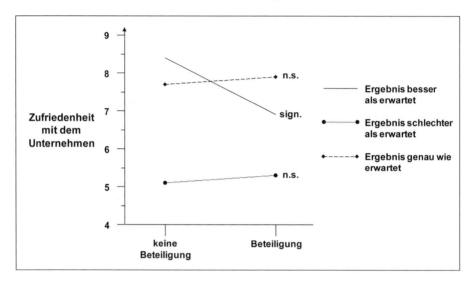

Abbildung 26: Kundenzufriedenheit in Abhängigkeit von der Beteiligung an der Leistung und der Erfolgsattribution (nach Bendapudi & Leone, 2003)

Die Untersuchung des Erlebens und der Bewertung der Ko-Produktion aus Sicht des Kunden steht erst am Beginn. Die Studie von Bendapudi und Leone (2003) verdeutlicht, dass diese Fragen nicht nur psychologisch interessant sind, sondern damit vermutlich auch ernstzunehmende Konsequenzen für die Zufriedenheit der Kunden mit Dienstleistungen verbunden sind (zu einer soziologisch-kritischen Reflexion der Folgen der zunehmenden Übertragung von Aufgaben auf den Kunden vgl. Voß & Rieder, 2005).

Der Erkenntnisstand über die psychologischen Prozesse, die für Kunden im Rahmen von Dienstleistungstransaktionen relevant sind, ist – zusammenfassend betrachtet – noch eher unbefriedigend. Da sich ein Großteil der Forschung auf die Konsequenzen des Handelns von Dienstleistern für die Zufriedenheit der Kunden, ihre Bindung an das Unternehmen bzw. ihre ökonomisch relevanten Reaktionen konzentriert, erscheint das Feld fragmentiert und theoretisch unterbelichtet. Künftig wird es darauf ankommen, den Kunden verstärkt als aktiven Teilnehmer an der Dienstleistungsinteraktion zu sehen und die dafür notwendigen theoretischen Voraussetzungen intensiver zu diskutieren. Hinweise auf dabei mögliche Vorgehensweisen finden sich im Rahmen der Erforschung der Interaktionsprozesse.

8 Interaktion zwischen Dienstleister und Kunde

Während bislang die beiden zentralen Akteure – Dienstleister und Kunde – weitgehend getrennt untersucht wurden, wird im Folgenden der dynamische Aspekt der Dienstleistung, die wechselseitige Einwirkung der Akteure in Form der Interaktion etwas genauer betrachtet. Zwar bildet die Interaktion den Kern der Tätigkeit und entsprechend werden entsprechende Tätigkeiten aus arbeitspsychologischer bzw. arbeitssoziologischer Sicht häufig auch als *Interaktionsarbeit* (z.B. Böhle & Glaser, 2006) bzw. als *interaktive Arbeit* (Dunkel & Weihrich, 2010) bezeichnet. Die theoretische Modellierung und vor allem die empirische Untersuchung der real ablaufenden Interaktionsprozesse sind aber bislang bestenfalls in Ansätzen zu erkennen.

In den nächsten Abschnitten wird daher nach einer knappen Begriffsklärung zuerst ein Überblick über einige Grundlagen der Interaktion gegeben. In einem ersten Schritt wird betrachtet, welche Formen der Interaktion sich unterscheiden lassen und welche davon für verschiedene Arten von Dienstleistungen kennzeichnend sind. Aufgrund des Mangels an genuinen, empirischen Interaktionsstudien werden dann zwei generalisierbare Interaktionssituationen rekonstruiert. Auf der Mikroebene wirkt die emotionale Ansteckung als quasi-biologisch programmierte Form der wechselseitigen Einwirkung. Demgegenüber stellen abweichendes Kundenverhalten und seine psychologischen wie verhaltensbezogenen Wirkungen auf Seiten der Kundenkontaktmitarbeiter, deren Reaktionen und die Konsequenzen für alle Beteiligten eine komplexe soziale Interaktion dar. Diese Prozesse werden in mehreren Schritten auf der Grundlage von Untersuchungen der dabei ablaufenden Prozesse aus jeweils unterschiedlichen Perspektiven rekonstruiert.

8.1 Begriff und Formen der Interaktion

Der Begriff *Soziale Interaktion* bezeichnet die Einwirkung verschiedener Personen aufeinander, wobei der Einwirkung nicht notwendigerweise eine Absicht, ein Plan oder auch nur das Wissen der Personen über die wechselseitige Einwirkung zu unterstellen ist (vgl. zum Folgenden Blickle, 2004). Das sei am Beispiel verdeutlicht: Eine Form der Einwirkung ist das als *social facilitation* bekannte Phänomen, wonach die Anwesenheit anderer Menschen bei der Verrichtung einfacher, gut gelernter Tätigkeiten zu höherer Leistung führt im Vergleich zur Einzelarbeit (Fischer & Wiswede, 2009). Allein die physische Präsenz von Menschen bewirkt eine physiologische Aktivierung bei allen körperlich Anwesenden, d.h. die anwesenden Menschen wirken völlig unabhängig von ihren Absichten oder Plänen auf die anderen Anwesenden ein – social facilitation beschreibt damit eine rudimentäre Form der Interaktion. Ein ähnlich grundlegender Mechanismus kennzeichnet auch das Phänomen der emotionalen Ansteckung, das für das Verständnis von Dienstleistungen besonders wichtig ist und daher im nächsten Abschnitt noch etwas genauer untersucht wird.

Über diese wechselseitige physiologische Aktivierung hinaus zählen zur Interaktion aber auch die psychischen Prozesse, die als bewusste Reaktion auf die Einwirkung durch andere ablaufen. Das kann sich beispielsweise so gestalten: Ein Kundenkontaktmitarbeiter in einem Einzelhandelsgeschäft wird auf einen Kunden aufmerksam, was diesem auffällt, woraufhin der Mitarbeiter wiederum registriert, dass der Kunde bemerkt hat, dass er vom Mitarbeiter beobachtet wurde. Diese Interaktion kann völlig spontan und unbeabsichtigt ablaufen, ob sie fortgesetzt wird, hängt von den Beteiligten ab. Möglicherweise lächelt der Mitarbeiter den Kunden an oder nickt ihm zu – will der Kunde nicht in ein Gespräch verwickelt werden, wird er den Blickkontakt vermeiden und weitergehen. Solche Prozesse werden gewöhnlich von kognitiven Skripts gesteuert (Abelson, 1981), d.h. von Gedächtnisstrukturen, in denen soziale Abläufe gespeichert sind und die eine gedankenlose Bewältigung elementarer bzw. ritualisierter sozialer Situationen ermöglichen. So wissen – bezogen auf dieses Beispiel – Dienstleister intuitiv, wenn ein Kunde den Blickkontakt meidet, möchte er nicht in ein Gespräch verwickelt werden. Zum Beruf von Kontaktmitarbeitern gehört es aber, gelegentlich gegen die Erwartungen der Kunden zu verstoßen, was wiederum in den Skripts der Kunden, in denen Begegnungen mit Dienstleistern gespeichert sind, enthalten ist. In der Folge erwarten Kunden in bestimmten Situationen genau so ein – ihren Wünschen entgegenlaufendes – Verhalten der Dienstleister. Zeigt der Dienstleister das Verhalten, werden ihre negative Einstellungen („Verkäufer") bestätigt. Obwohl Interaktionen oft einem bestimmten Muster folgen, das in Skripts festgelegt ist, haben die Beteiligten Möglichkeiten zu eigensinnigen Handlungen, um das Verhalten und die Reaktionen der anderen anwesenden Personen zu beeinflussen.

Die verschiedenen Möglichkeiten der wechselseitigen Einwirkung schlagen sich in unterschiedlichen Formen der Interaktion nieder, weshalb zu ihrer Analyse auch unterschiedliche Modelle der Interaktion gefordert sind. Jones und Gerard (1967) haben vier Formen der Interaktion unterschieden: Pseudo-, asymmetrische, reaktive und wechselseitige Interaktion. Formal lassen sich diese Formen wie in Abbildung 27 veranschaulichen.

Bei *Pseudointeraktionen* sind die Reaktionen der Interaktionspartner jeweils auf individuell vorbestimmte Ziele ausgerichtet – auf Stichworte oder Verhaltenssignale hin werden die Einzelaktivitäten abgewickelt. Dadurch wirkt diese Interaktionsform auf den Beobachter, als würde sie allein durch gesellschaftlich festgelegte Rituale reguliert. Pseudointeraktionen werden möglich, da die Verhaltenspläne der Akteure weitgehend übereinstimmen – ein typisches Beispiel für diesen Fall bildet die Interaktion am Counter eines Fast-Food-Restaurants. Einfache Dienstleistungsbegegnungen im Sinne von Gutek et al. (1999) lassen sich häufig als Pseudointeraktionen über die dabei wirksam werdenden Skripts rekonstruieren.

Bei *asymmetrischen Interaktionen* spult eine Person ihr Verhaltensprogramm ab und wirkt durch ihr planmäßiges Vorgehen stark auf das Verhalten der anderen Person ein. Diese wiederum reagiert lediglich, gewöhnlich ohne dadurch die weiteren Aktionen der dominanten Person zu modifizieren. Solche Interaktionen kennzeichnen Situationen, in denen Dienstleister deshalb Anordnungen erteilen können, weil die Kunden in hohem Maße von ihnen abhängig sind – exemplarisch kann das bei medizinischen Dienstleistungen beobachtet werden. Mediziner können sich in dieser Weise verhalten, da die Kunden ihnen großes Vertrauen in die Wirkung ihres professionellen Handelns entgegen bringen. Ein solches Vertrauen ist ein Merkmal von Beziehungen nach Gutek et al. (1999).

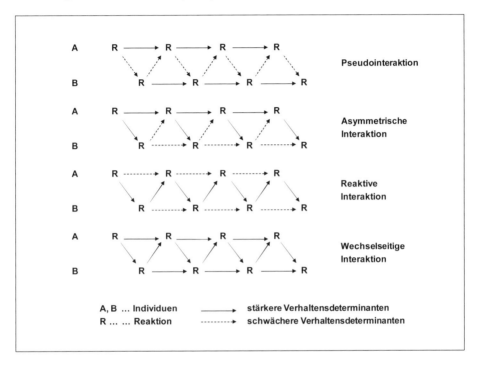

Abbildung 27: Formen der Interaktion (nach Jones & Gerard, 1967)

Bei der *reaktiven Interaktion* liegt eine wechselseitige Orientierung an der Reaktion des Partners vor, wobei keiner der Akteure eigene Verhaltenspläne verfolgt. „Small Talk" ist ein typisches Beispiel reaktiver Interaktion, die Reaktionen der beiden Partner sind dabei als soziale Handlungen im hier verwendeten Sinne zu verstehen. Aufgrund ihres ungerichteten Charakters bezeichnet dies allerdings keine eigenständige Interaktionsform in Dienstleistungen, vielmehr begleiten und erleichtern reaktive Interaktionen die instrumentellen Handlungen bzw. bilden ein wichtiges Mittel der Kontaktaufnahme.

Die *wechselseitige Interaktion* ist durch eine Mischung aus planvollen und reaktiven Verhaltensweisen gekennzeichnet, wodurch eine beidseitige Korrektur von Plänen und Einzelaktivitäten entstehen kann. Beide Interaktionspartner möchten bestimmte Ziele verwirklichen, sie zeigen jedoch kein vorprogrammiertes Verhalten zur Zielerreichung, sondern stimmen sich auf die Reaktionen des Partners ab. Die beratenden wie auch die meisten psychotherapeutischen Dienstleistungen sind durch solche Abläufe gekennzeichnet, wobei sich in diesen Dienstleistungen zwischen

Dienstleister und Kunde häufig Beziehungen im Sinne von Gutek et al. (1999) entwickeln.

Akzentuierend lässt sich sagen: Im Rahmen von unterstützend- und zumindest teilweise auch von problemorientiert-interaktiven Dienstleistungen (vgl. Kapitel 2) dominieren gewöhnlich Pseudointeraktionen, in persönlich-interaktiven Dienstleistungen dagegen totale oder – und das bezeichnet die Ausnahmestellung professioneller Dienstleister, vor allem der Ärzte – asymmetrische Interaktionen. Zum Verständnis der Abstimmung der Akteure bei diesen Interaktionen müssen aber zusätzlich die sozialen – und d.h. in erster Linie kommunikativen – Handlungen der Akteure analysiert werden, die rein formal betrachtet häufig als reaktive Interaktionen erscheinen.

Nach diesem Modell verfolgen die Akteure Pläne und Ziele und versuchen jeweils ihren Interaktionspartner mehr oder weniger stark zu beeinflussen, um die eigenen Ziele zu erreichen. Die Art der Beeinflussung im Rahmen der Interaktion kann sehr unterschiedlich ablaufen. Ein Beispiel für eine weitgehend unbewusste, quasi biologisch fundierte Form der Beeinflussung wird mit dem Konzept der emotionalen Ansteckung beschrieben.

8.2   Einfache Formen der Interaktion: emotionale Ansteckung

Interaktion in der Form wechselseitiger Einwirkung findet bereits auf einer grundlegenden, unbewussten Ebene statt. Die nonverbal, durch Mimik, Gestik, Körpersprache und paralinguistische Merkmale ausgedrückten Emotionen des einen Interaktionspartners haben unmittelbaren Einfluss auf die Emotionen des anderen. Dieses Phänomen wird als *emotionale Ansteckung* bezeichnet (Hatfield, Cacioppo & Rapson, 1994; Nerdinger, 2009). Emotionale Ansteckung ist letztlich der Grund für die von Dienstleistern geforderte Emotionsarbeit – der mit Hilfe von Emotionsarbeit erzeugte Gefühlsausdruck des Dienstleisters überträgt sich durch emotionale Ansteckung auf die Kunden. Da Kunden ihre Emotionen natürlich ebenfalls nonverbal ausdrücken, können sie auf demselben Weg den Dienstleister emotional anstecken, es findet also bereits auf der nonverbal-emotionalen Ebene eine vollständige Interaktion statt.

Diese Interaktionsform wird gelegentlich als primitive oder unbewusste emotionale Ansteckung bezeichnet und davon eine bewusste Form unterschieden (Hennig-Thurau et al., 2006; vgl. Stock-Homburg, Bieling & El Ouadoudi, 2010). Nach dem Konzept der bewussten emotionalen Ansteckung sind Gefühlsdarstellungen soziale Informationen, die für soziale Vergleiche herangezogen werden. Demnach soll es Situationen geben, in denen der Empfänger von Gefühlsdarstellungen – im vorliegenden Fall der Kunde – aktiv nach Emotionen sucht, die der Situation entsprechen. Sofern sich der Empfänger unsicher darüber ist, welche Emotionen in einer Situation angemessen sind, vergleicht er seine aktuelle Gefühlslage mit dem Emotionsausdruck des Interaktionspartners (des Dienstleisters) und passt sich emotional daran an. Der Empfänger wird dies allerdings nur machen, wenn er die dargestellten Gefühle für angemessen hält, was dann der Fall ist, wenn er die Darstellung als authentisch erlebt. Diese zweite, bewusste Form ist bislang empirisch kaum untersucht (vgl. aber Hennig-Thurau et al., 2006), weshalb sich die folgenden Ausführungen auf die unbewusste Form der emotionalen Ansteckung konzentrieren.

Über die ansteckende Wirkung von Emotionen wird schon seit langem spekuliert (Darwin, 1872/1986; vgl. zum Folgenden Nerdinger, 2009): das Lachen eines Kindes überwältigt uns und wir müssen mitlachen; wenn wir einen schüchternen Menschen in der Öffentlichkeit beobachten, fühlen wir uns unwohl oder wir sind traurig, nachdem wir mit einem Depressiven gesprochen haben. Diesen Phänomenen liegt (primitive) emotionale Ansteckung zugrunde. Hatfield et al. (1994) haben zur Erklärung eine Theorie vorgeschlagen, die sich in folgenden drei Hypothesen zusammenfassen lässt.

1. In Interaktionen versuchen Menschen automatisch und kontinuierlich ihren Gesichtsausdruck durch Mimikry mit dem Gesichtsausdruck ihrer Gesprächspartner zu synchronisieren. Eine gelungene Synchronisierung des Ausdrucks ist ein entscheidendes Indiz für den Erfolg einer Interaktion, wobei sich die Tendenz zur Synchronisierung auch in anderen nonverbalen Kanälen wie den Körperbewegungen und der Stimmlage ausdrückt.
2. Die emotionale Erfahrung wird in jedem Moment der Interaktion durch die neuronale Rückmeldung der Mimik gesteuert. Dieser Zusammenhang, der neuropsychologisch gut bestätigt ist, wird *Facial-Feedback-Hypothese* genannt (Strack, Martin & Stepper, 1988). Nach dieser empirisch gut bestätigten Hypothese wird die Stellung sämtlicher Gesichtsmuskeln laufend neuronal verarbeitet, wodurch die jeweils einem aktuellen Gefühlsausdruck zugehörigen Gefühle erlebt werden.
3. Als Konsequenz aus 1. und 2. können Interaktionsteilnehmer die Emotionen des anderen nachempfinden (solange tatsächlich die nonverbalen Ausdrücke synchronisiert sind; vgl. Stel & Vonk, 2009).

Weiter unterscheiden sich nach dieser Theorie die Menschen in der Fähigkeit, Emotionen auszudrücken und in der Sensibilität für die Emotionen anderer (zur Erfassung solcher Unterschiede vgl. Doherty, 1997). Nach Hatfield et al. (1994) finden sich zwei Typen, die als Transmitter bzw. als Ansteckungsbereite bezeichnet werden. *Transmitter* sind expressive Personen, die besonders gut Emotionen übertragen können. Persönlichkeitspsychologisch lassen sie sich kennzeichnen als „charismatisch, unterhaltend ... haben oft als Verkäufer gearbeitet oder Verkauf gelehrt ... sie haben hohe Werte in Dominanz, sozialer Zuwendung und Selbstdarstellung" (Hatfield et al., 1994, S. 138). Aufgrund ihrer Expressivität bringen Transmitter andere dazu, sich zu öffnen und damit werden ihre Gesprächspartner der Absicht des Gesprächs zugänglicher.

Ansteckungsbereite Menschen richten die Aufmerksamkeit auf andere Personen, daher lassen sie sich leichter von deren Emotionen affizieren. In der Folge stellen sie auch besser Rapport zu anderen Menschen her. Das führt bei ihren Interaktionspartnern zur Entspannung und der Bereitschaft, Informationen preiszugeben. Allerdings werden ansteckungsbereite Menschen aufgrund dieser Eigenschaften auch von den negativen Emotionen anderer intensiver angesteckt – gerade depressiv gestimmte Menschen sind häufig ganz erpicht darauf, bei ansteckungsbereiten Menschen ihre Sorgen abzuladen mit der Folge, dass diese sich anschließend selbst schlechter fühlen. Das kann zwar für anstreckungsbereite Menschen zum Problem werden, im

Sinne des Erfolgs in der Interaktion zwischen Mitarbeiter und Kunde erscheint aber eine hohe Ausprägung in beiden Merkmalen optimal für Mitarbeiter im Kundenkontakt (Verbeke, 1997).

Mittlerweile finden sich einige empirische Studien, in denen die Relevanz emotionaler Ansteckung im Dienstleistungsbereich überprüft wurde (vgl. zusammenfassend Nerdinger, 2009). Pugh (2001) hat in 39 Filialen einer amerikanischen Bank den emotionalen Ausdruck von Bankangestellten in Interaktionen mit Kunden durch geschulte Beobachter auf vorgegebenen Skalen einstufen lassen. Emotionaler Ausdruck wurde über drei Aspekte operationalisiert: hat der Dienstleister die Begrüßungsformel verwendet, hat er im Gespräch Augenkontakt gehalten und hat er gelächelt. Unmittelbar nach Beendigung der Interaktion mit den Bankangestellten haben die Kunden in einem Fragebogen eingeschätzt, wie sie sich aktuell fühlten und wie sie die Dienstleistungsqualität der Bank bewerten. Der jeweilige Bankangestellte hat einen Fragebogen ausgefüllt, mit dem u.a. seine emotionale Ausdrucksfähigkeit – definiert als Gebrauch von Mimik, Gestik, Stimmlage und Körperbewegung zur Übermittlung von Emotionen, d.h. inwieweit sie also als Transmitter wirken – und das Persönlichkeitsmerkmal *Positiver Affekt*, d.h. die Disposition zum Erleben positiver Emotionen (vgl. Stemmler et al., 2010) erhoben wurde. Schließlich haben die Beobachter die Anzahl der Kunden, die in der Schlange hinter dem aktuell bedienten Kunden warteten, gezählt. Die so operationalisierte *Transaktionsgeschäftigkeit* sollte nach dem Modell von Pugh neben den beiden Persönlichkeitsmerkmale auf die Gefühlsdarstellung wirken. Die Gefühlsdarstellung sollte wiederum die Gefühle der Kunden und die von ihnen wahrgenommene Dienstleistungsqualität positiv beeinflussen. Die Ergebnisse der Untersuchung zeigt Abbildung 28.

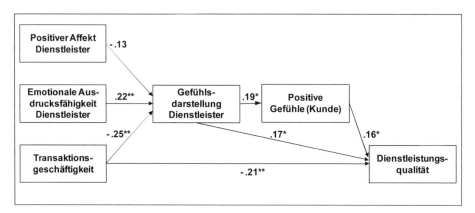

Abbildung 28: Ursachen und ansteckende Wirkung der Gefühlsdarstellung (nach Pugh, 2001); * p = .05; ** p = .01

Die von unabhängigen Beobachtern eingestuften Gefühlsdarstellungen der Bankangestellten korrelieren signifikant mit den von Kunden erlebten positiven Gefühlen – eine Bestätigung der Wirkung emotionaler Ansteckung. Weiter korreliert die emotionale Ausdrucksfähigkeit der Bankangestellten signifikant mit ihren dargestellten Gefühlen (auch das bestätigt die Annahmen von Hatfield et al., 1994). Schließlich korrelieren die positiven Gefühle der Kunden mit der wahrgenommenen Dienstleistungsqualität, was die ökonomische Relevanz des Effektes belegt.

Die Gefühlsdarstellung der Mitarbeiter wird durch zwei Größen beeinflusst: die emotionale Ausdrucksfähigkeit, d.h. die Fähigkeit, als Transmitter zu fungieren, und die Transaktionsgeschäftigkeit, die als Anzahl wartender Kunden operationalisiert wurde. Wie bereits Rafaeli und Sutton (1990) festgestellt haben, nimmt unter hohem Kundenandrang die Gefühlsdarstellung von Dienstleistern ab – dadurch wird u.a. den anwesenden Kunden signalisiert, dass in der jeweiligen Interaktion keine Zeit durch die individuelle und allzu zuvorkommende Behandlung des aktuell betreuten Kunden verschwendet wird. Schließlich korreliert überraschenderweise das Persönlichkeitsmerkmal Positiver Affekt nicht signifikant mit der Gefühlsdarstellung – demnach strahlt die in der Persönlichkeit des Mitarbeiters angelegte Tendenz, positive Gefühle zu erleben, nicht auf seine Darstellung aus (zumindest lässt sich dies nicht beobachten).

Barger und Grandey (2006) haben die Auswirkungen der Mimikry, d.h. der Nachahmung der Gefühlsdarstellung durch den Empfänger, im Rahmen von Dienstleistungsinteraktionen direkt untersucht. Jeweils zwei trainierte Beobachter haben in Coffee-Shops insgesamt 220 Interaktionen zwischen Kunden und Mitarbeitern aufgezeichnet, wobei sich immer ein Beobachter auf den Kunden und der andere auf den Mitarbeiter konzentrierte In jeder Interaktion wurde für beide Teilnehmer die Stärke des Lächelns eingestuft, außerdem haben die Kunden im Anschluss an die Interaktion ihre Stimmung, die Zufriedenheit mit der Interaktion und ihre Einschätzung der Dienstleistungsqualität berichtet. Über die durchschnittliche Stärke des Lächelns des Mitarbeiters lässt sich das Lächeln des Kunden in der Interaktion regressionsanalytisch vorhersagen – in Dienstleistungsinteraktionen treten also Mimikry-Prozesse auf. Außerdem korreliert das Lächeln des Kunden während der Interaktion mit seiner Stimmung nach der Interaktion, was ein deutlicher Hinweis auf die Wirkung des Facial Feedback ist. Die Stimmung erklärt wiederum die wahrgenommene Dienstleistungsqualität sowie die Zufriedenheit mit der Interaktion.

Bei dem Effekt der emotionalen Ansteckung handelt es sich natürlich nicht um eine einseitig gerichtete Interaktion vom Dienstleister zum Kunden, vielmehr verläuft dieser Prozess wechselseitig – der Gefühlsausdruck des Kunden beeinflusst auch die Emotionen des Mitarbeiters. Dallimore, Sparks und Butcher (2007) haben Studenten mit Erfahrung in Dienstleistungstätigkeiten Videosequenzen vorgespielt, auf denen sich verärgerte Kunden über einen Fehler im Service beschweren. Der Gesichtsausdruck beim Betrachten des Videos wurde aufgezeichnet und im Anschluss wurden die Studenten zu ihrem Erleben befragt. Die Mimik der Beobachter hatte sich automatisch an den jeweiligen Ausdruck der im Video gezeigten Kunden angepasst, was den Mimikry-Effekt bestätigt. Die Studenten gaben an, sich – verglichen mit der Zeit vor der Videoexposition – schlechter zu fühlen. Demnach ist zu erwarten, dass z.B. der gezeigte Ärger von Kunden auch das Kundenkontaktpersonal anstecken kann. Umgekehrt können sich aber Transmitter, die in der Lage sind, bei ihren Kunden positive Gefühle auszulösen, ein direktes Feedback ihrer Wirkung in Form von positiven Gefühlsdarstellungen der Kunden auslösen.

Die Bedeutung der emotionalen Ansteckung für den Dienstleistungsbereich ist empirisch sehr gut belegt (Nerdinger, 2009). Stellen Dienstleister positive Emotionen dar, so erleben ihre Interaktionspartner, die Kunden, positive Gefühle. Dies gelingt Dienstleistern besonders gut, wenn sie über das Merkmal der emotionalen Ausdrucksfähigkeit verfügen, d.h. wenn sie Transmitter sind. Aus ökonomischer Sicht ist besonders wichtig: Wenn Kunden in der Folge positive Emotionen nach der Interaktion erleben, stufen sie die Dienstleistungsqualität besser ein und sind zufriedener mit der Dienstleistung (zu alternativen theoretischen Erklärungen vgl. Gerpott & Paukert, 2011). Aufgrund des Mimikry der Kunden beeinflussen die Dienstleister aber auch indirekt ihr eigenes Wohlbefinden durch ihre Gefühlsdarstellung. Psychologisch betrachtet sorgen Dienstleister durch ihren Gefühlsausdruck für eine Verstärkung ihres Erlebens, was im Falle negativer Gefühle zu einem circulus vitiosus führen kann. Im Gegensatz zu einer solchen abwärts gerichteten Spirale sollte entsprechend die Darstellung positiver Gefühle über die Rückmeldung der Kunden das eigene Erleben positiv beeinflussen. Diese Wirkungen emotionaler Ansteckung und ihre ökonomische Konsequenz sind letztlich der Grund für die große Bedeutung, die Gefühlsdarstellung und Emotionsarbeit für Dienstleistungstätigkeiten haben. Gleichzeitig verdeutlicht dieses Phänomen, dass Dienstleistungen im Kern interaktionale Phänomene sind. Das lässt sich noch eindrücklicher auf der Ebene des wechselseitig bezogenen Verhaltens rekonstruieren – auch dabei spielt natürlich die unbewusste emotionale Ansteckung eine Rolle, sehr viel wichtiger sind aber die einzelnen Handlungsschritte, ihre Deutung durch den jeweiligen Interaktionspartner und seine darauf folgenden Reaktionen.

8.3 Komplexe Formen der Interaktion: abweichendes Kundenverhalten und seine Folgen

Wie bereits mehrmals betont, wurden bislang – vermutlich aufgrund des hohen Aufwandes, den methodisch einwandfreie Untersuchungen der Interaktion erfordern – nur relativ wenige „echte" Interaktionsstudien im Dienstleistungsbereich durchgeführt, die sich zudem auf sehr spezifische Aspekte der Interaktion wie das Erleben von Gerechtigkeit oder sozialer Unterstützung konzentrieren (vgl. z.B. Masterson, 2001; Vandenberghe, Bentein, Michon, Chebat, Tremblay & Fils, 2007). Im Folgenden wird daher versucht, den Ablauf und die Folgen einer Form der Interaktion zwischen Kunde und Mitarbeiter, die durch abweichendes Kundenverhalten ausgelöst wird, in groben Zügen zu rekonstruieren. In der Literatur finden sich bislang nur Studien, die entweder auf das abweichende Verhalten der Kunden fokussieren oder auf die Reaktionen der Dienstleister bzw. auf die zwischen der Wahrnehmung eines solchen Verhaltens und der Reaktion vermittelnden psychischen Prozesse. Unabhängig davon werden häufiger auch nur die Konsequenzen für alle Beteiligten untersucht. Zur Rekonstruktion der diesen isolierten Phänomenen zugrunde liegenden Interaktionen wird zuerst das Problem abweichenden Kundenverhaltens erläutert und anschließend an zwei verwandten Beispielen – Aggressionen und sexuelle Belästigung – veranschaulicht. Die psychologischen Prozesse, die abweichendes Kundenverhalten im Dienstleister auslösen, lassen sich anhand der kognitiv-emotionalen Theorie der Kundenungerechtigkeit und der Emotionsarbeit erklären (Rupp,

McCance & Grandey, 2007). Diese Theorie kann die Reaktionen der Mitarbeiter erklären. Danach folgt der Stand der Forschung über die Frage, wie Mitarbeiter mit solch einem Verhalten umgehen und abschließend werden einige Folgen für alle beteiligten Akteure skizziert.

8.3.1 Bedingungen und Formen abweichenden Kundenverhaltens

Aus Sicht der Dienstleistungsunternehmen und speziell des Dienstleistungsmarketing stehen die Kunden im Zentrum des (ökonomischen) Interesses. An den Erwartungen, Bedürfnissen und Wünschen der Kunden sucht sich das Management zu orientieren in der Hoffnung, sie durch entsprechende Gestaltung der Dienstleistung zufriedenzustellen (Bruhn & Georgi, 2005; Meffert & Bruhn, 2009). All das zielt auf die mit der Kundenzufriedenheit verbundenen ökonomischen Konsequenzen ab – zufriedene Kunden sollen sich an das Unternehmen gebunden fühlen und dort wieder einkaufen. Betriebswirtschaftlich ist das natürlich eine plausible Überlegung, allerdings wird damit ignoriert, dass Kunden sich gegenüber dem Unternehmen, besonders aber gegenüber den Kundenkontaktmitarbeitern auch in einer Weise verhalten (können), die nicht zuletzt aus ethischen Gründen nicht akzeptabel ist.

Unter *abweichendem Kundenverhalten* wird ein Verhalten der Kunden in der Dienstleistungsbegegnung verstanden, das allgemein akzeptierte Normen für das Verhalten in entsprechenden Situationen verletzt. Mit Blick auf (Dienstleistungs-) Unternehmen zählen zum abweichenden Kundenverhalten Ladendiebstahl, Vandalismus, verschiedene Formen des Betrugs (Grégoire & Fisher, 2008), illegitime Klagen über angebliche Fehler im Service (Reynolds & Harris, 2005) oder absichtliche Beschädigung von Unternehmenseigentum (Reynolds & Harris, 2009). Mit Blick auf ein spezielles Ziel des abweichenden Kundenverhaltens, die Person des Dienstleisters, werden zwei verwandte Formen etwas intensiver untersucht: verbale und physische Aggressionen bzw. sexuelle Belästigung (vgl. Yagil, 2008). Relativ häufig erleben Kundenkontaktmitarbeiter verbale Aggressionen, wobei die Kunden gewöhnlich ihrem Ärger gegenüber den Mitarbeitern mehr oder weniger drastisch Luft machen und dabei soziale Normen verletzen (Grandey, Dickter & Sin, 2004): Dienstleister werden angebrüllt, bedroht, verflucht, ihre Reaktionen werden sarkastisch kommentiert etc. (Grandey et al., 2007). Physische Aggressionen bis hin zu Faustschlägen kommen dagegen seltener vor bzw. sind auf bestimmte Dienstleistungen, z.B. im Gastgewerbe, begrenzt. Sexuelle Belästigung scheint dagegen in fast allen Dienstleistungsbranchen, in denen Frauen arbeiten, aufzutreten (Gettman & Gelfand, 2007). Diese Formen abweichenden Kundenverhaltens seien noch etwas genauer dargestellt.

8.3.1.1 Aggressives Verhalten von Kunden

Als *Aggressionen am Arbeitsplatz* (workplace aggression) werden alle Formen des Verhaltens bezeichnet, die von einer oder mehreren Personen am Arbeitsplatz ausgehen mit dem Ziel, eine oder mehrere andere Personen am Arbeitsplatz oder die ganze Organisation zu schädigen (Neuman & Baron, 2005). Im hier interessierenden Fall geht dieses Verhalten von den Kunden aus und richtet sich gegen die Person des

Dienstleisters. Aggressives Verhalten stellt natürlich genauso wenig wie sexuelle Belästigung eine Besonderheit von Dienstleistungen bzw. gar von Kundenverhalten dar. Aggressives Verhalten im Unternehmen – zwischen Vorgesetzten, Mitarbeitern und Kollegen – tritt relativ häufig auf und wird in den letzten Jahren auch intensiver erforscht (vgl. Neuman & Baron, 1997; 2005; Hershcovis, Turner, Barling, Arnold, Duprè, Innes, LeBlanc & Sivanathan, 2007). Allerdings hat Aggressivität gegenüber Kundenkontaktpersonal, das an der Grenze der Organisation arbeitet, eine besondere Qualität. Zum einen wird den Kunden von vielen Unternehmen suggeriert, ihnen würden Sonderrechte zustehen („„der Kunde ist König"), zum anderen wird aus demselben Grund von Dienstleistern erwartet, auf aggressives Verhalten der Kunden nicht mit dem „natürlichen" Impuls eigener aggressiver Handlungen zu reagieren. Vielmehr sollen sie auch in solchen schwierigen Situationen freundlich und höflich bleiben, was ein hohes Maß an psychischer Kontrolle erfordert. Der Vertrag zwischen Kunde und Dienstleister umfasst nicht nur die vom Dienstleister zu erbringende Leistung, sondern auch ein spezielles soziales Verhalten. Das in den meisten Dienstleistungen geforderte soziale Verhalten verlangt, dem Kunden gegenüber stets höflich und angenehm zu sein. Der Kunde hat dagegen keine, über die alltäglichen Erwartungen hinausgehende formale Verpflichtung, sich besonders höflich und freundlich gegenüber dem Kontaktpersonal zu benehmen.

Die unterschiedlichen Verpflichtungen sind auf das fundamentale Machtungleichgewicht in dieser Beziehung zurückzuführen (French & Raven, 1959). Ein unzufriedener Kunde kann künftig die Leistungen bei einem anderen Anbieter erwerben, ein unzufriedener Dienstleister kann dagegen seine Kunden – zumindest in der Regel – nicht auswechseln. Durch dieses Machtungleichgewicht wird der Dienstleister zum einen verwundbarer und zudem ist die Bewältigung solcher schwierigen Situationen gewöhnlich sehr stressend (Dormann & Zapf, 2004). Zum anderen steigt damit die Wahrscheinlichkeit, dass Kunden aggressiv auf Vorfälle reagieren, bei denen sie sich in anderen Zusammenhängen vielleicht besonnener verhalten würden. So belegen Untersuchungen, dass Dienstleister von Kunden häufiger verbale Aggressionen erleben als von Kollegen. Dabei erklärt die Aggression von Kunden über die Wirkung von Oberflächenhandeln hinaus eigenständige Anteile an der emotionalen Erschöpfung der Dienstleister (vgl. Grandey et al., 2007). Auf eine Ursache für das häufige Auftreten verbaler Aggressionen verweisen die Befunde von Inness, Barling und LeBlanc (2008). Das Persönlichkeitsmerkmal *Aggressivität* kann demnach Aggressionen von Kunden gegenüber Dienstleistern sehr viel besser erklären als Aggressionen, die innerhalb eines Unternehmens auftreten. Vermutlich sind Menschen stärker motiviert, ihre Aggressivität in Arbeitsbeziehungen innerhalb des Unternehmens zu kontrollieren als in Kontakten mit Dienstleistern, für deren Leistung sie „ja schließlich zahlen".

Die Häufigkeit des Auftretens sowie die konkreten Formen solcher Kundenverhaltensweisen hängen natürlich sehr stark von der jeweiligen Dienstleistungsbranche ab – so ist im Gaststättengewerbe mit sehr viel mehr und intensiveren, sogar physischen Aggressionen zu rechnen, wogegen z.B. im Finanzdienstleistungsbereich schlimmstenfalls verbale Aggressionen auftreten (und diese werden gewöhnlich eher indirekt formuliert). In einer Untersuchung von Call-Centern (Grandey et al., 2004) haben die befragten Agenten von durchschnittlich zehn verbalen Aggressionen gegenüber ihrer Person pro Tag berichtet, wobei die Häufigkeit der erlebten Aggressionen stark mit der emotionalen Erschöpfung der Agenten korreliert. Ursache dafür ist die erhöhte Anforderung an die emotionale Regulation der Call-Center-Agenten – sie müssen immer ihren Ärger kontrollieren und sich stattdessen zu Freundlichkeit zwingen – wobei Mitarbeiter, die sich am Telefon stark bedroht fühlen, Oberflächenhandeln einsetzen (mit der Folge des Burnouts). Fühlen sie sich weniger stark bedroht, verwenden sie häufiger Strategien des Tiefenhandelns, wodurch emotionale Erschöpfung eher verhindert wird.

Mit der Branche sollte auch ein anderes Merkmal, das Einfluss auf das Auftreten aggressiven Verhaltens hat, zusammenhängen: der Grad an Autonomie, über den die Mitarbeiter in der Interaktion mit dem Kunden verfügen. Empowerment im Sinne des Gefühls, Kontrolle über die Situation zu haben, korreliert negativ mit der Wahrnehmung von Kundenaggressionen (Ben-Zur & Yagil, 2005). Nach Grandey et al. (2004) korreliert wiederum Autonomie negativ mit dem Stresserleben, das durch aggressives Kundenverhalten ausgelöst wird. Demnach sollten Dienstleister, die sehr begrenzte Verhaltensspielräume haben, öfter Aggressionen durch Kunden erleben und mehr darunter leiden, da dadurch natürlich auch ihre Reaktionsspielräume eingeengt sind.

8.3.1.2 Sexuelle Belästigung von Mitarbeiterinnen im Kundenkontakt

Einen speziellen Fall aggressiven Kundenverhaltens bildet die sexuelle Belästigung von Mitarbeiterinnen (männliche Dienstleister werden wohl sehr viel seltener sexuell belästigt bzw. wird dieser Fall kaum thematisiert). *Sexuelle Belästigung* zielt insbesondere auf das Geschlecht der betroffenen Person ab und ist eine Form der Diskriminierung, die juristisch von den Straftatbeständen des sexuellen Missbrauchs sowie der körperlichen Gewaltanwendung abzugrenzen ist. Als sexuelle Belästigung gelten u.a. sexistische und geschlechtsbezogene, entwürdigende bzw. beschämende Bemerkungen und Handlungen, unerwünschte körperliche Annäherung, Annäherungen in Verbindung mit Versprechen von Belohnungen und/oder Androhung von Repressalien. Gettman und Gelfand (2007) haben ein Modell zur Erklärung sexueller Belästigung durch Kunden (SBK) und ihrer Konsequenzen entwickelt (vgl. Abbildung 29).

Ausgehend von einer Theorie zur Erklärung des fraglichen Verhaltens in Organisationen (Fitzgerald, Drasgow, Hulin, Gelfand & Magley, 1997) nehmen Gettman und Gelfand (2007) an, dass SBK auf situativen und organisationalen Faktoren beruht, die ein solches Verhalten ermutigen bzw. nicht davor abschrecken. Zu den *situativen* Variablen zählen die wahrgenommene Macht der Kunden – nach der Konzeption von French und Raven (1959) haben Kunden deshalb Macht über die Dienstleister, weil sie wichtige Ergebnisse in Form des Geschäftserfolgs kontrollieren können – sowie die prozentuale Verteilung der Geschlechter unter den Kunden. Dieser Wert bestimmt die Kontaktfrequenz mit Männern und je mehr solche Kontakte Dienstleisterinnen haben, desto größer ist die Wahrscheinlichkeit einer Belästigung. Zu den *organisationalen* Variablen zählen die Autorinnen vor allem den Grad, in dem das Dienstleistungsklima Druck auf die Mitarbeiterinnen ausübt. Verspüren die Mitarbeiterinnen einen starken Druck, wonach für sie der Kunde das Allerwichtigste sein sollte und seine Wünsche unter allen Umständen zu erfüllen sind, steigt die Wahrscheinlichkeit von SBK. Nach diesem Modell führt SBK zum einen zu allgemeinem Stresserleben, daneben aber auch zu einem belästigungsspezifischen Stresserleben, das wiederum ein Rückzugsverhalten gegenüber Kunden auslöst (mit letztlich negativen Auswirkungen auf die berufliche Karriere der Opfer). Außerdem werden negative Wirkungen auf die Arbeitszufriedenheit und die Zufriedenheit mit der eigenen Gesundheit postuliert, die wiederum entsprechende Wirkungen auf das affektive Commitment an das Unternehmen bzw. die Kündigungsabsicht haben sollten.

Zur Erfassung von SBK haben die Autorinnen eine Skala mit vier Faktoren entwickelt (im Folgenden werden jeweils Beispiel-Items zitiert):

„Wie oft waren Sie in den letzten zwei Jahren in einer der folgenden Situationen, wo ein männlicher Kunde/Klient:
- *Unerwünschte sexuelle Aufmerksamkeiten:*
  - Sie wiederholt eingeladen hat, obwohl Sie bereits „nein" gesagt hatten?
  - Versucht hat, Sie zu streicheln, zu befummeln oder zu küssen?
- *Sexistische Feindseligkeiten:*
  - Beleidigende sexistische Bemerkungen gemacht hat?
  - Sich gegenüber Ihnen wegen Ihres Geschlechts herablassend verhalten hat?
- *Sexuelle Feindseligkeiten:*
  - Beleidigende sexuelle Witze oder Geschichten erzählt hat?
  - Beleidigende Bemerkungen über Ihre Erscheinung, Ihren Körper oder Ihre sexuellen Aktivitäten gemacht hat?
- *Sexuelle Nötigung:*
  - Versucht hat, Sie mit Belohnungen für sexuelle Handlungen zu bestechen?
  - Sie schlecht behandelt hat, weil Sie ihm sexuelle Handlungen verweigerten?"

Die Untersuchung wurde in Form einer Online-Befragung durchgeführt, wobei die 394 Frauen, die geantwortet haben, aus öffentlich zugänglichen Adresslisten professioneller Berufe rekrutiert wurden (v.a. Rechtsanwältinnen, psychologische Beraterinnen, Geschäftsfrauen). Im Fragebogen wurden neben der SBK-Skala eine neu entwickelte Skala zur Erfassung der wahrgenommenen Klientenmacht sowie getestete Skalen der Arbeits- bzw. Gesundheitszufriedenheit, des Commitment sowie der Kündigungsabsicht erhoben (die organisationalen Antezedenzen des Modells wurden nicht geprüft). Die Ergebnisse der pfadanalytischen Modellprüfung zeigt Abbildung 29.

Wahrgenommene Kundenmacht korreliert relativ eng mit der sexuellen Belästigung durch Kunden (die Geschlechterverteilung steht dazu nur in sehr schwachem Zusammenhang). Dieser Befund ist allerdings nicht ganz eindeutig zu interpretieren – entweder neigen Kunden, die sich ihrer großen Bedeutung für das Unternehmen bewusst sind, häufiger zu Belästigungen oder Frauen, die sich belästigt fühlen, schreiben ihre dabei erlebte Hilflosigkeit besonders häufig der Macht des Kunden zu. Die Klärung dieser Frage erfordert weitere Untersuchungen.

SBK hängt zwar nicht mit der Gesundheitszufriedenheit zusammen, sie korreliert aber negativ mit der Arbeitszufriedenheit und zeigt die erwarteten stressenden Wirkungen, wobei interessanterweise eine – im Modell ursprünglich nicht vorgesehene

– direkte Wirkung von SBK zum Rückzug von den Kunden führt. Frauen, die sich belästigt fühlen, ziehen sich auch dann von den Kunden zurück, wenn sie diese Belästigung nicht als stressend erleben. Vermittelt über die negative Wirkung auf die Arbeitszufriedenheit erhöht SBK auch die Kündigungsabsicht und verringert die gefühlsmäßige Bindung (affektives Commitment) an das Unternehmen. Gesundheitszufriedenheit hat sich dagegen als wenig aussagekräftige Variable erwiesen.

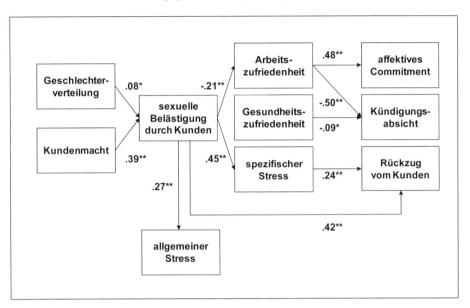

Abbildung 29: Bedingungen und Wirkungen sexueller Belästigung von Dienstleisterinnen (nach Gettman & Gelfand, 2007); * $p = .05$; ** $p = .01$

Bemerkenswert ist noch ein weiterer Befund dieser Untersuchung: die am häufigsten auftretende Form sexueller Belästigung sind sexistische Feindseligkeiten – 86% der befragten Frauen haben das mindestens einmal in den letzten beiden Jahren erlebt. Dieser Wert ist deutlich höher als die typischen Raten, die bei Untersuchungen von sexuellen Belästigungen in Organisationen gefunden werden (die Werte schwanken hier zwischen 40% und 68%; Gettman & Gelfand, 2007). Die Autorinnen vermuten, dass Frauen in männlich dominierten Dienstleistungsberufen wie bei Rechtsanwälten oder Beratern solchen sexistischen Feindseligkeiten besonders ausgesetzt sind (demnach wäre diese Feindseligkeiten eine spezifische Form des Mobbing von Minderheiten; vgl. Zapf, 1999). An zweiter Stelle folgen sexuelle Feindseligkeiten (von 67% der Frauen erlebt), gefolgt von unerwünschten sexuellen Aufmerksamkeiten (40% der Frauen berichten darüber) und schließlich sexuelle Nötigung, die immerhin noch von 8% der Frauen gemeldet wird. Auch wenn diese Zahlen aufgrund der spezifischen Form der Erhebung sowie der vorselektierten Stichprobe nicht generalisierbar sind, geben sie doch eine bedrückende Vorstellung von der Arbeitssituation vieler (professioneller) Dienstleisterinnen.

Die Ursachen solcher Ereignisse bedürfen aber noch der vertieften Untersuchung. Gettman und Gelfand (2007) haben die organisationalen Bedingungen nicht empirisch untersucht, gerade darin sieht aber Yagil (2008) die wichtigste Ursache. Nach ihrer These bereitet eine Philosophie des „Der Kunde ist König (und hat deshalb immer recht)" den Weg zu sexueller Belästigung (dasselbe Argument wird auch zur Erklärung allgemein abweichenden Kundenverhaltens angeführt; vgl. Fullerton & Punj, 2004). Zu diesen unternehmenspolitischen Ausrichtungen zählt auch die Verleugnung des Vorkommens abweichenden Kundenverhaltens, mit der Folge, dass Beschwerden von Mitarbeitern abgelehnt bzw. sogar das Opfer zum Täter gemacht wird. Schließlich werden Dienstleistungsbegegnungen vom Unternehmen auch häufig mit dem Ziel gestaltet, den Kunden das Gefühl zu vermitteln, sie könnten die Situation kontrollieren (Nerdinger, 1994, 2007a). Genau dieses Gefühl kann wiederum das subjektive Machtgefälle zwischen Kunden und Dienstleistern erhöhen mit der Gefahr einer steigenden Auftrittswahrscheinlichkeit für sexuelle Übergriffe. Diese vermuteten Zusammenhänge müssen aber empirisch bestätigt werden. Eine andere Frage ist dagegen, wie sich die Wirkungen abweichenden Kundenverhaltens auf den Dienstleister theoretisch erklären lassen. Aus psychologischer Sicht sollte für deren Reaktion entscheidend sein, wie sie das Verhalten der Kunden einstufen.

8.3.2 Die Wirkung auf Dienstleister: kognitiv-emotionale Theorie der Kundenungerechtigkeit

Die kognitiv-emotionale Theorie der Kundenungerechtigkeit (Rupp et al., 2007) beschreibt die psychologischen Prozesse, die durch die Wahrnehmung ungerechten Kundenverhaltens ausgelöst werden (vgl. Abbildung 30).

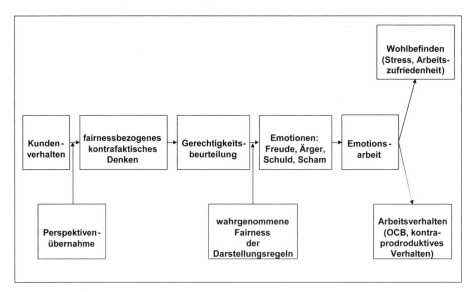

Abbildung 30: Kognitiv-emotionale Theorie der Kundenungerechtigkeit (nach Rupp et al., 2007)

Bislang wurde davon ausgegangen, dass abweichendes Verhalten wie Aggressionen oder sexuelle Belästigung von Kunden automatisch bestimmte Reaktionen auf Seiten der Opfer hervorruft. Diese Annahme kann aber die Varianz in den Reaktionen der Dienstleister nicht erklären. Vielmehr sollten Dienstleister solches Kundenverhalten unterschiedlich wahrnehmen und interpretieren und in Abhängigkeit von den Interpretationen auch unterschiedlich darauf reagieren. Das versucht das Modell in Abbildung 30 zu erklären.

Ausgangspunkt des Modells ist die Begegnung eines Dienstleisters mit einem Kunden, der ein bestimmtes Verhalten zeigt. Nach Annahme der Autoren ist Kundenverhalten allgemein, speziell aber als abweichend von geltenden Normen erlebtes Verhalten Gegenstand von Gerechtigkeitserwägungen. Den Hintergrund für diese Vermutung bildet die grundlegende *deontische Annahme* der Gerechtigkeitstheorie, wonach eine quasi universelle moralische Verpflichtung zu fairem Verhalten besteht. Daher neigen Menschen dazu, die Art, wie sie bzw. andere von ihnen beobachtete Menschen behandelt werden, mit diesem deontischen Standard zu vergleichen. Die Wahrnehmung (un-)fairer Behandlung entsteht aufgrund eines unmittelbar ablaufenden, automatischen und kontrafaktischen Gedankenprozesses. Unter *kontrafaktischem Denken* wird die Reflexion über das „was wäre gewesen, wenn..." verstanden. Bezogen auf das vorliegende Problem würde sich ein Dienstleister als Reaktion auf ein problematisches Kundenverhalten (implizit) folgende Fragen stellen:

- *Wäre* die Situation besser verlaufen, wenn sich der Verursacher der (Un-)Gerechtigkeit anders verhalten *hätte*?
- *Hätte* sich der Verursacher in dieser Weise anders verhalten *sollen*, damit die Situation sich entsprechend gestaltet?
- *Hätte* sich der Verursacher in dieser alternativen Weise verhalten *können*?

Der Konjunktiv in diesen Fragen deutet jeweils daraufhin, dass es sich um kontrafaktisches – d.h. dem tatsächlich Beobachteten entgegenstehendes – Denken handelt. Durch solche Fragen (re-)konstruieren Menschen rückblickend die Bedeutung von wichtigen Ereignissen (vgl. Kray, George, Liljenquist, Galinsky, Tetlock & Roese, 2010). Werden in diesem Beispiel die drei kontrafaktischen Fragen mit ja beantwortet, wird der Dienstleister das faktische Verhalten des Kunden als ungerecht einstufen. Dieser Prozess läuft natürlich mehr oder weniger automatisch ab, d.h. bewusst wird dem Dienstleister letztlich die Überzeugung, dass der Kunde (un-)gerecht gehandelt hat.

Der Zusammenhang zwischen wahrgenommenem Kundenverhalten und kontrafaktischem Denken wird nach diesem Modell durch die Perspektivenübernahme moderiert. Wie bereits dargestellt, wird unter *Perspektivenübernahme* die kognitive Fähigkeit, sich in andere Menschen hineinzuversetzen und deren Wahrnehmung eines Ereignisses nachzuvollziehen, verstanden (Parker & Axtell, 2001). Ein Dienstleister, der über ausgeprägte Fähigkeiten zur Perspektivenübernahme verfügt, sollte demnach ein abweichendes Kundenverhalten eher als angemessen einstufen im Vergleich zu einem Kollegen, der kaum über diese Fähigkeit verfügt. Will z.B. ein Kunde ein defektes Produkt zurückgeben und der Dienstleister muss ihm die Rücknahme verweigern, wird der Kunde möglicherweise ausfallend reagieren. Verfügt der Dienstleister über die Fähigkeit zur Perspektivenübernahme, kann er die Frustration des Kunden besser nachvollziehen und hat mehr Verständnis für dessen Reaktion. Da Perspektivenübernahme zu einer empathischen Reaktion führt, kann der Dienstleister die Gefühle des Kunden besser verstehen (Axtell et al., 2007). Folglich wird er auch andere Emotionen in dieser Situation erleben als ein Kollege, der nicht die Perspektive des Kunden einnimmt und ihn deshalb als unfair bewertet.

Damit wird der nächste Schritt im Modell von Rupp et al. (2007) angesprochen. In Abhängigkeit von der Beurteilung des Verhaltens als gerecht oder ungerecht wird der Dienstleister andere *Emotionen* erleben. Nach Meinung der Autoren werden in gerechtigkeitsrelevanten Situationen am häufigsten Freude, Ärger, Schuld und Scham gefühlt. Dahinter steht die Annahme, Dienstleister würden sich freuen, wenn sie und ihre Kolleginnen positive (gerechte) Interaktionen mit Kunden haben. Erfahren sie selbst positive Interaktionen und ihre Kollegen erleben negative, werden sie mit größerer Wahrscheinlichkeit Schuld und Scham erleben. Werden sie wie ihre Kollegen negativ behandelt, ärgern sie sich (DeCremer, Stinglhamber & Eisenberger, 2005). Bezogen auf die Situation im Dienstleistungsgewerbe müsste entsprechend gefolgert werden, dass in den Fällen, in denen Dienstleister keine Möglichkeit zum Vergleich des gegenüber der eigenen Person gezeigten Verhaltens mit der Behandlung von Kollegen zur Verfügung stehen, in erster Linie Freude oder Ärger als Konsequenz der Bewertung von Kundenverhalten auftreten.

Dieser Zusammenhang wird nach dem Modell durch die Einstufung der *Fairness der Darstellungsregeln* der Organisation moderiert. Manche Dienstleister fühlen sich von den Vorschriften zur Gefühlsdarstellung in ihrer Organisation übermäßig kontrolliert und erleben das als inakzeptable Fremdbestimmung. In diesem Fall werden sie die Darstellungsregeln als unfair einschätzen (Grandey & Fisk, 2005). Wenn nun ein Dienstleister das Verhalten des Kunden als unfair eingestuft hat und zudem eine von ihm als unfair bewertete Darstellungsregel der Organisation von ihm verlangt, positive Emotionen zu zeigen, wird er besonders negative Gefühle erleben. In der Folge sollte er die geforderte Gefühlsdarstellung nur durch Oberflächenhandeln herstellen. In diesem Fall sind negative Auswirkungen auf sein Wohlbefinden zu erwarten und die vom Kunden wahrgenommene Dienstleistungsqualität sollte dadurch beeinträchtigt werden. Umgekehrt kann eine als fair eingeschätzte Darstellungsregel die Auswirkungen unfairen Kundenverhaltens abmildern.

Damit ist bereits angedeutet, dass das kognitiv-emotionale Modell als Folge der erlebten Emotionen bestimmte *Formen der Emotionsarbeit* postuliert. Erleben Dienstleister das Verhalten der Kunden als gerecht, entsteht Freude – ein Gefühl, das sie in diesem Fall authentisch zeigen können, mit allen positiven Konsequenzen. Wird das Verhalten als ungerecht eingestuft, werden Ärger, Schuld oder Scham erlebt. Diese Gefühle weichen von den in den Darstellungsregeln geforderten ab, deren Erfüllung mit zunehmender Intensität dieser negativen Gefühle als belastend erlebt wird. Zudem sollte es immer schwieriger werden, die Darstellungsregel durch Tiefenhandeln zu erfüllen, das häufiger gewählte Oberflächenhandeln verstärkt aber die negativen Konsequenzen für den Dienstleister. Damit sind auch negative ökonomische Konsequenzen zu erwarten, die im Modell nicht angeführt werden. Oberflächenhandeln erleben Kunden als unauthentisch, die geringe Arbeitszufriedenheit und das verringerte Engagement des Dienstleisters werden sich in der Interaktion auf den Kunden übertragen und seine Zufriedenheit und die Wiederkaufsabsicht beeinträchtigen.

Das emotional-kognitive Modell der Kundenungerechtigkeit erklärt die psychologischen Reaktionen auf erlebtes abweichendes Kundenverhalten sehr differenziert. Bislang liegen – vermutlich nicht zuletzt wegen dieser Differenziertheit – nur wenige empirische Studien zur Modellprüfung vor, in denen auch nur einzelne Aspekte des Modells getestet wurden. Nach den Ergebnissen einer Laborstudie von Rupp und Spencer (2006) führt unfaire Behandlung durch Kunden zu starkem Ärger und demzufolge wird mehr Emotionsarbeit geleistet. In einer weiteren Laborstudie haben Spencer und Rupp (2009) diesen Ansatz erweitert und nachgewiesen, dass auch die Beobachtung einer unfairen Behandlung eines Kollegen mehr Emotionsarbeit bei (simulierter) Dienstleistungsarbeit bewirkt. Bei solchen Laborstudien steht natürlich die Übertragbarkeit auf die berufliche Praxis in Frage. Daher haben Rupp, McCance, Spencer und Sonntag (2008) einzelne Zusammenhänge des Modells in einer Feldstudie in einer deutschen Bank überprüft. Die befragten Kundenkontaktmitarbeiter geben in dieser Studie an, dass sie desto weniger Oberflächenhandeln zeigen, je fairer sie sich von ihren Kunden behandelt fühlen. Zudem verstärkt ein als unfair eingestuftes Kundenverhalten bei Mitarbeitern mit gering ausgeprägter Perspektivenübernahme das Oberflächenhandeln, bei Mitarbeitern mit hoher Ausprägung in dieser Fähigkeit dagegen findet sich – wie im Modell von Rupp et al. (2007) postuliert – kein solcher Zusammenhang.

Diese ersten Untersuchungen bestätigen das emotional-kognitve Modell der Kundenungerechtigkeit zumindest partiell. Das Modell macht aber keine näheren Angaben dazu, wie Mitarbeiter versuchen, mit dieser, durch abweichendes und als unfair eingestuftes Kundenverhalten ausgelösten stressenden Situation zurande zu kommen. In dem Modell werden lediglich allgemeine Auswirkungen auf die Emotionsarbeit und das Verhalten der Mitarbeiter – auf produktives ebenso wie auf kontraproduktives Verhalten und auf Organizational Citizenship Behavior (OCB) – postuliert. Das Coping der Situation wird nur mit Blick auf die Darstellungsregeln des Unternehmens und die damit verbundene Form der Emotionsarbeit thematisiert. Die verhaltensbezogenen Taktiken im Umgang mit abweichendem Kundenverhalten stellen aber einen wesentlichen Aspekt der Interaktion im Sinne der Reaktion des Dienstleisters auf abweichendes Kundenverhalten dar.

8.3.3 Taktiken im Umgang mit abweichendem Kundenverhalten

Abweichendes Kundenverhalten, das als unfair eingestuft wird und zu Emotionsarbeit in Form von Oberflächenhandeln führt, stellt eine stressende Situation dar, die von den Mitarbeitern Coping erfordert. In Anlehnung an die Stressforschung (Lazarus & Folkman, 1984) bezeichnet der Begriff *Coping* die Auseinandersetzung mit und den Versuch der Bewältigung von belastenden Situationen. Wie diese Reaktionen von Dienstleistern auf abweichendes Kundenverhalten genau aussehen, wurde bislang wenig thematisiert. Reynolds und Harris (2006) haben diese Fragestellung in insgesamt 64 Tiefeninterviews mit 36 Mitarbeitern, 17 direkten Vorgesetzten sowie 10 Managern aus 21 Restaurants exploriert. Die Befragten sollten sich u.a. an ein Ereignis im letzten Monat erinnern, als ein Kunde abweichendes Verhalten gezeigt hat und beschreiben, wie sie auf dieses Verhalten reagiert haben. Interessanterweise konnte jeder Befragte mindestens zwei solcher Vorfälle nennen, die in den letzten beiden Tage aufgetreten waren – vermutlich ein Kennzeichen der untersuchten gastronomischen Dienstleistungen. Die Aussagen wurden in drei Oberkategorien – vorbereitende Taktiken, Verhalten während des Ereignisses, Verhalten nach dem Ereignis – klassifiziert. Zu diesen Oberkategorien wurden jeweils mehrere Subkategorien gebildet:

1. Vorbereitende Taktiken:
- Mentale Einstellung auf die Arbeit (z.B. eine andere Persönlichkeit spielen);
- Drogenkonsum (z.B. Nikotin- und Alkoholkonsum vor der Arbeit);
- Änderung der Kleidung (Frauen wählen eine Kleidung, von der sie erwarten, dass dadurch unerwünschte sexuelle Avancen verringert werden);
- Beobachtung potenziell gefährlicher Kunden (z.B. alle eintretenden Kunden genau beobachten und kritisch bewerten);

2. Verhalten während des Ereignisses:
- Schwierige Kunden ignorieren (z.B. Konfrontation und Augenkontakt mit aggressiven Kunden vermeiden);
- Kunden besänftigen (durch Angebote freier Speisen, Getränke oder Dienstleistungen);
- Emotionsarbeit einsetzen (z.B. in kritischen Situationen freundlich lächeln, besonders höflich handeln, Übereinstimmung durch Kopfnicken anzeigen);
- Sexuelle Attraktivität ausnutzen (einige Frauen geben an, gelegentlich durch sexuell aufreizendes Verhalten kritische Situationen zu entschärfen);
- Unterstützung von anderen Kunden erwirken (z.B. anwesende Stammgäste auffordern, dem Dienstleister zu helfen);
- Persönliche Sprachmuster ändern (zum Abbau von Distanz werden ähnliche Sprachmuster verwendet wie vom betreffenden Kunden);
- Das materielle Umfeld ändern (z.B. Gegenstände aus der Reichweite eines kritischen Kunden entfernen);

3. Verhalten nach dem Ereignis:
- Isolation (Distanzierung von Kunden und Kollegen nach kritischen Episoden, z.B. sich an einen kühlen Ort zurückziehen, um sich zu beruhigen);
- Mit Kollegen sprechen (nach der Arbeit über kritisches Kundenverhalten sprechen);
- Physische Erleichterung (z.B. seinen Ärger herausschreien oder auf einen Punchingball einschlagen);
- Rache suchen (z.B. unbemerkt in die Speisen eines aggressiven Kunden spucken).

Die Beherrschung solcher und – in anderen Branchen möglicherweise häufiger eingesetzter – vergleichbarer Coping-Taktiken gehört gewissermaßen zu den „Überlebenstechniken" im Dienstleistungsbereich. Dabei sind einige dieser Taktiken durchaus gesundheitsgefährdend (z.B. sich vor Arbeitsbeginn durch Drogen zu beruhigen), andere sind Beispiele für kontraproduktives Fehlverhalten (z.B. einige Formen der Kundenbesänftigung). Damit sind auch negative Konsequenzen für die Organisation verbunden. Die Reflexion über abweichendes Kundenverhalten und die Einübung geeigneter Verhaltensweisen zu dessen Bewältigung sollte daher Gegenstand von Trainings für Dienstleister sein (zumindest in den Dienstleistungsbereichen, die von solchen Vorfällen so häufig betroffen sind wie das Gastgewerbe). Die vielfältigen Konsequenzen abweichenden Kundenverhaltens für alle Betroffenen seien zum Abschluss kurz angesprochen.

8.3.4 Konsequenzen abweichenden Kundenverhaltens

Wie die bislang diskutierten Untersuchungen belegen, hat abweichendes Kundenverhalten negative Wirkungen auf die Arbeitszufriedenheit von Mitarbeitern und führt zu Stresserleben bzw. Coping-Versuchen. Damit sind erste individuelle Konsequenzen beschrieben. Harris und Reynolds (2003) haben dagegen untersucht, welche Konsequenzen allgemein von abweichendem Verhalten – von den Autoren als dysfunktionales Kundenverhalten bezeichnet – zu erwarten sind. Dem unbefriedigenden Forschungsstand entsprechend haben sie in einer explorativen Untersuchung im Gastgewerbe 106 Tiefeninterviews mit Kunden, Mitarbeitern mit Kundenkontakt sowie mit Managern über abweichendes Kundenverhalten und seine negativen Effekte durchgeführt. Die inhaltsanalytische Auswertung kann nach drei Klassen von Konsequenzen – Konsequenzen für Mitarbeiter, für Kunden und für die Organisation – organisiert werden, wobei jede Klasse mehrere spezifische Folgen umfasst.

1. Konsequenzen für die Mitarbeiter

Zu den Konsequenzen für die Mitarbeiter zählen zunächst *langfristige psychologische Effekte*, denen auch die bereits berichteten Stresserkrankungen subsumiert werden. Einige Mitarbeiter und auch Manager, die in aggressive Vorfälle verwickelt waren, berichten über Angstattacken, Schlaflosigkeit und noch Jahre nach dem Vorfall auftretende Erinnerungs-Flashbacks, d.h. extreme Erlebnisse, in denen sie von Kunden bedroht oder angegriffen wurden, schießen immer wieder unkontrolliert ins Bewusstsein. Daneben wird von anhaltenden Gefühlen der Degradierung berichtet – auch viele Jahre nach entwürdigenden Erlebnissen mit Kunden fühlen sich diese Dienstleister – Männer wie Frauen – immer noch wertlos und gedemütigt. Manche Kunden verstehen sich offensichtlich darauf, den Dienstleistern das nachhaltige Gefühl zu geben, minderwertig und nutzlos zu sein.

Davon unterscheiden die Autoren die *kurzfristigen emotionalen Effekte*, die von rund 93% aller Befragten berichtet werden. Zum einen erzählen sie, dass rüdes, bedrohliches, aggressives oder störendes Kundenverhalten die Stimmung der Kundenkontaktmitarbeiter vorübergehend beeinträchtigt. Erfahrenere Mitarbeiter sind zwar gegenüber solchen Einflüssen abgehärtet, aber alle scheinen mehr oder weniger darunter zu leiden. Zum anderen geben sie an, auf solches Kundenverhalten mit vorgetäuschten Gefühlsdarstellungen (Oberflächenhandeln) zu reagieren – in der Regel mit dem Ziel, den Kunden zu befrieden, aber auch im Sinne eines Copingmechanismus zum Schutz vor tiefergehenden emotionalen Verletzungen. Diese Befunde werden auch durch quantitative Untersuchungen bestätigt. So zeigen z.B. Sliter, Jex, Wolford und McInnerney (2010) in einer Studie an Bankangestellten mit Kundenkontakt, dass abweichendes Kundenverhalten – vermittelt über das dadurch gehäuft ausgelöste Oberflächenhandeln – positiv mit emotionaler Erschöpfung und negativ mit der Leistung korreliert.

Über diese emotionalen Konsequenzen hinaus finden sich bei allen Befragten auch Konsequenzen auf der Ebene des *individuellen Verhaltens*. Aus Sicht der befragten Manager untergraben Kunden durch abweichendes Verhalten die Arbeitsmoral und reduzieren die Arbeitsmotivation des Kundenkontaktpersonals – die Ergebnisse von Sliter et al. (2010) lassen sich auch als Bestätigung für diese Aussage deuten. Schließlich wird auch über *physische Konsequenzen* berichtet. Fast alle befragten Mitarbeiter und Manager haben schon physische Angriffe durch Kunden persönlich erlebt oder aber wurden Zeugen solcher Angriffe auf Dienstleister (das könnte wieder ein spezifisches Merkmal des untersuchten Gastgewerbes sein). Die berichteten physischen Folgen beziehen sich entweder auf körperliche Schäden oder auf Beschädigungen des Eigentums des Mitarbeiters.

2. Konsequenzen für die Kunden

Abweichendes Kundenverhalten kann auch für die Kunden negative Auswirkungen haben. Dazu zählen *Domino-Effekte*, wobei die abweichende Aktion eines Kunden andere Aktionen anwesender Kunden auslöst. Das findet sich in zwei Formen: entweder es kommt zu kollektiven Bekundungen des Mitgefühls mit dem Opfer des abweichenden Verhaltens oder aber die anderen Kunden werden durch das Verhalten angesteckt und verhalten sich dann ähnlich abweichend. Das Letztere wird vor allem in Verbindung mit illegitimen Beschwerden genannt, d.h. wenn ein Kunde sich unbegründet beschwert, steigt die Wahrscheinlichkeit, dass andere Kunden sich dem anschließen (zum Problem ungerechtfertigter Kundenbeschwerden vgl. Wirtz & McColl-Kennedy, 2009).

Andere Auswirkungen auf Kunden beschreiben *Effekte verdorbenen Konsumerlebens*, bei denen die Erfahrung und das Erleben anwesender Kunden durch das abweichende Verhalten eines anderen beeinträchtigt werden. Dieses Phänomen findet sich ebenfalls in zwei Versionen. Zum einen können betrunkene Kunden den anderen anwesenden Kunden die Freude am Trinken vergällen, zum anderen ist es äußerst belastend, wenn unbeteiligte Kunden körperliche Aggressionen eines anderen Kunden miterleben müssen oder gar darin verwickelt werden – auch diese Gefahr dürfte spezifisch für das Gastgewerbe sein (vgl. Grove & Fisk, 1997, die in Freizeitparks deutlich andere Formen verdorbenen Konsumerlebens gefunden haben).

In der Untersuchung von Harris und Reynolds (2003) werden zwar keine Racheakte der Dienstleister genannt, aber die von Harris und Ogbonna (2002) beschriebenen kontraproduktiven Verhaltensweisen, die sich gegen Kunden richten und als Vergeltung für negatives Kundenverhalten legitimiert werden, wären ebenfalls unter diesem Punkt zu berücksichtigen.

3. Konsequenzen für die Organisation

Schließlich werden auch zwei Klassen von Konsequenzen für die Organisation berichtet, indirekte und – eher selten – direkte finanzielle Kosten. Zu den *indirekten finanziellen Kosten* zählt zum einen der zusätzliche Arbeitsaufwand für Mitarbeiter, die mit abweichendem Kundenverhalten beschäftigt sind und damit nicht für den

Service zur Verfügung stehen. Auf der anderen Seite ergeben sich für die Organisation indirekte Kosten, da solches Kundenverhalten negative Auswirkungen auf die Arbeitszufriedenheit und die Fluktuation der Mitarbeiter hat – in Branchen mit kritischem Kundenverhalten ist die Arbeitszufriedenheit gewöhnlich entsprechend geringer und die Fluktuation höher. Als *direkte Kosten* können Hinweise in den Interviews interpretiert werden, die von negativen Einflüssen auf den Gewinn bzw. den Verkaufsumsatz sprechen. Diese Konsequenzen sind aber gewöhnlich nur schwer zu quantifizieren.

Zusammenfassend gesehen stellt abweichendes Kundenverhalten für Dienstleistungsunternehmen und vor allem für die Mitarbeiter mit Kundenkontakt ein ernstes Problem dar. Der Versuch, die Komplexität der dabei ablaufenden Interaktionen sowie ihrer Folgen zu rekonstruieren, hatte auch das Ziel, diese Konsequenzen zu verdeutlichen. Dienstleistungsbranchen, in denen gehäuft solches Verhalten auftritt, sollten ihre kundenbezogenen Philosophien darauf hin überprüfen, ob sie abweichendem Verhalten Vorschub leisten. Die Mitarbeiter sollten auf solche Vorfälle vorbereitet werden und effektive Coping-Strategien für den Umgang mit abweichendem Kundenverhalten einüben. Das ist Aufgabe des Trainings von Dienstleistern, womit eine zentrale Aufgabe der Dienstleistungsorganisation benannt ist. Durch die Berücksichtigung des Unternehmens im Sinne eines dritten zentralen Akteurs wird die Dienstleistungsdyade zur Triade erweitert.

Teil III: Dienstleistungstriade

9 Modell der Dienstleistungstriade

Wird die Arbeit von Dienstleistern mit Blick auf die übergeordneten Ziele des Unternehmens organisiert, erweitert sich die bislang beschriebene Konstellation entscheidend. Unternehmen bzw. allgemein Organisationen werden als offene Systeme verstanden, die u.a. dadurch charakterisiert sind, dass sie Rand- oder Grenzelemente ausbilden, die Relationen zu anderen Systemen aufweisen (Katz & Kahn, 1978; Nerdinger, 2005a, 2007a). Diese Randelemente sorgen für den notwendigen Austausch zwischen der Organisation und ihrer Umwelt und haben daher besondere Bedeutung für die Funktionsfähigkeit des Systems. Das Verhalten der Elemente des Systems und damit auch der Randelemente lässt sich mit Konzepten der Rollentheorie beschreiben. Mitarbeiter, die Rollen an der Grenze der Organisation einnehmen, werden entweder als „gatekeeper" (Pförtner) – sie kontrollieren den Informationsfluss von außen nach innen – oder aber als „boundary spanner" (Grenzgänger) bezeichnet, denen es obliegt, die Verbindung der Organisation zur Umwelt aufrechtzuerhalten (vgl. zum Folgenden Abbildung 31).

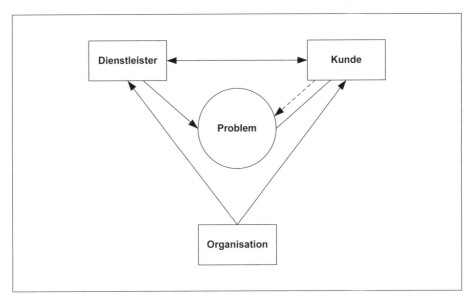

Abbildung 31: Modell der Dienstleistungstriade (nach Nerdinger, 1994)

Zu den Inhabern solcher Grenzrollen zählen demnach auch alle Dienstleister, die in direkten Kontakt mit Kunden treten. Aber auch das Verhalten der Kunden kann als Rollenverhalten interpretiert werden, wobei das Wissen um den Ablauf von Transaktionen im Laufe verschiedener Kontakte mit Dienstleistungsorganisationen erworben wird. Im Prozess des Rollenerwerbs sind Organisationen nicht passiv, sondern sie versuchen, durch verschiedene Maßnahmen die Rollenübernahme und das Rollenverhalten der von ihnen angestellten Dienstleister *und* der Kunden in ihrem Sinne zu steuern. Organisationen entfalten also eine eigene Dynamik, die Dienstleistungsbeziehung wird durch die Organisation zu einer Triade erweitert.

Wie durch die Pfeile angedeutet, wirkt die Organisation auf beide Elemente der Dienstleistungsbeziehung ein. Im Prinzip können auch die Individuen – Dienstleister und Kunden – auf die Organisation einwirken, weshalb eigentlich wechselseitig gerichtete Pfeile zumindest theoretisch angemessener wären. Gewöhnlich sind die Einflüsse einer konkreten, einzelnen Person auf eine Organisation aber eher geringfügig, daher wird hier nur die Haupteinflussrichtung betrachtet. Mit Blick auf die Beeinflussung der Mitarbeiter sind alle personalwirtschaftlichen Maßnahmen zu bedenken. Die Beeinflussung der Kunden erfolgt über die Marketingmaßnahmen, die mit dem Konzept des Marketing-Mix beschrieben werden. Da aber Kunden und Dienstleister im Rahmen der Leistungserstellung interaktiv verknüpft sind, haben beide Formen der Beeinflussung immer auch indirekte, über das Verhalten der Interaktionsteilnehmer vermittelte Auswirkungen auf den jeweiligen Interaktionspartner. Demnach hat jede personalwirtschaftliche Maßnahme, vermittelt über das Verhalten der Mitarbeiter, auch Wirkungen auf die Kunden und beeinflusst, so wiederum die Marketingziele. Jede Marketingmaßnahme beeinflusst – vermittelt über das Verhalten der Kunden – die Dienstleister und wirkt damit auch auf personalwirtschaftliche Maßnahmen.

10 Die Beziehung Organisation zu Kunde

Die Beziehung zwischen der Dienstleistungsorganisation und dem Kunden wird im Wesentlichen vom Dienstleistungsmarketing bearbeitet (vgl. zum Überblick: Bruhn & Georgi, 2005; Meffert & Bruhn, 2009), wobei dem Marketing-Mix besondere Bedeutung zukommt. Der Marketing-Mix beschreibt die wesentlichen absatzpolitischen Instrumente, mit denen die Unternehmensstrategien in konkrete Aktionen umgesetzt werden. Psychologisch besonders interessant sind die Erweiterungen des klassischen Marketing-Mix zu einem spezifischen Dienstleistungs-Marketing-Mix. Mit Blick auf die Beziehung Organisation zu Kunde sind hier die Gestaltung der Orte, in denen die Dienstleistungsbegegnung stattfindet mit den Aspekten Raum und Zeit zu nennen. Die übrigen Erweiterungen betreffen dagegen die Beziehung Organisation zu Mitarbeiter und werden im elften Kapitel besprochen.

10.1 Der Dienstleistungs-Marketing-Mix

Das absatzpolitische Instrumentarium zur Steuerung von Austauschprozessen wird gewöhnlich als Marketing-Mix bezeichnet und umfasst die Gestaltung von Produkt, Preis, Werbung und Absatzmethode (Meffert & Bruhn, 2009). An diesen Faktoren wird bereits die enge Verzahnung mit dem für das klassische Marketing grundlegenden Austauschprozess „Geld gegen Produkt" deutlich. Die Übertragung dieses Ansatzes auf den Bereich der Dienstleistungen gelingt – abgesehen von der Absatzmethode, die in der wissenschaftlichen Diskussion selten thematisiert wird – nicht ohne Schwierigkeiten. Besonders problematisch ist die Frage nach dem Produkt – das Marketing setzt an der subjektiven Bewertung der Leistung an, Sach- und Dienstleistungen werden aber unterschiedlich bewertet. Zeithaml (1981) hat drei Merkmale der Bewertung unterschieden: Prüf-, Erfahrungs- und Vertrauensqualitäten (vgl. Kapitel 2). Während Produkte überwiegend durch Prüfqualitäten gekennzeichnet sind, dominieren bei problemorientiert-interaktiven Dienstleistungen Erfahrungsqualitäten, bei persönlich-interaktiven dagegen Vertrauensqualitäten (vgl. Klaus, 1984). Die Produktgestaltung erfordert daher im Bereich der Dienstleistungen ein anderes Vorgehen als im Bereich materieller Produkte.

Aber auch die Übertragung der anderen Faktoren des Marketing-Mix auf den Dienstleistungsbereich bereitet einige Schwierigkeiten. Im Feld der Konsumgüter erhält der Konsument für sein Geld ein bestimmtes Produkt, dessen Wert er vielleicht nicht unbedingt genau abschätzen kann, das er aber immerhin physisch in Besitz nimmt. Dadurch entsteht ein Preisbewusstsein, das bei immateriellen Leistungen nicht in gleicher Weise vorhanden ist (Haller, 2009). Produktdifferenzierung durch Werbung muss im Dienstleistungsbereich aufgrund der Immaterialität vor allem über wahrnehmbare Qualitäten erfolgen und das bedeutet: Werbung muss nicht zuletzt verbal psychologische Qualitäten der Mitarbeiter bzw. Versprechungen über deren Verhalten kommunizieren (Wentzel, Henkel & Tomczak, 2010). Werbung für Dienstleistungen hat daher immer auch mehr oder weniger direkte Auswirkungen auf die betroffenen Mitarbeiter mit Kundenkontakt – jedes Werbeversprechen, das sich auf den Service bzw. das Verhalten der Mitarbeiter bezieht, beeinflusst deren Arbeit in Form der Erwartungen, die von Kunden nicht zuletzt aufgrund der Werbeversprechen an sie gerichtet werden.

Die Übertragung der klassischen Faktoren des Marketing-Mix auf den Dienstleistungsbereich ist mittlerweile im Rahmen des Dienstleistungsmarketing hervorragend aufgearbeitet und muss hier nicht weiter beleuchtet werden (vgl. zusammenfassend z.B. Bruhn & Georgi, 2005; Meffert & Bruhn, 2009). Mit Blick auf das Verhalten der Akteure sind die Versuche, den klassischen Marketing-Mix für das Feld der Dienstleistungen zu erweitern, interessanter. Aufgrund der Unterschiede zu Konsumgütern wurde die Frage aufgeworfen, ob die herkömmlichen Technologien des Marketing-Mix für die Verbreitung von Dienstleistungen genügen. Besonders beachtenswert ist der Vorschlag von Bitner (1990a), den Marketing-Mix um drei Faktoren zu ergänzen: Prozess (process), Personen (participants) und Umfeld (physical evidence).

Mit *Prozess* bezeichnet Bitner (1990a) solche Prozeduren, Mechanismen und den Ablauf von Aktivitäten, die *in* der Organisation – unsichtbar für den Kunden – die Leistungserbringung vorbereiten. Aus Sicht der Psychologie wird dieses Feld über die Wahrnehmung der Prozesse durch die Mitarbeiter relevant. Als Dienstleistungsklima, d.h. als wahrgenommene Ausrichtung der organisatorischen Prozesse auf die Bedürfnisse der Kunden und als Unterstützung der Dienstleister in ihrer Tätigkeit kann darin eine entscheidende Voraussetzung der Produktion von Dienstleistungen gesehen werden (Schneider, Bowen, Ehrhart & Holcombe, 2000; Nerdinger, 2007a). Hier richtet sich der Blick auf die Beziehung zwischen Organisation und Mitarbeiter, daher wird das Dienstleistungsklima im nächsten Kapitel untersucht.

Von unmittelbarer Bedeutung ist der zweite Faktor, die *Personen*. Damit sind alle an der Erstellung der Dienstleistung beteiligten Personen gemeint, die allein aufgrund ihrer Anwesenheit die Wahrnehmung der Kunden beeinflussen. Dazu zählt natürlich in erster Linie das Kundenkontaktpersonal, aber auch andere Kunden sind zu berücksichtigen, sofern sie bei der Dienstleistungsinteraktion zugegen sind. Gerade die Forderung, das Kundenkontaktpersonal zum Objekt des Marketing zu machen, ist nicht unumstritten, werden doch mit diesem Argument die bislang autonom von der Personalwirtschaft bzw. der Arbeits- und Organisationspsychologie bearbeiteten Aufgaben unter dem Stichwort „Internes Marketing" (Bruhn, 1999) zu einem Teilgebiet des Marketing erklärt: Selektion, Schulung, Führung, Motivation und Kontrolle des Kundenkontaktpersonals sollen sich demnach an den Erwartungen der Kunden mit dem Ziel der Steigerung des Absatzerfolgs ausrichten. Da auch mit diesen Themen die Beziehung zwischen Organisation und Mitarbeiter angesprochen ist, werden sie ebenfalls im dritten Kapitel untersucht.

Mit Blick auf die Beziehung Organisation zu Kunde ist der Faktor *Umfeld* von besonderem Interesse. Damit wird die gezielte Gestaltung des Setting, in dem die Dienstleistung erbracht wird, thematisiert. Das psychologische Konzept *Setting* bezeichnet den sozioökologischen Kontext des Verhaltens bzw. der Interaktion, der das Verhalten der in einem solchen Kontext agierenden Menschen indirekt beeinflusst (vgl. Kaminski, 2008). Aus Sicht der Dienstleistungsorganisation wird versucht, auf der Basis umweltpsychologischer Erkenntnisse das Erleben von Raum und Zeit durch den Kunden mit spezieller Zielrichtung auf seine Wahrnehmung der Qualität zu beeinflussen (Nerdinger, 2007a). Davon betroffen sind alle konkret wahrnehmbaren Merkmale der Organisation, aus denen Kunden Rückschlüsse auf die Qualität der Dienstleistung ziehen. Sehr aufschlussreich sind die Versuche der Beeinflussung des Kunden durch die Gestaltung der Räumlichkeit sowie seines Zeiterlebens, vor allem im Rahmen von Warteprozessen (als dritter Aspekt kann auch das Aussehen der Mitarbeiter – Kleidung, Uniformen etc. – gestaltet werden, darauf wird hier nicht näher eingegangen; vgl. dazu z.B. Rafaeli, 1993; Pratt & Rafaeli, 1997). Diese beiden Aspekte werden im Folgenden etwas genauer betrachtet.

10.2 Beeinflussung des Erlebens durch Raumgestaltung

Trotz der häufiger betonten, hohen Bedeutung der Umweltgestaltung für den Erfolg von Dienstleistungen (Blümelhuber, 1998; Nerdinger, 2007a) finden sich bislang kaum theoretische Erklärungsansätze für deren Erforschung bzw. die theoretisch fundierte Intervention. Eine Ausnahme stellt das Modell von Bitner (1992) dar (vgl. Abbildung 32).

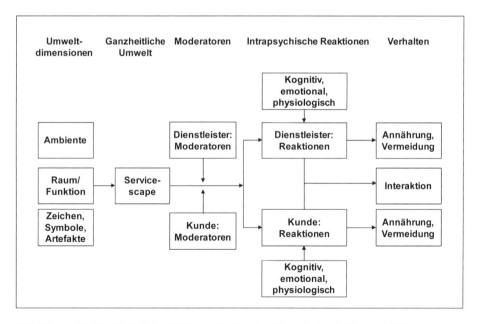

Abbildung 32: Ein Modell der Wirkung der Service-Umwelt (nach Bitner, 1992)

Das Modell geht von einer grundlegenden umweltpsychologischen Annahme aus, wonach sich individuelle Reaktionen auf räumliche Merkmale durch zwei generelle

Verhaltensformen kennzeichnen lassen: Annäherungs- bzw. Vermeidungsverhalten. Unter *Annäherungsverhalten* wird alles gefasst, was sich als Ausdruck des Wunsches, an einem Ort zu bleiben bzw. einen Ort aufzusuchen, interpretieren lässt. Dazu gehört auch die Tendenz, den Ort zu erforschen, sozialen Kontakt aufzunehmen und anderes mehr. *Vermeidungsverhalten* umschreibt die gegensätzlichen Verhaltenstendenzen, d.h. die Annäherung an einen Raum löst unangenehme Gefühle aus, die dazu führen, dass der Raum gemieden wird.

In der Frage der räumlichen Gestaltung konzentriert sich das Modell auf drei Dimensionen: Ambiente, Raum/Funktion sowie Zeichen, Symbole und Artefakte (vgl. zum Folgenden Nerdinger, 2007a). Zum *Ambiente* zählen Merkmale wie die Temperatur, die Qualität der Luft, Lärmpegel, Musik, Gerüche (zur Wirkung von Gerüchen auf die Bewertung von Dienstleistungen vgl. Chebat & Michon, 2003; Michon, Chebat & Turley, 2005) und andere sinnlich wahrnehmbaren Aspekte. Durch deren gezielte Gestaltung wird versucht, alle Sinne des Kunden zu beeinflussen. Besonders viel Forschung hat im Dienstleistungsbereich die Wirkung von Hintergrundmusik ausgelöst. So bleiben Kunden bei langsamer Musik länger in einem Restaurant und trinken mehr als bei schneller Musik (Milliman, 1986). Angenehme und erregende Hintergrundmusik kann dagegen den Wunsch, mit Beratern einer Bank in Kontakt zu treten, erhöhen. Die Musik beeinflusst sowohl die Einschätzung der Freundlichkeit der Berater als auch die Bereitschaft, ihnen gegenüber freundlich aufzutreten und mit ihnen zu kommunizieren (Dubé, Chebat & Morin, 1995).

Die Gründe für diese Wirkungen liegen bislang noch weitgehend im Dunkeln. Morin, Dubé und Chebat (2007) haben daher in zwei Experimenten die Wirkung von Musik genauer untersucht. Im Sinne des dualen Modells der Umweltwahrnehmung (vgl. Hellbrück & Fischer, 1999) nehmen sie an, dass

1. das *Servicescape* – der räumliche Kontext, in dem Dienstleistungen verrichtet werden – in holistischer, atmosphärischer Weise wahrgenommen wird, als Hintergrund für die Wahrnehmung des Anbieters dient und dabei direkte und indirekte (anbieter-vermittelte) Effekte auf die Ergebnisse hat;
2. Hintergrundmusik diese holistische Qualität beeinflusst;
3. die Valenz der Musik dabei in die Einstellung zum Servicescape transferiert wird, die dann direkte und indirekte Effekte auf die Ergebnisse hat.

In einem Laborexperiment wurde den Versuchspersonen eine Videosimulation von Bankdienstleistungen vorgeführt, die über alle Bedingungen konstant war, nur die Hintergrundmusik wurde variiert. 153 Studenten und Mitarbeiter einer Universität haben an der Untersuchung teilgenommen und u.a. das im Video dargestellte Servicescape eingestuft sowie ihre Einstellung zur abgebildeten Bank auf Skalen eingeschätzt. Eine Gruppe hat das Video mit Musik gesehen, die andere Gruppe sah das Video ohne Musik. War Hintergrundmusik vorhanden, haben die Teilnehmer deren Valenz eingestuft. Die in Abbildung 33 dargestellten Ergebnisse konnten in einem vergleichbaren Experiment in einer elektronischen Umgebung repliziert werden.

Die Valenz der Hintergrundmusik – wird sie als angenehm oder als unangenehm erlebt – beeinflusst die Einschätzung des Servicescapes. Die vermutete direkte Wirkung auf die Einstellung zum Anbieter, d.h. dem Dienstleistungsunternehmen lässt sich dagegen nicht nachweisen. Die Einstellung zum Unternehmen wird nur indirekt über die Einschätzung des Servicescapes beeinflusst, sie wirkt aber sehr stark auf die wahrgenommene Qualität der Dienstleistung. Demgegenüber ist der direkte Effekt des Servicescapes auf das Qualitätserleben eher gering (aber noch nachweisbar).

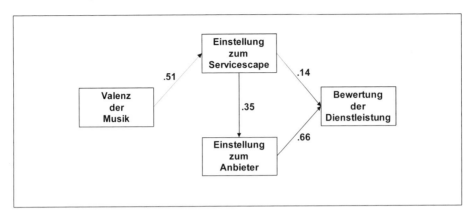

Abbildung 33: Wirkungsweisen von Hintergrundmusik im Dienstleistungssetting (nach Morin et al., 2007); alle Pfade sign. für mind. p = .05

Dienstleistungsumwelten sollten letztlich auf das Ziel der Leistungserstellung ausgerichtet sein, was mit der Dimension *Raum/Funktion* erfasst wird. Die gezielte Planung und Gestaltung von Räumlichkeiten wird unter dem Begriff *Gebrauchsarchitektur*, d.h. einer Architektur, die auf die Nützlichkeit für die Benutzer abzielt, diskutiert (vgl. dazu Richter, 2008). Architekten berücksichtigen gelegentlich Erkenntnisse der Arbeits- und der Umweltpsychologie zur Gestaltung von Produktionsstätten und Wohnanlagen. Gerade für bestimmte Dienstleistungsbereiche wie Krankenhäuser und Arztpraxen ist diese Analyse der Funktionalität von Räumen – und d.h. immer auch die Funktionalität für die Interaktion zwischen Dienstleister und Kunde – besonders wichtig. So wurde z.B. beim Bau einer Klinik der Eindruck eines Krankenhauses bewusst vermieden – sie erinnert eher an einen Golf-Club – und gezielt versucht, durch das Baudesign den Genesungsprozess zu unterstützen. Dazu zählt die farbliche Gestaltung ebenso wie die Anordnung einzelner Elemente der Szenerie, die den Patienten dazu bringen sollen, das Bett möglichst oft zu verlassen (Blümelhuber, 1998).

Repräsentationsarchitektur wird dagegen unter dem Aspekt der Imageförderung gerade von Dienstleistungsunternehmen wie Banken und Versicherungen als ein Zugang zur Kompensation der Immaterialität der angebotenen Leistungen angesehen. Da die Dienstleistung selbst nicht „fassbar" ist, machen sich Kunden über wahrnehmbare Umweltqualitäten ein Bild von der Leistung. Das hat Auswirkungen auf die Leistungseinschätzung, die unabhängig von der Repräsentationsfunktion abläuft. So kommen Kunden aufgrund der Hinweisreize aus der Umwelt zu unterschiedlichen Attributionen von Service-Fehlern. Ist z.B. das Büro, in dem eine Dienstleistungsinteraktion stattfindet, sehr unordentlich, werden dem Dienstleister auftretende Fehler zugeschrieben, wirkt es dagegen aufgeräumt, werden die Fehler in anderen Ursachen gesucht – mit entsprechenden Folgen für die Zufriedenheit mit der Dienstleistung (Bitner, 1990b).

Die Imagefunktion der Architektur überlappt mit der dritten Dimension, der Bedeutung von Zeichen, Symbolen und Artefakten. *Zeichen* dienen in erster Linie der Orientierung im Raum bzw. informieren über Funktionen. Sie erhalten ihre Bedeutung für die Dienstleistungsinteraktion vor allem über die Einstimmung der Kunden. Wer beispielsweise auf einem Flughafen die Orientierung verliert, weil die Beschilderung fehlt oder die Hinweise nicht eindeutig gestaltet sind, der macht die verunsichernde Erfahrung des Verlustes der Kontrolle über die Umwelt (van Raaij & Pruyn, 1998). Vor solchen, für die Einschätzung der Qualität negativen Erlebnissen sollen Schalter *symbolisch* schützen. Am klassischen Schalter war dieser Schutz noch physisch gesichert, durch dickes Glas und perforierte Stellen mit dem Hinweis „Hier sprechen". Der moderne Counter weist dagegen dem Dienstleister hinter der Barriere symbolisch eine offizielle Funktion zu, die es ihm ermöglichen soll, die Interaktion besser zu kontrollieren (Voß, 1988). Diese Interaktionsform wurde mittlerweile noch weiter aufgelockert, indem Beratungsgespräche mit Kunden z.B. an Stehtischen durchgeführt werden. Bei der Gestaltung der Dienstleistungsumwelt kommt schließlich bestimmten *Artefakten* besondere Bedeutung zu. Zum Beispiel schätzen Patienten, die nichts über die Reputation eines Arztes wissen, seine Kompetenz auch aufgrund der in seiner Praxis vorfindbaren Artefakte – Diplome an der Wand, professionelle Kleidung und Instrumente, Größe des Schreibtisches etc. – ein (Nerdinger, 2007a).

Diese drei Merkmale – Ambiente, Raum/Funktion sowie Zeichen, Symbole und Artefakte – bestimmen das *Servicescape* (vgl. Abbildung 32). Bitner (1992) verweist mit diesem Begriff – eine neue Wortschöpfung aus der Verbindung von service und landscape im Sinne des optischen Eindrucks eines räumlich begrenzten Gebietes – darauf, dass sich alle diese Einzelaspekte der Umwelt zu einem Gesamteindruck verdichten (ähnliche Wortschöpfungen sind in der Umweltpsychologie gebräuchlich, so bezeichnet z.B. *Soundscape* den akustischen Eindruck und *Smellscape* den örtlich charakteristischen Eindruck der Gerüche; vgl. Hellbrück & Fischer, 1999). Das Servicescape repräsentiert das ganze Angebot der Organisation und vermittelt dabei sinnlich fassbare Merkmale der Organisation und der Qualität der Dienstleistung. Der Gesamteindruck bildet sich aus den verschiedenen Dimensionen der Umwelt und führt zu unterschiedlichen psychischen Reaktionen. Die Wirkung des Servicescapes wird dabei durch Merkmale der Persönlichkeit der beteiligten Akteure moderiert. Dazu zählt das Prinzip des optimalen Stimulationsniveaus, demzufolge für jede Person in einer gegebenen Situation ein mittleres Niveau der Stimulation existiert, das für ihre Leistung optimal ist oder von ihr am meisten geschätzt wird. Daneben wirken auch der Zweck des Aufsuchens einer bestimmten Umwelt, die Stimmungslage und die vorab gebildeten Erwartungen moderierend.

Die intrapersonalen Reaktionen berücksichtigt das Modell jeweils getrennt für Dienstleister und Kunden nach den Dimensionen Kognition, Emotion und Physiologie – die meisten vorliegenden Untersuchungen beschränken sich allerdings auf die Reaktionen von Kunden, wobei fast nur die kognitiven und die emotionalen Reaktionen untersucht werden. Auf der *kognitiven* Ebene werden die Hinweisreize der Umwelt dekodiert und daraus Rückschlüsse auch auf solche Aspekte der Dienstleistung gezogen, die davon ganz unberührt sind. So schließen Kunden z.B. aus der mangelnden Sauberkeit eines Restaurants auf die Qualität der Bedienung und des

Essens. *Emotionale* Reaktionen auf Umwelten lassen sich auf den grundlegenden Dimensionen „Lust-Unlust" und „Erregung" verorten (vgl. Nerdinger, 2001b). Aufgrund verschiedener Adaptationsniveaus sind aber auf beiden Dimensionen für Dienstleister und Kunden unterschiedliche emotionale Reaktionen zu erwarten. Nach Rafaeli und Kluger (2000) beeinflussen die Emotionen, die ein Servicescape auslöst, die erlebte Qualität der Interaktion zwischen Dienstleister und Kunde mit dem Ergebnis, dass ein emotional (und kognitiv) gut passender Dienstleistungskontext zu einer Verbesserung der Abstimmung zwischen den beiden Akteuren führt. Im Freizeitbereich kann die Gestaltung des Setting die Begeisterung über die Dienstleistung erklären, die wieder auf die Bereitschaft zur Wiedernutzung und die Absicht, die Dienstleistung weiter zu empfehlen, einwirkt (Wakefield & Blodgett, 1999). Die vom spezifischen Setting ausgelösten Emotionen, die bei Kunden *vor* der Inanspruchnahme der Dienstleistung auf den Dimensionen „Gefallen" und „Erregung" erfasst wurden, beeinflussen ihre nach der Inanspruchnahme gemessene Zufriedenheit und die Absicht zum Wiederkauf (Mattila & Wirtz, 2000).

Schließlich berücksichtigt das Modell von Bitner (1992) auch die *Reaktionen der Dienstleister* auf das Servicescape. Das entspricht dem bereits erwähnten Gedanken, wonach jede auf die Kunden gerichtete Maßnahme indirekt mehr oder weniger auch die Mitarbeiter beeinflusst, da diese im Kontakt mit den Kunden ihre Arbeit verrichten (daher wird hier kurz auf diese Wirkung des Servicescapes eingegangen, obwohl der Zusammenhang eigentlich unter der Beziehung Organisation zu Mitarbeiter abzuhandeln wäre). Zu dieser Frage liegen bislang kaum Untersuchungen vor, die Wirkungen lassen sich aber an einer Studie, die von Parish, Berry und Lam (2008) in einer Klinik durchgeführt wurde, exemplarisch verdeutlichen. Nach Meinung der Autoren eignen sich Kliniken besonders gut für eine Untersuchung der Wirkungen des Servicescapes, da hier das materielle Umfeld starken Einfluss auf das Erleben der Mitarbeiter haben sollte. Erfasst wurden die Wirkungen von drei Dimensionen des Servicescape – Bequemlichkeit, Sicherheit und Annehmlichkeit – auf verschiedene mitarbeiterbezogene Variablen, speziell den wahrgenommenen Stress und die Arbeitszufriedenheit sowie die Absicht, das Hospital potenziellen Patienten als Klinik bzw. anderen Pflegekräften als Arbeitsplatz zu empfehlen. An dem Quasi-Experiment haben Mitarbeiterinnen (Krankenschwestern) einer Klinik teilgenommen, die um einen neuen Gebäudetrakt erweitert wurde. In einer Vorher-Nachher-Befragung wurden Krankenschwestern, die ihren Arbeitsplatz nicht gewechselt hatten, verglichen mit Krankenschwestern, die nach Einweihung des Erweiterungsbaus mindestens 50% ihrer Zeit im neuen Teil der Klinik arbeiteten.

Die Datenerhebung erfolgte in drei Runden – die erste Befragung fand zwei Monate vor Einweihung des neuen Gebäudetrakts statt, die Nachbefragungen wurden zwei und sechs Monate später durchgeführt. An der ersten Befragung nahmen 235, an der zweiten 207 und an der dritten Befragung 264 Krankenschwestern teil. Einen Ausschnitt der Ergebnisse veranschaulicht Abbildung 34.

Demnach beeinflusst die räumliche Umwelt – erfasst über den Vergleich der Krankenschwestern, die im alten Trakt arbeiten mit denen, die im neuen arbeiten – alle drei Dimensionen der Umweltwahrnehmung. Diese Dimensionen thematisieren wichtige Aspekte der Arbeitsumgebung, die wiederum stressmindernde bzw. die Arbeitszufriedenheit erhöhende Wirkungen haben. Darüber hinaus zeigt sich in dieser Untersuchung, dass Arbeitszufriedenheit sowohl direkte Effekte auf die Empfehlungsabsichten als auch indirekte – vermittelt über die Bindung an die Klinik – aufweist (in Abbildung 34 nicht berücksichtigt). Zufriedenere Krankenschwestern empfehlen ihr Krankenhaus häufiger potenziellen Patienten zur Behandlung bzw. anderen Krankenschwestern als Arbeitsplatz (zu weiteren Zusammenhängen vgl. Parish et al., 2008). Diese Untersuchung belegt eindrucksvoll die Wirkung des Servicescapes auf die Mitarbeiter. Dabei ist aber zu bedenken, dass in anderen Dienstleistungen diese Wirkung nicht genauso ausgeprägt sein muss.

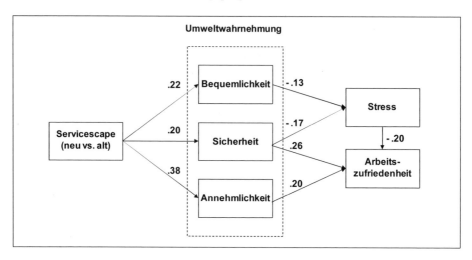

Abbildung 34: Wirkungen des Servicescapes auf Dienstleister (Krankenschwestern; nach Parish et al., 2008); alle Pfade sign. für p = .05

Zusammenfassend betrachtet gelingt es dem Modell von Bitner (1992), die wesentlichen Variablen, die bei der Gestaltung der Umwelt zu beachten sind, in plausibler Weise anzuordnen. Damit sollte es als Ausgangspunkt für die Gestaltung von Dienstleistungsumwelten gut geeignet sein. Die räumliche Gestaltung hat wiederum häufig auch Auswirkungen auf das Zeiterleben der Kunden.

10.3 Steuerung des Zeiterlebens

Ein spezielles Problem der Bewertung von Dienstleistungen stellt das Zeiterleben dar. Vor allem das Warten, von dessen Erleben gravierende Auswirkungen auf die Kundenzufriedenheit und die Qualitätswahrnehmung ausgehen (Nerdinger, 2005b), stellt aus Sicht des Dienstleistungsunternehmens eine kritische Situation dar, die sie möglichst aktiv gestalten muss. Aus Sicht des Kunden ist Zeit immer subjektiv erlebte Zeit. Diese erscheint besonders lang, wenn sie darauf warten müssen, bis sie bedient werden – in verschiedenen Untersuchungen finden sich sehr hohe negative Korrelationen zwischen der Wartezeit und der Kundenzufriedenheit (vgl. zusammenfassend Nerdinger, 2005b). Dennoch wurden bislang kaum fundierte theoretische Modelle des Zeiterlebens entwickelt, weder in der Psychologie noch in der Konsumentenforschung. In der Praxis des Dienstleistungsmanagements wird dagegen ein ganzes Arsenal an Techniken zur Beeinflussung des Zeiterlebens eingesetzt, die auf Einsichten der Alltagspsychologie beruhen. Maister (1985) hat solche Techniken gesammelt und durch verschiedene praktische Maßnahmen illustriert. Die von ihm ermittelten Techniken lassen sich zu den folgenden vier wesentlichen Prinzipien verdichten (vgl. Nerdinger, 2005b).

1. *Passive Zeit wird im Vergleich zu aktiver Zeit als länger dauernd erlebt*

Taylor (1995) hat die Auswirkungen der Wartezeit auf eine Karriereberatung untersucht und herausgefunden, dass die Unzufriedenheit mit der Dienstleistung abhängig ist vom Grad des Erlebens der Ausgefülltheit des Wartens. Wenn sich Menschen während des Wartens beschäftigen können, erleben sie die Wartezeit als kürzer. Deshalb ergreifen Kunden häufig auch von sich aus die Initiative, um die Wartezeit abzukürzen. Im Supermarkt schlagen manche Kunden den Kassierern Methoden vor, mit denen sie Zeit sparen können; häufig unterstützen sie die Kassierer, indem sie selber nach Preisen suchen, die Produkte mit oben liegenden Strichcodes auf dem Förderband platzieren etc. Aktivität kann aber auch unmittelbar in die Warteschlange eingebaut werden (Meyer & Blümelhuber, 1998; vgl. Abbildung 35).

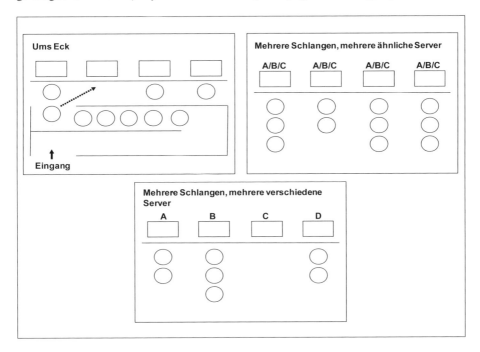

Abbildung 35: Steuerungsformen des Wartens (nach Meyer & Blümelhuber, 1998)

In den Disney-Vergnügungsparks werden Warteschlangen „ums Eck" geführt, damit die weiter hinten Stehenden nicht deren ganze Länge abschätzen können. Außerdem wird versucht, die Schlange immer in Bewegung zu halten – die regelmäßige Aktivität verkürzt die subjektive Dauer des Wartens. Im Fast-Food-Bereich sind zwei verschiedene „Schlangen-Techniken" verbreitet: das System multipler Schlangen (z.B. McDonalds – jede Bedienung hat ihre eigene Schlange) und das mehrstufige System (z.B. Subway – der erste Dienstleister nimmt die Bestellung entgegen, der zweite bereitet das Essen, der dritte die Getränke etc.). Beim ersten System ist die Schlange kürzer, sie bewegt sich aber nicht regelmäßig, dagegen bewegt sich die längere Schlange des zweiten Systems in kontinuierlichen kleinen Schritten, wodurch sich das Zeiterleben verkürzt.

Diese Formen von Warteschlangen werden auch als *Einzel- vs. multiple Schlange* bezeichnet. Rafaeli, Barron und Haber (2002) haben in einer Simulationsstudie Unterschiede im Erleben dieser beiden grundlegenden Formen erhoben. Dabei zeigten sich folgende Ergebnisse:
- in einer Einzel-Schlange zu warten erhöht das Gefühl der Vorhersagbarkeit der Wartezeit;
- das Erleben von Erregung (i.S. von Aktivität) ist in der Einzel-Schlange höher (in der multiplen Schlange sinkt sogar die Erregung vom Beginn des Wartens an);
- Einzel-Schlangen werden als fairer eingeschätzt (obwohl die Teilnehmer unter dieser Bedingung in der Untersuchung sogar objektiv etwas länger gewartet haben);
- Teilnehmer präferieren die Einzel-Schlange – unabhängig von ihren vorhergehenden Erfahrungen.

Der Hauptgrund für diesen Unterschied dürfte in einem Phänomen liegen, das umgangssprachlich als „Emma-Barmbecks-Gesetz" (Maister, 1985) bezeichnet wird. Demnach bewegt sich die andere Schlange immer schneller als die eigene. Damit wird das – auch jedem Autofahrer bekannte – Phänomen angesprochen, dass die Wahrnehmung einer Bewegung der Nachbarschlange das fatale Gefühl auslöst, in der falschen Schlange zu stehen.

2. *Auf den Prozess zu warten dauert länger als während des Prozesses zu warten*

Die Zeit bis zum ersten Kontakt mit dem Dienstleister wird als länger erlebt, auch wenn die Zeit *nach* Aufnahme der Bestellung objektiv länger dauert. Nach der Feldtheorie von Kurt Lewin steigen die psychischen Kräfte mit der Annäherung an das Ziel (Lewin, 1963). Eine Barriere vor dem Ziel – z.B. in Form des Wartens – sollte daher als unangenehmer erlebt werden im Vergleich zu einer Barriere, die während der Realisierung des Ziels auftritt. Darüber hinaus sollte eine Wartezeit *nach* Beendigung der eigentlichen Dienstleistung als ebenso unangenehm erlebt werden. Der Handelnde will die Aktivität beenden, möglicherweise verfolgt er bereits neue Ziele, weshalb ihn eine neuerliche Barriere verärgert. Dies zeigt sich z.B., wenn man im Restaurant nach dem Essen zahlen will und es kommt kein Kellner. Beide Annahmen konnten auch experimentell bestätigt werden (Dubé-Rioux, Schmitt & Leclerc, 1991).

3. Unsichere und unerklärte Wartezeiten dauern länger als bekannte, begrenzte Wartezeiten

Der Zusammenhang zwischen der Wartezeit und der Bewertung einer Dienstleistung wird durch negative affektive Reaktionen auf die Verzögerung vermittelt. Solche negativen Emotionen sind letztlich auf die erlebte Unsicherheit über die Dauer des Wartens zurückzuführen, die sich wiederum durch geeignete Informationen beeinflussen lässt. Die vorab gegebene Information über die Dauer der Wartezeit bewirkt nichts, wenn die objektive Wartezeit gering ist. Bei einer mittleren bzw. längeren Dauer können solche Informationen dagegen das Erleben positiv verändern. Darüber hinaus ist unter der Bedingung mittlerer Wartezeit die Wirkung größer als bei einer Information über die Position in der Warteschlange, bei längerer Wartezeit zeigt sich eine umgekehrte Wirkung der Information (Hui & Tse, 1996).

Diese Erkenntnisse sind auch für das spezielle Problem des Wartens am Telefon auf Verbindung mit einem gewünschten Gesprächspartner übertragbar. Wenn in der Wartezeit Entschuldigungen eingespielt werden, führt das zu den negativsten Reaktionen der Wartenden, dagegen haben Informationen darüber, an welcher Stelle der Warteschlange der Kunde sich befindet, die positivsten Reaktionen (vgl. Munichor & Rafaeli, 2007). Die mittlerweile so häufig anzutreffenden Einspielungen von Musik schneiden im Vergleich dazu deutlich schlechter ab. In anderen Untersuchungen konnte Musik das Erleben der Wartezeit verkürzen, wenn der Wartende die Musik mag (dagegen hatten eingespielte Informationen in dieser Untersuchung keinen Einfluss; Whiting & Donthu, 2006).

Informationen, die den Kunden nahelegen, dass die Verzögerung entschuldbar ist, beeinflussen das Erleben des Wartens positiv. Kann aber der Dienstleister nach Meinung der Kunden die Wartezeit kontrollieren – steht es also aus seiner Sicht in der Macht des Dienstleisters, die Wartezeit zu verkürzen –, so führt Warten zu Verärgerung, die wiederum eine negative Einschätzung der Dienstleistungsqualität bewirkt (Taylor, 1995). Hier liegt auch eine Erklärung für den Befund, wonach die Erwartung an die Freundlichkeit des Dienstleisters negativ mit der Länge der Warteschlange bzw. dem Kundenandrang im Laden korreliert. Wenn die Wartenden in einer langen Schlange stehen, deuten sie jedes freundliche Wort des Dienstleisters gegenüber *anderen* Kunden als ungerechtfertigte Verlängerung *ihrer* Wartezeit (Sutton & Rafaeli, 1988).

4. Unfaire Wartezeiten dauern länger als faire

Warteschlangen sind soziale Systeme, d.h. sie sind durch Rollendifferenzierung und soziale Normen bestimmt (vgl. Nerdinger, 2008a). Besonders wichtig ist dabei die Norm der Gleichbehandlung – im Dienstleistungsbereich verlangt das nach einer konsequenten Einhaltung des Prinzips „Wer zuerst kommt, mahlt zuerst". Kunden, die sich in eine Warteschlange drängen, erzeugen sogar mehr Ärger und größere Bereitschaft zur Wiederherstellung der verletzten Normen als Dienstleister, die willkürlich ihren Platz verlassen und signalisieren, sie würden in wenigen Minuten zurück sein (vgl. Schmitt, Dubé-Rioux & Leclerc, 1992). Die Aufgabe, den „Eindringling" zu maßregeln, fällt dabei automatisch demjenigen zu, der dem Ort des Eindringens am nächsten steht. Das heißt, die Person, vor der sich eine andere in die Schlange zu drängen versucht, fühlt am stärksten den sozialen Druck, den Eindringling zurechtzuweisen. Bewirkt der Dienstleister die Verzögerung, indem er z.B. einfach ein Schild aufstellt mit dem Hinweis, dass er später kommt, fühlt sich die Person, die eigentlich an der Reihe wäre, verpflichtet, den Dienstleister zu maßregeln.

Houston, Bettencourt und Wenger (1998) haben den Zusammenhang zwischen dem Warten und der Bewertung der Dienstleistungsqualität systematisch überprüft. Auf der Grundlage von Kurt Lewins Feldtheorie (1963) haben die Autoren ein Modell entwickelt, das den Einfluss des Wartens auf die Einschätzung der Qualität einer Dienstleistung erklären soll (vgl. Abbildung 36). Demnach bestimmt die wahrgenommene Dauer des Wartens dessen Akzeptanz, diese beeinflusst die negativen Gefühle, die durch das Warten ausgelöst werden. Je negativer die ausgelösten Gefühle erlebt werden, desto schlechter wird die Dienstleistungsqualität bewertet. Die negativen Auswirkungen sind allerdings abhängig von den früheren Erfahrungen mit dem Dienstleister – hat der Kunde die Dienstleistung bislang immer sehr positiv eingeschätzt, kann eine Wartezeit diesen Eindruck nicht so leicht beeinflussen. Die Akzeptanz des Wartens wird nach diesem Modell u.a. durch die subjektiven Kosten des Wartens bestimmt. Die Höhe der negativen Gefühle wird durch die Attribution der Ursachen der Wartezeit beeinflusst. Glaubt der Kunde, der Dienstleister kann die Dauer des Wartens kontrollieren und hält er die Ursache des Wartens für stabil, d.h. erwartet er, dass es künftig wieder passieren kann, ist der Ärger besonders groß. Wenn sich der Dienstleister für die Wartezeit entschuldigt, verringert das den erlebten Ärger des Kunden.

Diese Variablen wurden in einem Fragebogen operationalisiert, den 191 Kunden einer amerikanischen Bank ausgefüllt haben. Die regressionsanalytische Überprüfung konnte die meisten Zusammenhänge bestätigen (vgl. Abbildung 36).

Lediglich die Dimension „Stabilität" der Attribution hat keinen signifikanten Effekt. Zudem findet sich ein unerwarteter – aber nicht unplausibler – direkter Zusammenhang zwischen Warten und negativen Gefühlen. Nach diesen Ergebnissen lassen sich die negativen Wirkungen des Wartens auf verschiedene Weise abmildern. Die Akzeptanz des Wartens kann erhöht werden, indem vor allem in den Fällen, in denen Warten mit hohen subjektiven Kosten verbunden ist, die objektive Wartezeit verkürzt wird. Der Grad der Verärgerung kann zusätzlich im Sinne der Dienstleister beeinflusst werden, wenn sich diese für Wartezeiten entschuldigen und Attributionen der Ursachen nahelegen, die für den Dienstleister nicht kontrollierbar sind. Schließlich ist es natürlich wichtig, kontinuierlich guten Service zu bringen, denn die früheren (positiven) Erfahrungen korrelieren positiv mit der wahrgenommenen Dienstleistungsqualität.

Durch solche regelmäßigen positiven Erfahrungen entsteht ein Gefühl der Bindung an das Unternehmen, ein affektives Commitment. Voorhees, Baker, Bourdeau, Brocato und Cronin (2009) haben gezeigt, dass auch die emotionale Bindung an den Dienstleister die wahrgenommene Länge der Wartezeit beeinflusst. Zusätzlich konnten sie auch einen Einfluss der Qualität des wahrgenommenen Servicescapes auf die subjektive Dauer des Wartens nachweisen. Die Autoren haben eine Critical-Incident-Studie mit gekoppelter Fragebogenerhebung an Kunden aus vier Dienstleistungsbranchen – Banken, Friseure, Restaurants und Ölwechselzentren – durchgeführt. Die Auswertung zeigt u.a. signifikante Interaktionen zwischen der Länge der Wartezeit und der wahrgenommenen Qualität des Servicescapes in der Wirkung auf den erlebten Ärger und das Bedauern, sich für die jeweilige Dienstleistung entschieden zu haben.

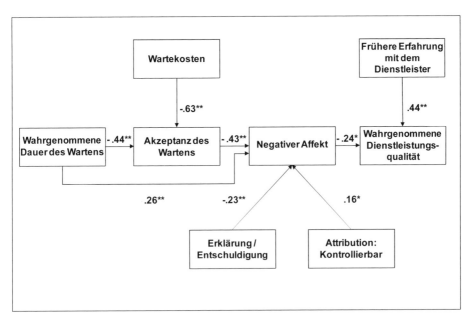

Abbildung 36: Bedingungen und Folgen des Wartens (nach Houston et al. 1998); * p = .05; ** p = .01

Empfehlungen für die Beeinflussung des Zeiterlebens lassen sich in Anlehnung an Katz, Larson und Larson (1991) auf die Formel bringen: „entertain, enlighten, and engage". Es kommt also darauf an, die Wartenden zu unterhalten, sie zu informieren bzw. – wenn möglich – zu aktivieren (vgl. zum Folgenden Nerdinger, 2005b). Als eine wirksame Methode der Unterhaltung hat sich Hintergrundmusik erwiesen – sie kann sogar unabhängig davon, ob sie den Wartenden gefällt, positive Reaktionen gegenüber der Organisation auslösen. Eine weitere wirksame Methode besteht in der adäquaten Information über die Wartedauer bzw. die Erklärung der Gründe für Verzögerungen. Unsicherheit über die Dauer hat ebenso negative Auswirkungen auf den Kunden wie die Vorstellung, dass der Anbieter dafür verantwortlich ist. Beides lässt sich durch geeignete Informationsstrategien zumindest tendenziell beeinflussen. Sehr wirksam ist es auch, die Kunden zu aktivieren. Gelingt dies, nehmen sie das Warten kaum wahr. Dabei sollten die Aktivitäten nach Möglichkeit für den Kunden einen Nutzen haben und sich in irgendeiner Weise auf die Dienstleistung beziehen, auf die gewartet wird. Kann der Kunde während der Wartezeit beispielsweise für die Dienstleistung notwendige Formulare ausfüllen, verkürzt sich die subjektive Wartezeit, was sich positiv auf die Kundenzufriedenheit auswirkt.

Schließlich sollten sich Dienstleistungsunternehmen auch um faire Wartezeiten bemühen. So haben sich in vielen Dienstleistungssituationen, in denen gilt „wer zuerst kommt, mahlt zuerst", Systeme bewährt, bei denen Nummern vergeben werden, um die Reihenfolge der Wartenden zu sichern. Das verringert die Angst, von anderen wartenden Kunden „ausgetrickst" zu werden und fördert das entspannte Warten. Entspanntes Warten wiederum wird als zeitlich kürzer erlebt. Gleichzeitig verdeutlicht dieses Beispiel, dass das Wartemanagement immer auf die Bedingungen der jeweiligen Dienstleistung abgestimmt sein muss. Der dafür notwendige Aufwand lohnt sich für den Anbieter, denn dadurch lassen sich die mit dem Warten verbundenen, erheblichen Gefahren für die Bewertung der angebotenen Dienstleistungen abwenden. Zudem ist auf diesem Wege eine Differenzierung gegenüber der Konkurrenz möglich. So erhöhte ein Einzelhändler, der die Wartezeiten in seinen Läden verringert hat, nicht nur die Zufriedenheit der Kunden mit seinem Geschäft, sondern senkte gleichzeitig die Zufriedenheit mit seinen Konkurrenten – obwohl die wahrgenommenen Wartezeiten zwischen den Läden unabhängig waren (vgl. Kumar, 2005).

Zusammenfassend betrachtet erscheint die kundenbezogene Dienstleistungsforschung noch sehr fragmentiert. Einzelne Fragestellungen – in erster Linie bezüglich ökonomisch relevanter Erfolgsgrößen wie der Kundenzufriedenheit bzw. der wahrgenommenen Dienstleistungsqualität – sind ausgesprochen intensiv untersucht worden. Dagegen werden andere Fragen, die auf den ersten Blick eher wenig ökonomische Relevanz versprechen, nur sporadisch und mit gelegentlich beliebig wirkenden Ansätzen untersucht. Besonders auffallend ist die nahezu völlige „Enthaltsamkeit" der psychologischen Forschung über die Situation der Kunden. Das Hauptinteresse der Psychologie am Dienstleistungsgeschehen scheint dem Mitarbeiter zu gelten (und hier v.a. den krankmachenden Arbeitsbedingungen). Darin spiegelt sich die weitgehende Vernachlässigung wirtschaftspsychologischer Fragestellungen in der modernen psychologischen Forschung (von Rosenstiel, 2004), denn im Kern dieser vernachlässigten Disziplin steht die Erforschung des Erlebens und Verhaltens von Kunden. Aufgrund dieser psychologischen Ignoranz widmet sich nur die Betriebswirtschaft und hier speziell das Marketing dem Kunden, und aus deren Blick dominieren eben diejenigen Aspekte, die für den ökonomischen Erfolg relevant sind.

11 Die Beziehung Organisation zu Mitarbeiter

Aus Sicht der Dienstleistungsorganisation kommt den Mitarbeitern im Kundenkontakt ganz besondere Bedeutung zu, da sie an der Grenze der Organisation arbeiten und damit die Verbindung zur Umwelt entscheidend gestalten. Die Organisation muss gezielt auf das „boundary spanning behavior" der Mitarbeiter einwirken, um seine Ziele zu erreichen. Die Steuerung dieses Verhaltens setzt die Kenntnis seiner Funktionen für die Organisation sowie seiner Determinanten voraus, beides wird zunächst beschrieben. Ein Modell der Determinanten des Verhaltens im Kontakt mit Kunden zeigt Ansatzpunkte der Intervention mittels organisationspsychologischer Methoden, zu denen die Auswahl von Mitarbeitern, ihre direkte Führung, gezieltes Training ihres Verhaltens sowie – im Sinne der Beeinflussung ihres Umfeldes – verschiedene organisationale Praktiken wie die Gestaltung der Arbeit und die Erzeugung eines Dienstleistungsklimas zählen. Diese Interventionen der Organisation und der jeweilige Stand der Forschung werden etwas genauer dargestellt.

11.1 Funktionen und Determinanten des Verhaltens im Kontakt mit Kunden

Der Unternehmungserfolg im Dienstleistungsbereich hängt ganz entscheidend vom Verhalten der Mitarbeiter mit Kundenkontakt ab. Ihr Verhalten soll eine Brücke bilden, mit der die Grenze zwischen Organisation und Umwelt überspannt wird. In der Literatur werden drei solcher grenzübergreifenden Funktionen des Kundenkontaktpersonals genannt (Bettencourt & Brown, 2003; Bettencourt, Brown & Mac Kenzie, 2005):

1. *Repräsentationsfunktion:* Kundenkontaktpersonal repräsentiert die Organisation nach außen – insbesondere gegenüber den Kunden – und beeinflusst das Image der Firma und dessen Legitimation, indem es den Wert der Produkte/Dienstleistungen bezeugt und gegenüber den Kunden vertritt;
2. *Marketingfunktion:* Mitarbeiter mit Kundenkontakt können viele Informationen über Kundenbedürfnisse und mögliche Verbesserungen der Dienstleistungen erheben, d.h. sie sind die beste Quelle der Marktforschung;
3. *Qualitätsfunktion:* Die Wahrnehmung der Dienstleistungsqualität und die Kundenzufriedenheit hängen entscheidend vom instrumentellen und sozialen Verhalten des Kundenkontaktpersonals ab.

Demnach lassen sich auch drei Formen des Einflusses dieser Mitarbeiter unterscheiden: Externe Repräsentation, interner Einfluss und Erstellen der Dienstleistung. Aus Sicht der Organisation ist entscheidend, wie sich diese Funktionen beeinflussen lassen. Nach den Befunden von Bettencourt et al. (2005) bietet dazu der faire Umgang mit den Mitarbeitern eine Möglichkeit. In einer Studie an 656 Kundenberatern aus den Filialen einer Retail-Bank haben die Autoren die Wirkung wahrgenommener Gerechtigkeit auf diese drei Einflussformen untersucht (vgl. Abbildung 37). Das Erleben von Gerechtigkeit durch die Kundenkontaktmitarbeiter wurde nach den Formen der distributiven, der prozeduralen und der interaktiven Gerechtigkeit differenziert (vgl. Folger & Cropanzano, 1997).

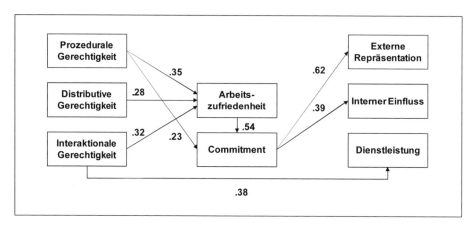

Abbildung 37: Der Einfluss der Gerechtigkeitsformen auf die Boundary-Spanning-Funktionen von Kundenkontaktmitarbeitern (nach Bettencourt et al., 2005); alle Pfade sign. für p = .05

Nach Meinung von Bettencourt et al. (2005) sollten die Formen der Gerechtigkeit nicht direkt auf die Erfüllung der Boundary-Spanning-Funktionen wirken, sondern vermittelt über die Einstellung zur Arbeit und zur Organisation, d.h. über die Arbeitszufriedenheit und die Bindung (Commitment) an die Organisation. Das konnten sie in ihrer Untersuchung annähernd bestätigen. Die Autoren haben Kundenberater einer Bank untersucht, wobei für alle drei Formen der Gerechtigkeit ein großer Einfluss auf die Arbeitszufriedenheit nachzuweisen war – demnach reagieren die Berater auf jede Form der (Un-)Gerechtigkeit mit (Un-)Zufriedenheit. Darüber hinaus findet sich auch ein direkter Pfad von der erlebten prozeduralen Gerechtigkeit zum Commitment. Das ist insofern plausibel, als sich prozedurale Gerechtigkeit ja auf die Wahrnehmung organisationaler Prozesse bezieht, wogegen die beiden anderen Formen stärker mit dem Erleben des Vorgesetzten verbunden sind (der als Teil der Arbeit wahrgenommen wird).

Den wichtigsten Einfluss auf das Commitment übt jedoch die Arbeitszufriedenheit aus – sind Berater mit der Arbeit zufrieden – u.a. weil sie gerecht behandelt werden – fühlen sie sich auch stärker an die Organisation gebunden. Vermittelt über Arbeitszufriedenheit und Commitment wirken die Formen der Gerechtigkeit auf die externe Repräsentation und den internen Einfluss (die Erfüllung der Marktforschungsfunktion). Die Tätigkeit, das konkrete Verrichten der Dienstleistung, wird dagegen direkt durch interaktionale Gerechtigkeit beeinflusst – ein Zusammenhang, den die Autoren so nicht erwartet hatten. Demnach ist das Verhalten des Vorgesetzten in der Interaktion mit dem Mitarbeiter besonders wichtig für das Verhalten des Mitarbeiters gegenüber dem Kunden.

Dass sich die übrigen Wirkungen nur indirekt, vermittelt über ihren Einfluss auf das Commitment zeigen, ist ebenfalls aufschlussreich. Wer an der Grenze der Organisation arbeitet, steht auch unter dem Einfluss von Organisationsfremden (Kunden); wer sich der Organisation verbunden fühlt, erfüllt auch angesichts dieses Einflusses seine Aufgaben im Sinne der Organisation. Demnach wird ein Verhalten des boundary spanning u.a. im Austausch für gerechte Behandlung durch die Organisation und besonders durch die Führungskräfte gezeigt.

Mit gerechtem Führungsverhalten ist *ein* Ansatzpunkt der Beeinflussung aufgezeigt. Allgemein betrachtet muss zur Steuerung des Mitarbeiterverhaltens an den Bedingungen dieses Verhaltens angesetzt werden. Die wichtigsten Determinanten des Verhaltens im Kontakt mit den Kunden und Ansätze der Steuerung durch organisationspsychologisch fundierte Interventionen sind in Abbildung 38 veranschaulicht.

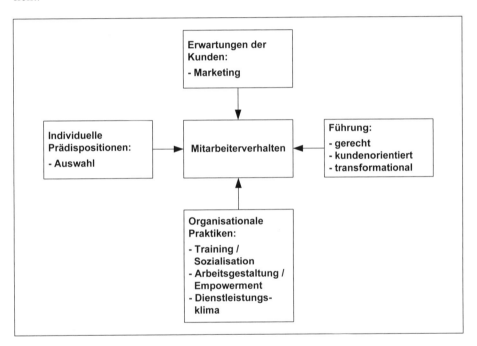

Abbildung 38: Determinanten des Verhaltens im Kontakt mit den Kunden

Wie bereits dargestellt, wirken auf das Verhalten der Mitarbeiter die Erwartungen und das konkrete Verhalten der *Kunden* im direkten Kontakt. Da die Erwartungen und das Verhalten der Kunden auch durch alle Maßnahmen des Dienstleistungsmarketing beeinflusst werden, wirken diese Aktionen der Organisation vermittelt über das Verhalten der Kunden in der Interaktion zurück auf den Mitarbeiter (Bruhn & Georgi, 2005; Meffert & Bruhn, 2009). Darüber hinaus hat natürlich die *Persönlichkeit* des Mitarbeiters – seine individuelle Prädisposition zum Kundenservice – Auswirkungen auf sein Verhalten. Für die Beziehung Organisation zu Mitarbeiter ist diese Determinante mit Blick auf die Auswahl interessant, denn im Rahmen der

Auswahl von Mitarbeitern wird versucht, für die Kontaktsituation geeignete Bewerber zu ermitteln. War die Auswahl erfolgreich und wurden Mitarbeiter eingestellt, die aufgrund ihrer Persönlichkeit für diese Tätigkeit geeignet sind, müssen sie in ihrer Aufgabe angeleitet werden. Das ist die Aufgabe der direkten *Führung*. Der Vorgesetzte sollte sich dabei nicht nur auf Anweisungen und das Überwachen der Ergebnisse beschränken. Da ein entscheidender Teil der Arbeit unabhängig vom Vorgesetzten im direkten Kontakt mit dem Kunden stattfindet, ist es notwendig, dass die Mitarbeiter die von den Vorgesetzten vermittelten Erwartungen an ihr Verhalten verinnerlichen. Dazu tragen Führungskräfte bei, in dem sie ihre Mitarbeiter selbst wie Kunden behandeln, d.h. eine kundenorientierte Führung praktizieren oder – im Sinne transformationaler Führung (Felfe, 2006; Pundt & Nerdinger, 2010) – die Mitarbeiter für ihre Aufgabe begeistern.

Über Auswahl und Führung von Mitarbeitern hinaus findet sich noch eine Reihe von *Praktiken* der Organisation, die entweder versuchen, das Verhalten direkt im erwünschten Sinne zu beeinflussen oder aber indirekt über die gezielte Gestaltung der situativen Bedingungen, die als zentrale Determinanten des Verhaltens wirken (von Rosenstiel & Nerdinger, 2011). Zur direkten Beeinflussung zählt allgemein die *Sozialisation*, ein Begriff, mit dem der Prozess der Vermittlung und des Erwerbs von Kenntnissen, Fertigkeiten, Fähigkeiten, Werthaltungen und Normen beschrieben wird (Nerdinger et al., 2008). Sozialisation hat die Aufgabe, eine Person dazu zu befähigen, die von der Organisation an sie gestellten Handlungsanforderungen zu erfüllen. Diese Aufgabe wird informell von den Kolleginnen und Kollegen übernommen, formelle Sozialisation findet dagegen in Form von Weiterbildung bzw. *Training* statt.

Auf die Wirkungen des Trainings bzw. den Einfluss der Führungskräfte allein vertrauen aber nicht alle Unternehmen, daher werden auch die situativen Bedingungen mit dem Ziel der indirekten Beeinflussung des Verhaltens gestaltet. In Abhängigkeit von der Art der Dienstleistung werden häufiger verschiedene Überwachungssysteme zur Steuerung und Kontrolle des Verhaltens installiert – so lassen sich z.B. die Tätigkeiten von Call-Center-Agenten, aber auch des Personals im Handel durch Aufzeichnung der Gespräche bzw. durch den Einsatz von Videokameras fast vollständig überwachen. Gelegentlich werden auch subtilere Formen der Überwachung angewandt. Rafaeli (1989) hat beobachtet, dass Angestellte in Supermärkten, die uniforme Arbeitskittel und Namensschilder tragen, freundlicher zu Kunden sind – sie häufiger anlächeln und grüßen – als individuell gekleidete Angestellte. In diesem Fall übernehmen die Kunden gewissermaßen die Überwachungsfunktion – das Namensschild signalisiert, dass Dienstleister mit regelwidrigem Verhalten eindeutig identifizierbar sind. Aus diesem Wissen heraus sind die Mitarbeiter stärker geneigt, das gewünschte Verhalten zu zeigen. Zu den Überwachungssystemen können noch weitere indirekte Methoden der Steuerung des Verhaltens gezählt werden wie z.B. Belohnungssysteme (Jensen, 2008), die über die Beeinflussung der extrinsischen Motivation der Dienstleister ihre steuernde Wirkung entfalten (Nerdinger, 2006).

Die organisationalen Praktiken mit stärker überwachendem Charakter werden aufgrund der eher dünnen Forschungslage im Folgenden ausgespart und stattdessen abschließend noch einige intensiver untersuchte Praktiken dargestellt: dazu zählt die

Arbeitsgestaltung, die am Beispiel des Empowerment diskutiert wird, und die gezielte Entwicklung des Dienstleistungsklimas.

11.2 Interventionsmöglichkeiten aus Sicht der Organisation

11.2.1 Auswahl

Stehen für eine Position mit Kundenkontakt mehrere Bewerberinnen und Bewerber zur Verfügung, so stellt sich das Problem der Auswahl derjenigen, die für die zu erfüllenden Aufgaben am besten geeignet sind. Für das (Dienstleistungs-)Unternehmen ist das eine äußerst wichtige Aufgabe, denn Fehlbesetzungen sind immer mit hohen direkten Kosten verbunden (Schuler, 2000). Bei Dienstleistungen und allen Tätigkeiten mit Kundenkontakt haben Fehlentscheidungen darüber hinaus hohe indirekte Kosten in Form unwägbarer Folgen für die Kundenbindung und das Image des Unternehmens. Das ist zum einen auf die Repräsentationsfunktion – wenn sich Mitarbeiter im Kundenkontakt nicht angemessen verhalten, fällt das auf das Unternehmen zurück – und auf die Qualitätsfunktion (i.S. geringer Qualität des Service) zurückzuführen. Beide Funktionen werden von ungeeigneten Mitarbeitern nicht angemessen erfüllt. Aber auch die höhere Fluktuation als Folge ungenügender Auswahlprozesse hat darauf Einfluss. Angesichts der großen Bedeutung der Auswahl geeigneter Mitarbeiter ist es erstaunlich, wie wenig Forschung zu diesem Thema bislang publiziert wurde (Ryan & Ployhart, 2003). Die Mehrzahl der Veröffentlichungen hat sich der Frage gewidmet, welche Persönlichkeitsmerkmale mit exzellentem Service korrelieren und durch welche psychologischen Tests diese Merkmale messbar sind. Der Stand der Forschung zur Persönlichkeit von Dienstleistern wurde bereits im Kapitel 6.1 diskutiert, deshalb wird im Folgenden nur kurz die Auswahl durch persönlichkeitsbasierte Tests beschrieben. Eine so betriebene Auswahl kann auch als gezielter Aufbau von Humankapital betrachtet werden. Dessen ökonomische Bedeutung wird anschließend kurz beleuchtet.

11.2.1.1 Persönlichkeitsbasierte Tests

Unter einem psychologischen Test wird ein „standardisiertes, routinemäßig anwendbare Verfahren zur Messung individueller Verhaltensmerkmale, aus denen Schlüsse auf Eigenschaften der betreffenden Person oder ihr Verhalten in anderen Situationen gezogen werden können" (Schuler & Höft, 2006, S. 104), verstanden. Viele dieser Tests sollen psychologische Konstrukte messen wie z.B. allgemeine Intelligenz, Konzentrationsvermögen, Persönlichkeitsmerkmale wie sie mit dem bereits erwähnten Fünf-Faktoren-Modell beschrieben werden oder auch beruflich relevante Motive wie das Leistungs- und das Machtmotiv. Aus den Ergebnissen solcher Tests wird im ersten Schritt auf eine nicht unmittelbar beobachtbare, für eine Person stabile und zwischen Personen variierende Eigenschaft geschlossen. Zum Beispiel werden aus den Richtiglösungen in einem Intelligenztest Rückschlüsse auf den stabilen Ausprägungsgrad der individuellen Intelligenz gezogen. Darauf folgt ein Schluss von der Höhe der individuellen Ausprägung des Personenmerkmals auf die Höhe des zu erwartenden beruflichen Erfolges dieser Person in der späteren Arbeitstätigkeit (vgl. Nerdinger et al., 2008).

Einzelne Persönlichkeitsmerkmale korrelieren nur relativ schwach mit der – von Vorgesetzten oder Kunden eingestuften – Leistung der Kundenkontaktmitarbeiter. Der stärkste Prädiktor dieser Leistung ist eine Kombination von Persönlichkeitsmerkmalen, zu denen u.a. die *Dienstleistungsorientierung* (Hogan et al., 1984) zählt. Dienstleistungsorientierung als Persönlichkeitsmerkmal lässt sich mit einem pschologischen Test, der aus Skalen des Hogan Personality Inventory (HPI; vgl. Hogan et al., 1984) besteht, erfassen. Eine Möglichkeit der Auswahl von Dienstleistern läge also in der Anwendung dieser Skalen oder vergleichbarer, dienstleistungsspezifisch entwickelter Tests (vgl. Ones & Viswesvaran, 2001). Da das dabei zugrunde gelegte Konzept der Dienstleistungsorientierung – als ein Syndrom von Persönlichkeitsmerkmalen – letztlich wenig anderes beschreibt als das allgemeine Konzept der sozialen Kompetenz, könnten auch die gängigen Instrumente zur Erfassung dieses Merkmals bei der Auswahl von Mitarbeitern für Tätigkeiten im Kundenkontakt verwendet werden (zum Überblick: Bastians & Runde, 2002). Denselben Zweck – wenn auch mit geringerer Erfolgsaussicht – erfüllen Fragebögen zur Erfassung des Fünf-Faktoren-Modells (z.B. Borkenau & Ostendorf, 2008), da zwei der damit erfassten fünf Persönlichkeitsfaktoren – Gewissenhaftigkeit und Offenheit für Erfahrung – in relativ enger Beziehung mit dem beruflichen Erfolg in Dienstleistungstätigkeiten stehen (Mount et al., 1998). Neurotizismus wiederum kann den Einsatz von Oberflächenhandeln als Strategie der Emotionsarbeit erklären (Diefendorff et al., 2005). Oberflächenhandeln hat negative Wirkungen auf das Wohlbefinden der Dienstleister und die von den Kunden wahrgenommene Kundenorientierung des Dienstleisters (vgl. Kapitel 6.5.2). Durch die Berücksichtigung dieses Persönlichkeitsmerkmals bei der Auswahl kann auch die im Kundenkontakt eingesetzte Strategie der Emotionsarbeit beeinflusst werden.

Allerdings muss einschränkend gesagt werden, dass Persönlichkeitsmerkmale vermutlich nicht für alle Tätigkeiten mit Kundenkontakt die gleiche Bedeutung haben. Während sie z.B. für Kundenberater einer Bank sehr wichtig sind, spielen sie – extrem betrachtet – für Mitarbeiter an der Theke eines Fast-Food-Restaurants vermutlich gar keine Rolle. Nach Hurley (1998) ist die Persönlichkeit des Mitarbeiters von großer Bedeutung, wenn für den Erfolg der Tätigkeiten eine positive Beziehung zum Kunden entscheidend ist und die Kosten eines Unternehmenswechsels für den Kunden gering sind – daher wird sich für solche Tätigkeiten eine Personalauswahl auf der Basis von Persönlichkeitstests anbieten. In anderen Fällen ist die Persönlichkeit weniger wichtig für den Erfolg und entsprechend sollten andere Auswahlstrategien gewählt werden.

In allen Dienstleistungen ist dagegen die *Einstellung* der Mitarbeiter zum Kunden im Sinne der Kundenorientierung wichtig. Saxe und Weitz (1982; vgl. Nerdinger, 2007b) haben mit Blick auf Verkäufer ein Instrument zur Erfassung dieser Einstellung entwickelt. Mit der von ihnen konstruierten SOCO-Skala werden zwei Verkaufsstile erfasst, die Verkaufsorientierung (selling orientation) und die Kundenorientierung (customer orientation). *Kundenorientierung* beschreibt eine Einstellung, die auf langfristige Kundenzufriedenheit zielt und jede Unzufriedenheit des Kunden zu vermeiden sucht. Inhaltlich überschneidet es sich mit dem Konzept der Dienstleistungsorientierung von Hogan et al. (1984), vor allem im Aspekt der Einfühlung in den Kunden und der Sensitivität. Mit *Verkaufsorientierung* wird dagegen eine Einstellung erfasst, die allein auf den Verkaufsabschluss zielt. Die Bedeutung dieser unterschiedlichen Orientierungen ist mittlerweile gut dokumentiert, wobei sich enge Zusammenhänge mit der Verkaufsleistung finden (vgl. zusammenfassend Nerdinger, 2007b). Das bietet die Grundlage für die Auswahl von Verkäufern auf der Basis dieses oder ähnlicher Tests.

Neben solchen Tests zur Erfassung der Einstellung von Bewerbern wurden noch eine Reihe anderer Verfahren entwickelt, die eine direkte Erfassung der Fähigkeiten im Umgang mit Kunden ermöglichen (sollen). Dazu zählen *Situationsbeurteilungstests* (situational judgment tests; SJTs), bei denen Bewerbern Situationen aus der Arbeit präsentiert werden und diese angeben müssen, wie sie sich in solchen Situationen verhalten würden. Die Validität solcher Tests ist aber nach bislang vorliegenden Ergebnissen im Dienstleistungsbereich nicht sehr hoch (Ryan & Ployhart, 2003). Dagegen weisen *film- bzw. videogestützte Verfahren* deutlich bessere Validitäten auf. Das Vorgehen bei solchen Verfahren sei an einem Beispiel verdeutlicht. Schuler, Diemand und Moser (1993) haben für den Bankbereich ein Verfahren entwickelt, mit dem sich wichtige Aspekte der sozialen Kompetenz, d.h. der Fähigkeit zum erfolgreichen Umgang mit anderen Menschen (vgl. Kanning, 2009) erfassen lassen. Die Autoren haben aus einer Reihe von Filmen, die für Trainingszwecke produziert wurden, elf Ausschnitte ausgewählt. Im Anschluss an jede Filmsequenz erscheint für eineinhalb Minuten ein Standbild mit zwei Fragen, die von Bewerbern zu beantworten sind. Zur Erfassung von Kundenorientierung wird z.B. folgende Szene gezeigt:

„Ein etwas unkonventionell gekleideter junger Mann will von einer Kundenberaterin nähere Informationen haben, um einen Kredit für seinen Urlaub aufnehmen zu können. Die Beraterin reagiert hierauf zunächst erstaunt, berät aber dann den Kunden. Daraufhin erscheinen folgende zwei Aufgaben am Bildschirm: ‚Beschreiben Sie das Verhalten der Beraterin!' und ‚Wie könnte sich die Beraterin besser verhalten?'".

Durch die erste Frage wird geprüft, ob die Bewerber die entscheidenden sozialen Hinweisreize erkennen, d.h. damit wird die soziale Wahrnehmungsfähigkeit als wesentliches Merkmal sozialer Kompetenz erfasst. Die zweite Frage ermöglicht Rückschlüsse auf das Verhalten bei der Begegnung mit Kunden – das reale Verhalten der Bewerber in ähnlichen Situationen kann damit natürlich nicht direkt gemessen werden. Da aber niemand in der Lage sein dürfte, ein Verhalten zu beschreiben, das ihm völlig unbekannt ist, sollten die Antworten valide Hinweise auf das eigene Verhalten in solchen Situationen geben. Die Antworten werden über eine Checkliste ausgewertet, d.h. im Vorfeld werden Listen mit möglichen Antworten erstellt, die dann von den Beobachtern nur noch abgehakt werden (vgl. Schuler et al., 1993).

Film- oder videogestützte Verfahren der Personalauswahl können die Einschätzung der Leistung durch die Kunden gut prognostizieren, zudem haben sie eine hohe Akzeptanz bei den Bewerbern, die solche Test gewöhnlich als realistisch und interessant erleben. Allerdings müssen diese Verfahren speziell für die Bedürfnisse des jeweiligen Unternehmens entwickelt und auf ihre Messqualitäten geprüft werden, was mit sehr großem Aufwand verbunden ist. Beim Einsatz psychologischer Testverfahren ist zudem zu beachten, dass die auf diesem Wege gewonnenen Informationen nicht allein über die Auswahl entscheiden sollten (Nerdinger et al., 2008). Mit Tests wird die Persönlichkeit der Bewerber erfasst und überprüft, ob sie die grundlegenden Voraussetzungen für das im Kontakt mit den Kunden erwartete Verhalten mitbringen. Ziel der Auswahl muss es aber sein, diejenigen unter den Bewerbern herauszufinden, die für die speziellen Aufgaben des Unternehmens und die besonderen Anforderungen im Markt geeignet sind. Dafür bieten sich Assessment-Center (AC) bzw. einzelne Übungen aus ACs als Auswahlverfahren an (vgl. zu solchen Übungen Höft & Funke, 2006).

Allgemein ist festzustellen, dass eine wissenschaftlich fundierte Personalauswahl die Wahrscheinlichkeit, geeignete Bewerber zu ermitteln, sehr deutlich erhöht (Schuler, 2002). Die wenigen Studien, die speziell auf die Auswahl im Dienstleistungsbereich zielen, bestätigen diese Aussage. Werden geeignete Bewerber ausgewählt, so hat dies auch große ökonomische Bedeutung, speziell im Dienstleistungsbereich.

11.2.1.2 Die ökonomische Bedeutung der Auswahl

Die Auswahl von Mitarbeitern hat aus verschiedenen Gründen einen zentralen Stellenwert für den ökonomischen Erfolg (vgl. Schuler, 2002). So wirkt die Wahrnehmung der Mitarbeiter durch die Kunden auf deren Einschätzung der Dienstleistungsqualität. Hausknecht, Howard und Trevor (2009) haben diese Hypothese indirekt belegt, indem sie den Zusammenhang zwischen der freiwilligen Fluktuation in Einheiten von Dienstleistungsunternehmen mit der von Kunden wahrgenommenen Dienstleistungsqualität ermittelt haben. Die von Kunden wahrgenommene Dienstleistungsqualität sinkt demnach bei steigender Fluktuationsrate der Mitarbeiter mit Kundenkontakt. Das gilt besonders für große Geschäftseinheiten, bei denen die Dienstleistungsqualität besser wahrgenommen wird.

Daneben finden sich auch direkte Zusammenhänge zwischen der Qualität der Auswahl von Mitarbeitern und dem ökonomischen Erfolg des Unternehmens. In einer nicht nur methodisch interessanten Untersuchung haben Ployhart, Weekley und Ramsey (2009) die aggregierte Dienstleistungsorientierung der Kundenkontaktmitarbeiter als Humankapital des Dienstleistungsunternehmens betrachtet. Als *Humankapital* definieren sie das über eine betriebliche Einheit aggregierte individuelle Wissen sowie die Fähigkeiten und Fertigkeiten der Mitarbeiter. Die von den Autoren untersuchte, große amerikanische Einzelhandelskette wählt ihre Kundenkontaktmitarbeiter u.a. anhand einer eignungsdiagnostischen Testbatterie aus, wobei die Ergebnisse auf den Persönlichkeitsfaktoren emotionale Stabilität, Verträglichkeit, Gewissenhaftigkeit sowie schulischer Erfolg und die Ergebnisse eines Situationsbeurteilungstests (SJT) zu einem Wert der Dienstleistungsorientierung verrechnet werden. Mit dem Konzept der *Dienstleistungsorientierung* erfassen die Autoren also diejenigen Persönlichkeitsmerkmale, die eine notwendige Grundlage für eine erfolgreiche Tätigkeit im Kundenkontakt bilden. Der über eine ganze geschäftliche Einheit aggregierte Wert stellt ein Maß des Humankapitals dar.

Die Ergebnisse, die 114.198 Angestellte der Einzelhandelskette bei der Einstellung in dieser Testbatterie erzielt hatten, wurden über 1.255 betriebliche Einheiten –

Einzelhandelsläden in praktisch allen US-amerikanischen Staaten – aggregiert und somit ein Wert für das Humankapital jedes Einzelhandelladens ermittelt. Nach Meinung der Autoren sollte dieses Humankapital mit dem ökonomischen Erfolg des jeweiligen Ladens zusammenhängen. Jeder Laden sollte eine kritische Masse an Humankapital benötigen, um seinen ökonomischen Erfolg zu sichern. Da aber im Einzelhandel eine sehr hohe Fluktuation besteht, ist dieser kritische Wert des Humankapitals über die Zeit hinweg großen Schwankungen ausgesetzt. In Anlehnung an die Ressourcentheorie (Pfeffer & Salancik, 1978), die zur Erklärung von Wettbewerbsvorteilen entwickelt wurde, gehen die Autoren davon aus, dass die Veränderung im Humankapital mit den Änderungen der Effektivität der Geschäftseinheiten einhergeht.

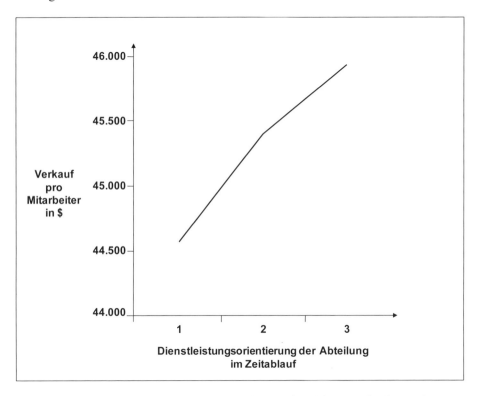

Abbildung 39: Beziehung zwischen der aggregierten Dienstleistungsorientierung (Humankapital) und den vorhergesagten Verkäufen pro Mitarbeiter (nach Ployhart et al., 2009)

Zur Überprüfung dieser Hypothese haben die Autoren über drei Geschäftsperioden hinweg den Wert des Humankapitals – gemessen an den durchschnittlichen Werten, die von den jeweils aktuell beschäftigten Mitarbeitern bei ihrer Einstellung in der Testbatterie erzielt wurden – in den 1.255 Einheiten erhoben. Außerdem wurden objektive ökonomische Effektivitätskriterien für diese drei Perioden erfasst, u.a. die Verkäufe pro Mitarbeiter (ein von der Fluktuation unabhängiges Maß). Abbildung 39 zeigt den Zusammenhang zwischen den beiden Maßen, wobei der Wert des Humankapitals jeweils eine Geschäftsperiode vor dem Wert der Verkäufe pro Mitarbeiter erhoben wurde.

Demnach führt eine Zunahme der Dienstleistungsorientierung einer Abteilung zu einer substanziellen Steigerung der Verkäufe pro Mitarbeiter. Die Zunahme in der Dienstleistungsorientierung erklärt 4% der Zunahme in den Verkäufen pro Mitarbeiter (in Abbildung 39 sind alle Kontrollvariablen, die ebenfalls Einfluss auf die vorhergesagten Verkäufe pro Mitarbeiter haben, konstant gehalten). Das über die Werte im Einstellungstest aggregierte Humankapital einer Dienstleistungseinheit ist eine wichtige ökonomische Ressource, die Änderungen im Ergebnis der Geschäftseinheiten bewirken kann. Diese Aussagen sind umso bemerkenswerter, als aufgrund der Anlage der Studie alle Einflüsse der Unterschiede zwischen Organisationen und Geschäftseinheiten ausgeschlossen sind und die Einflüsse der Personalpolitik konstant gehalten wurden. Zudem sind die Ergebnisse aufgrund der hohen Validität der Daten und der großen Stichprobe sehr aussagekräftig – das in den Persönlichkeitsmerkmalen der Mitarbeiter „eingelagerte" Humankapital bildet eine zentrale Ressource des ökonomischen Erfolgs. Diese Ressource kann bereits bei der Auswahl von Mitarbeitern in Form geeigneter Testbatterien gemessen werden. Da in dieser Studie relativ einfache Tätigkeiten im Einzelhandel untersucht wurden, ist dieser Zusammenhang umso bemerkenswerter – somit lohnt sich eine psychologisch-fundierte Auswahl von Mitarbeitern mit dem Ziel, durchgängig ein hohes Humankapital im Sinne der Persönlichkeitsmerkmale, des Wissens und der Fähigkeiten der Mitarbeiter vorzuhalten, (auch) für einfachere Tätigkeiten, wie sie im Einzelhandel vorherrschen.

11.2.2 Führung

Führung ist die bewusste und zielbezogene Einflussnahme auf Menschen (von Rosenstiel & Nerdinger, 2011). Der Erfolg der Führung wird gewöhnlich an der Leistung bzw. dem Leistungsverhalten (performance) der Mitarbeiter gemessen, die in der Regel über Beurteilungen durch die Vorgesetzten erhoben wird. Im Dienstleistungsbereich wird die Leistung der Mitarbeiter im Kundenkontakt auch häufig über die Kundenzufriedenheit oder die wahrgenommene Dienstleistungsqualität aus Sicht der Kunden erfasst. Die Optimierung der Leistung durch Führung ist aber nur eine Seite, Führung soll auch der Zufriedenheit der Mitarbeiter dienen. Das hat ethische Gründe, im Dienstleistungsbereich ist aber auch spätestens seit den Studien von Schneider zum Dienstleistungsklima (Schneider et al., 1980; vgl. zusammenfassend Schneider et al., 2000) und der Entwicklung der Service-Profit-Chain bekannt, dass die Mitarbeiterzufriedenheit eng mit der Kundenzufriedenheit korreliert (Nerdinger, 2003b; Gerpott & Paukert, 2011).

Dass der Personalführung gerade im Dienstleistungsbereich besonders hohe Bedeutung zukommt, ist allgemein anerkannt. Da Kundenkontaktmitarbeiter an der Grenze der Organisation arbeiten, müssen sie ihren Vorgesetzten vertrauen können – erst dadurch gewinnen sie die nötige Sicherheit für das Verhalten in der persönlichen Interaktion mit dem Kunden. Das belegt exemplarisch eine Untersuchung an 176 Friseuren und ihren 14 Vorgesetzten (Madjar & Ortiz-Walters, 2009). Das *Vertrauen* in den Vorgesetzten erwies sich als ein wesentlicher Prädiktor sowohl der routinemäßig gezeigten Leistung als auch des kreativen Verhaltens der Friseure. Vertrauen *in den Vorgesetzten* erhöht das Gefühl der Sicherheit – hier verstanden als psychologische Sicherheit, d.h. als Gefühl, sich ohne Furcht vor negativen Konsequenzen in eine Interaktion einbringen zu können –, das für die Arbeit in Form einer riskanten Einwirkung auf das Äußere der Kunden eine wichtige Bedingung darstellt. Vertrauen *in den Kunden* hat dagegen nicht für routinemäßig gezeigte Leistungen, sondern nur für kreatives Verhalten der Friseure Vorhersagekraft – das liegt nahe, denn die Kunden müssen ja in diesem Fall mit den sichtbaren Folgen der Kreativität des Dienstleisters leben.

Zur Erfassung von Führung wurde eine Vielzahl von Konzepten entwickelt (vgl. Neuberger, 2002; von Rosenstiel & Wegge, 2004). Diese können nicht alle hinsichtlich ihrer Bedeutung für Dienstleistungen analysiert werden, dazu liegen auch noch viel zu wenig dienstleistungsspezifische Befunde vor. Vielmehr konzentrieren sich die folgenden Ausführungen auf das Führungs*verhalten* und dabei auf die im Dienstleistungsbereich intensiver untersuchten Konzepte, die Dimensionen des Führungsverhaltens und den transformationalen Führungsstil.

11.2.2.1 Dimensionen des Führungsverhaltens

Die Frage, wie sich das Führungsverhalten beschreiben lässt, wird seit den 50er Jahren des vorigen Jahrhunderts intensiv erforscht (von Rosenstiel & Wegge, 2004). Ausgangspunkt bilden die Ohio-Studien, in deren Rahmen zum ersten Mal ein Fragebogen zur Erfassung des Führungsverhaltens – der Leader Behavior Description Questionnaire (LBDQ; Hemphill & Coons, 1957) – konstruiert wurde. Mit diesem Fragebogen werden zwei Hauptdimensionen des Führungsverhaltens gemessen, die als consideration und initiating structure bezeichnet werden. Consideration erfasst Wärme, Vertrauen, Freundlichkeit, Achtung der Mitarbeiter und wird deshalb als *mitarbeiterorientiertes Verhalten* übersetzt. Mit initiating structure wird die aufgabenbezogene Organisation und Strukturierung, die Aktivierung und Kontrolle der Mitarbeiter gemessen. Daher wird diese Dimension im Deutschen als *aufgabenorientiertes Verhalten* bezeichnet.

Die Wirkung der beiden grundlegenden Dimensionen des Führungsverhaltens wurde in vielen empirischen Untersuchungen überprüft. Nach den Ergebnissen der Metaanalyse von Judge, Piccolo und Ilies (2004) korreliert die Mitarbeiterorientierung des Vorgesetzten stark mit der Zufriedenheit der Mitarbeiter ($\rho = .46$), seine Aufgabenorientierung etwas schwächer mit der Leistung ($\rho = .30$). Das sind insgesamt gesehen beachtliche Zusammenhänge, die aber möglicherweise das Spektrum des Verhaltens von Vorgesetzten im Dienstleistungsbereich noch nicht völlig adäquat beschreiben. Vor allem in Bezug auf die Führung von Mitarbeitern in Kundenkontakt sollten nach Homburg und Stock (2002) diese beiden Dimensionen des Führungsverhaltens allein nicht genügen, um eine entscheidende Größe zu erklären: die Kundenorientierung der Mitarbeiter. Bei Leistungs- und Mitarbeiterorientierung steht nach ihrer Meinung die Interaktion zwischen Vorgesetztem und Mitarbeitern im Zentrum der Betrachtung. Demgegenüber ist es bei der Führung von Mitarbeitern im Kundenkontakt besonders wichtig, die Mitarbeiter im Sinne einer Verbesserung der Interaktion mit dem Kunden zu beeinflussen. Dies versuchen die Autoren mit

Items einer neu entwickelten Skala zum *kundenorientierten* Führungsverhalten zu erfassen (Beispiel-Items: „Mein Vorgesetzter lebt Kundenorientierung vor", „Mein Vorgesetzter fördert kundenorientierte Mitarbeiter in besonderem Maße" oder „Mein Vorgesetzter arbeitet an der Verbesserung der kundenbezogenen Prozesse in seinem Verantwortungsbereich").

Die Bedeutung kundenorientierten Führungsverhaltens wurde in einer Untersuchung an Vertretern von Unternehmen aus dem Business-to-Business-Bereich überprüft. In 124 Telefoninterviews mit Dienstleistern haben die Befragten das Führungsverhalten ihres Vorgesetzten und die eigene Kundenorientierung eingeschätzt. Die drei Dimensionen des Führungsverhaltens erwiesen sich als voneinander relativ unabhängig (Kundenorientierung hat den geringsten Zusammenhang mit den beiden anderen Dimensionen) und alle drei Dimensionen haben Einfluss auf die kundenorientierte Einstellung der Mitarbeiter. Überraschenderweise hat die leistungsorientierte Führung den größten Einfluss auf die Kundenorientierung der Mitarbeiter (β = .52; Mitarbeiterorientierung: β = .21; Kundenorientierung: β = .24; alle Werte sind hochsignifikant, was allerdings auch z.T. auf die gemeinsame Varianzquelle zurückgeht). Leistungsorientierte Führung bedeutet im Kern, dem Mitarbeiter klare Ziele zu setzen und deren Verfolgung konsequent zu kontrollieren. Gerade die für leistungsorientierte Führung kennzeichnende eindeutige Betonung dessen, was zu erreichen ist, vermeidet Rollenambiguität und gibt den Mitarbeitern im Kundenkontakt die notwendige Sicherheit, die kundenorientiertes Verhalten voraussetzt. Allerdings müssen diese Deutungen noch in weiteren empirischen Studien überprüft werden, da die Ergebnisse der Untersuchung von Homburg und Stock nicht zuletzt aufgrund der Beschränkung auf eine Stichprobe von Mitarbeitern nur bedingt verallgemeinerbar sind.

Stock und Hoyer (2002) konnten diese Ergebnisse in einer ähnlich angelegten Untersuchung von 146 Vertriebsmitarbeitern weitgehend bestätigen. Auch in dieser Untersuchung tragen alle drei Dimensionen des Führungsverhaltens signifikant zur Erklärung der Kundenorientierung der Mitarbeiter bei, wobei die Dimension „Aufgabenorientierung" wiederum am wichtigsten ist. Zudem wurden in dieser Studie 256 Kunden der Vertriebsmitarbeiter zu deren Verhalten befragt. Die Bewertungen des Mitarbeiterverhaltens durch die Kunden stehen dabei in signifikantem Zusammenhang mit den von den Mitarbeitern eingestuften Dimensionen des Führungsverhaltens, wobei dieser Zusammenhang durch die kundenorientierte Einstellung der Mitarbeiter vermittelt wird.

Der plausible und in der Praxis häufig vertretene Gedanke, dass Führungskräfte ein Vorbild (ein Rollenmodell) für die Mitarbeiter mit Kundenkontakt sein sollen, konnte zumindest in diesen Untersuchungen nur bedingt untermauert werden. Vielmehr scheint die Vermeidung von Rollenambiguität durch eindeutige Zielsetzungen hilfreicher bei der Entwicklung kundenorientierter Einstellungen und Verhaltensweisen. Daher wurde in den letzten Jahren die Dimension kundenorientierten Führungsverhaltens kaum noch untersucht. Stattdessen rückte – in Verbindung mit der „Wiederentdeckung" der Bedeutung charismatischer Führer (vgl. dazu Nerdinger et al., 2008) – eine andere Dimension des Führungsverhaltens in das Zentrum des Interesses, das transformationale Führungsverhalten (vgl. Felfe, 2006).

11.2.2.2 Transformationale Führung von Dienstleistern

Die kometenhafte Karriere des Konzepts *transformationale Führung* in der wissenschaftlichen Forschung ist vor dem Hintergrund gesellschaftlicher und ökonomischer Veränderungen zu sehen. Seit einiger Zeit haben sich die Anforderungen an Führung erkennbar gewandelt. Verantwortlich dafür sind die geänderten Bedingungen auf den Märkten ebenso wie die neuen, schlankeren Strukturen in den Unternehmen (Nerdinger, 2003b). Unter solchen Bedingungen wird eine Form des Führungsverhaltens immer wichtiger, das letztlich darauf zielt, den Mitarbeitern in der Arbeit Sinn zu vermitteln. Das ist der Kern des Konzepts der transformationalen Führung, das auf den amerikanischen Politikwissenschaftler Burns (1978) zurückgeht. Burns hat zwei Arten der Führung unterschieden, die er als transaktionale bzw. transformationale Führung bezeichnet.

Transaktionale Führung beruht auf dem lerntheoretischen Prinzip der Verstärkung. Die Logik ist einfach: Ist der Mitarbeiter erfolgreich, wird er belohnt, Zielverfehlung dagegen wird bestraft (vgl. Neuberger, 2002). Zu diesem Zweck muss die Führungskraft sowohl den Weg, den die Mitarbeiter bei der Verfolgung ihrer Ziele einschlagen, als auch die Zielerreichung kontrollieren. Ausdruck eines solchen Verhaltens ist zum einen das sogenannte Management by Exception, bei dem der Führende sich solange nicht in die Arbeit der Mitarbeiter einmischt, als keine Ausnahme (exception) vorliegt. Zum anderen zählt dazu die bedingte (kontingente) Belohnung – für bestimmte, genau definierte Leistungen des Mitarbeiters bietet die Führungskraft eine festgelegte Gegenleistung (Entgelt, Lob, Aufstieg etc.). Das gewährleistet, dass sich der Mitarbeiter im Rahmen des Vereinbarten anstrengt und ermöglicht der Führungskraft eine verlässliche Planung.

Transformationale Führung setzt bei der normalen Anstrengung der Mitarbeiter an und erhöht – d.h. transformiert – sie zu einer Extra-Anstrengung. Dabei kommen im Wesentlichen vier Techniken zum Einsatz, die zusammen transformationale Führung ausmachen:
1. *Idealisierter Einfluss* (Charisma): Einsatz von Symbolen und emotionale Appelle steigern das Bewusstsein für die angestrebten Ziele;
2. *Inspirierende Motivierung*: Vermitteln die Führungskräfte den Mitarbeitern erreichbare Missionen und bieten stimulierende Visionen an, fassen diese Vertrauen und eifern ihnen nach;
3. *Intellektuelle Stimulierung*: Die Mitarbeiter werden dabei unterstützt, die eigenen Werte, Überzeugungen und Erwartungen, wie die der Führenden und der Organisation, in Frage zu stellen;
4. *Individualisierte Behandlung*: Der Führende berücksichtigt die Bedürfnisse der Mitarbeiter und kümmert sich darum, dass diese die beruflichen Herausforderungen bewältigen können.

Die Wirkung der so verstandenen transformationalen Führung ist in den letzten Jahren auch auf die Erklärung der Leistung bzw. der Leistungsergebnisse von Kundenkontaktmitarbeitern übertragen worden (zur Verbesserung *interner* Serviceorientierung durch transformationale Führung vgl. Pundt & Nerdinger, 2010). Herz, Beck und Felfe (2009) haben den Zusammenhang zwischen transformationaler Führung und Kundenzufriedenheit an insgesamt 233 Mitarbeitern verschiedener Unternehmen, die den Führungsstil ihres jeweiligen Vorgesetzten eingestuft haben, und 1.463 ihrer Kunden untersucht. Die Kunden haben ihre Zufriedenheit mit verschiedenen Aspekten der Dienstleistung eingestuft. Die Autoren können in ihrer Querschnittstudie zunächst belegen, dass die wichtigste Komponente der Kundenzufriedenheit die Interaktion mit dem Dienstleister ist – sie ist nach den Befunden dieser Studie sehr viel wichtiger als die Zufriedenheit mit dem Produkt bzw. mit der Kern-Dienstleistung. Mit diesem Aspekt der Kundenzufriedenheit korreliert die von den Mitarbeitern eingestufte transformationale Führung in ihrer Abteilung. Der Zusammenhang zwischen transformationaler Führung und Kundenzufriedenheit mit der Interaktion wird vollständig durch das affektive Commitment der Mitarbeiter vermittelt. Demnach führt transformationale Führung durch die Vorgesetzten bei ihren Mitarbeitern zu einer affektiven Bindung an die Organisation. In dem Maße, in dem sich die Mitarbeiter emotional an das Unternehmen gebunden fühlen, sind ihre Kunden mit der Interaktion mit diesen Mitarbeitern zufrieden. Das Gefühl der Bindung an die Organisation überträgt sich auf das Verhalten der Mitarbeiter in der Interaktion mit den Kunden und hat positive Wirkungen auf die Wahrnehmung der Kunden.

Die Wirkung transformationalen Führungsverhaltens auf das Dienstleistungsverhalten der Mitarbeiter haben Liao und Chuang (2007) in einer sehr aufwendigen Untersuchung an 420 Friseuren und 110 ihrer Führungskräfte bestätigt. Dabei haben die Mitarbeiter deren transformationales Führungsverhalten sowie ihre affektive Bindung an die Organisation, ihre Arbeitszufriedenheit und ihr Gefühl der Selbstwirksamkeit (das aufgabenspezifische Selbstvertrauen) eingeschätzt. Die Vorgesetzten beurteilten das Serviceverhalten der Mitarbeiter anhand vorgegebener Skalen, insgesamt 715 Kunden der Friseure haben neun Monate später u.a. angegeben, ob sie die Dienstleistung wieder in Anspruch nehmen wollen bzw. ob sie sich als langfristige Kunden des Unternehmens bezeichnen (Kundenloyalität). Wie die Ergebnisse belegen, wirkt transformationale Führung auf die Mitarbeiter ein und beeinflusst deren Selbstwirksamkeit, ihr affektives Commitment und die Arbeitszufriedenheit positiv. Diese Merkmale hängen wiederum mit dem Dienstleistungsverhalten der Mitarbeiter zusammen. Das Dienstleistungsverhalten hat positive Wirkungen auf die von den Kunden eingeschätzten Ergebnisse, vor allem die Intention, dem Unternehmen treu zu bleiben und die Zahl der langfristig gebundenen Kunden.

Eine noch zentralere Bedeutung weisen Wieseke, Ahearne, Lam und van Dick (2009) dem transformationalen Führungsverhalten in ihrer Untersuchung zu. Sie gehen von der Frage aus, welche Rolle Führungskräfte bei der Umsetzung des internen Marketings im Unternehmen spielen. Unter *internem Marketing* wird der Versuch verstanden, Marketing als Denkhaltung im Unternehmen durchzusetzen, um die marktorientierten Unternehmensziele besser zu erreichen – letztlich soll also jeder Mitarbeiter vom Markt (vom Kunden und seinen Bedürfnissen) her denken (vgl. Bruhn, 1999). Nach Meinung von Wieseke et al. (2009) interagiert transformationale Führung auf verschiedenen Ebenen der Organisation mit der organisationalen Identifikation der jeweils Geführten und bewirkt auf diesem Wege eine Übernahme kundenorientierter Werte und ein entsprechendes Verhalten im ganzen Unternehmen. Unter *organisationaler Identifikation* (OI) wird die Wahrnehmung, der Wert und die emotionale Bedeutung der Einheit des Mitarbeiters mit seinem Unternehmen verstanden (vgl. van Dick, 2003). Die organisationale Identifikation der höheren

Vorgesetzten sollte sich in Abhängigkeit vom Grad ihrer transformationalen Führung auf die untergebenen Führungskräfte übertragen, deren OI soll sich in Abhängigkeit von ihrem transformationalen Führungsverhalten auf die Kundenkontaktmitarbeiter übertragen. Das OI der Kundenkontaktmitarbeiter beeinflusst ihre Leistung, d.h. ihr Verhalten im Kundenkontakt. Die Leistung der Kundenkontaktmitarbeiter wirkt auf den finanziellen Erfolg der Geschäftseinheit (wobei die Autoren als zentralen Mechanismus bei der Übertragung des OI Prozesse der emotionalen Ansteckung vermuten). In zwei Studien – in einem amerikanischen Pharma-Unternehmen und einer deutschen Reisebüro-Kette – wurden die wesentlichen Annahmen bestätigt (vgl. Abbildung 40).

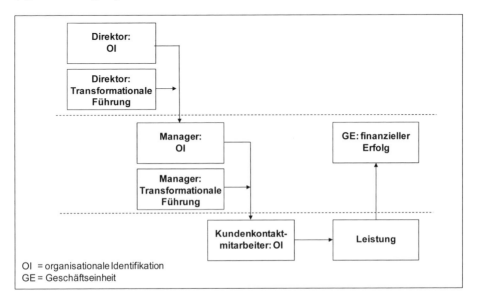

Abbildung 40: Die Wirkungskette transformationaler Führung (nach Wiesecke et al., 2009)

Kundenkontaktmitarbeiter, die sich mit dem Unternehmen identifizieren, erzielen höhere Verkaufserlöse und arbeiten effektiver. Identifizieren sich die Manager – die direkten Vorgesetzten der Dienstleister einer Geschäftseinheit – stark mit dem Unternehmen, dann identifizieren sich auch die von ihnen transformational geführten Kundenkontaktmitarbeiter stark mit dem Unternehmen. Ein besonders wichtiger Befund ist aber folgender: Identifizieren sich transformational führende Manager *nicht* mit ihrem Unternehmen, beschädigen sie die Einstellung ihrer Mitarbeiter und letztlich den geschäftlichen Erfolg. Das ist insofern bedeutsam, als Manager auf der einen Seite immer häufiger versuchen, ihre Mitarbeiter transformational zu führen, auf der anderen Seite aber häufig kritisiert wird, dass sie in der Arbeit nicht zuletzt ihre eigenen Interessen verfolgen. Darunter sollte die Identifikation mit dem Unternehmen leiden, was im Dienstleistungsbereich negative Folgen für die Kundenorientierung und die Leistung der Mitarbeiter und darüber vermittelt auf die geschäftlichen Ergebnisse hat.

Gerade die große Wirksamkeit transformationalen Führungsverhaltens kann so zum Problem werden. Der Grund liegt in der Art der Wirkung – während transaktionale Führung letztlich auf einer rationalen Abwägung des Gebens und Nehmens, von Aufwand und Ertrag beruht, setzt transformationale Führung an den Emotionen der Geführten an. Diese Wirkungen haben Bono, Foldes, Vinson und Muros (2007) in einer Untersuchung an 57 Mitarbeitern einer Organisation der Gesundheitsfürsorge belegt. Bei den Mitarbeitern wurden zunächst allgemeine Angaben zur Arbeitszufriedenheit und zum erlebten Stress erhoben. Zudem haben sie zwei Wochen lang ein Gerät zur elektronischen Aufzeichnung ihrer Erlebnisse in der Arbeit getragen. Damit wurden sie viermal pro Tag – im Abstand von jeweils ca. zwei Stunden – angeläutet und mussten möglichst sofort ihre aktuelle Befindlichkeit auf verschiedenen Skalen einstufen (aktuell erlebter Stress, Zufriedenheit und affektive Erfahrung). Schließlich wurde auch im Rahmen einer allgemeinen Mitarbeiterbefragung das Führungsverhalten aller leitenden Mitarbeiter eingestuft (die Mitarbeiter, die sich an der Studie beteiligten, konnten den Führungskräften zugeordnet werden).

Wie die Ergebnisse belegen, sind Führungskräfte auf drei Arten mit den Emotionen der Mitarbeiter verbunden:
1. Die Mitarbeiter erleben insgesamt gesehen weniger positive Emotionen, wenn sie mit ihren Vorgesetzten interagieren im Vergleich zur Interaktion mit Kunden (und Kollegen);
2. Mitarbeiter, deren Vorgesetzte transformational führen, erleben mehr positive Emotionen während des ganzen Arbeitstages (auch in Bezug auf Kunden und Kollegen);
3. Mitarbeiter, die ihre Emotionen durch Oberflächenhandeln regulieren, erleben mehr Stress und sind weniger zufrieden mit ihrer Arbeit; dieser Effekt ist aber bei Mitarbeitern, deren Vorgesetzte transformational führen, weniger ausgeprägt (wobei der aufgrund der Emotionsregulation erlebte Stress jeweils mindestens zwei Stunden anhält und auch durch das Führungsverhalten nur schwer reduzierbar ist).

Transformationale Führer wirken also vielfältig auf die Emotionen der Mitarbeiter ein, was sich positiv auf deren Stresserleben auswirken kann. Die Kehrseite der Medaille könnte wiederum darin liegen, dass diese positiven emotionalen Erfahrungen zu einer affektiven Bindung an den Vorgesetzten führen mit Folgen, wie sie von Wieseke et al. (2009) beschrieben wurden.

Transformationale Führung wirkt stark auf die Kundenkontaktmitarbeiter ein, diese Wirkungen müssen aber differenziert betrachtet werden. Rank et al. (2007) haben in einer Untersuchung in einer großen amerikanischen Bank 186 Paare von Vorgesetzten und je einem ihrer Mitarbeiter befragt. Die Vorgesetzten haben den proaktiven Kundenservice im Sinne eines freiwillig gezeigten Verhaltens im Kundenkontakt und die erwartete Leistung ihrer Mitarbeiter eingestuft. Die Mitarbeiter bewerteten u.a. den Führungsstil ihres Vorgesetzten, wobei sowohl partizipative als auch transformationale Führung erhoben wurden. *Partizipative Führung* wurde als Teilhabe der Mitarbeiter an für sie wichtigen Entscheidungen definiert und gemessen. Im Ergebnis wird proaktiver Kundenservice nur durch partizipatives Führungsverhalten erklärt, die geforderte Leistung (prescribed task performance) dagegen nur durch transformationales Führungsverhalten. Transformationales Führungsverhalten könnte also tatsächlich bei Mitarbeitern größere Anstrengungen auslösen, aber – zumindest nach den Ergebnissen dieser Studie – „nur" hinsichtlich der Bewältigung der vorgeschriebenen Aufgaben. Damit sie von sich aus aktiv werden und freiwillig kundenbezogen handeln, wäre es nach den Ergebnissen dieser Studie günstiger, sie an Entscheidungen zu beteiligen.

Nach den vorliegenden Befunden steht das Führungsverhalten der direkten Vorgesetzten, vor allem ihr transformationales Verhalten, in deutlichem Zusammenhang zum Verhalten der Mitarbeiter im Kundenkontakt und darüber vermittelt auch mit ökonomisch wichtigen Merkmalen der Kundenzufriedenheit und des Kundenverhaltens. Dabei scheint es auch keine gravierenden Unterschiede in Abhängigkeit von der Tätigkeit oder der Branche zu geben (zur Beeinflussung des OCB – speziell in Form proaktiven Verhaltens – scheint dagegen partizipative Führung geeigneter). Transformationales Führungsverhalten kann aber auch zum Problem werden, wenn sich die Führungskräfte nicht mit dem Unternehmen identifizieren. Möglicherweise gelingt es den Führungskräften, aufgrund der mit transformationalem Verhalten ausgelösten positiven emotionalen Erfahrungen die Mitarbeiter an sich zu binden und sie dabei zugleich in gewisser Weise dem Unternehmen zu entfremden. Das wäre ein für das Verständnis der Prozesse, die mit diesem Führungsverhalten verbunden sind, so wichtiger Befund, dass er durch weitere Untersuchungen zu überprüfen ist.

11.2.3 Training

Als *Training* wird die systematische Aneignung von Wissen, Fähigkeiten oder Einstellungen bezeichnet, die zu effektiven bzw. verbesserten Leistungen bei einer beruflichen Tätigkeit führt (vgl. dazu Sonntag & Stegmaier, 2006). In Abhängigkeit von der Tätigkeit werden im Dienstleistungsbereich verschiedene Qualifikationen vermittelt. Neben den grundlegenden Veranstaltungen zur Vermittlung fachspezifischen Wissens und Könnens sind Trainings einzelner sozialer Fähigkeiten weit verbreitet. Zur Qualifizierung in einfachen Dienstleistungen – z.B. für die Bedienung am Fast-Food-Counter – setzen Unternehmen auch häufiger skriptbasierte Trainings ein, in denen einzelne Arbeitsschritte solange geübt werden, bis sie durch ein kognitives Skript automatisiert gesteuert werden (vgl. Neumann, 2011).

Solche Trainings werden in der Praxis gewöhnlich ad hoc konstruiert und durchgeführt, was nicht zuletzt dem Stand der wissenschaftlichen Forschung geschuldet ist, denn bis heute fehlt ein theoretisch begründetes, umfassendes Konzept der Qualifizierung für Dienstleistungstätigkeiten (Brater & Rudolf, 2006). Nach Hacker (2009) werden für die erfolgreiche Bewältigung solcher Tätigkeiten neben den unabdingbaren fachlichen Kompetenzen auch fachübergreifende soziale bzw. interaktive Qualifikationen benötigt. Dazu zählen Qualifikationen

- zum Erfassen von unscharfen oder gar nicht artikulierten Bedürfnissen und Befindlichkeiten von Kunden;
- zum Wechsel der Perspektive zwischen Dienstleister und Kunden;
- zur ergebnisbezogenen Gesprächsführung, die auch ein Mittel zur Führung des Kunden sein kann;
- zur raschen (erfahrungsgestützten) Lösungsfindung und -umsetzung;

- zum Einfühlen in die Kunden, ohne sich zu sehr affektiv anzustecken (entwickeln von „detached concern");
- zur Bewältigung stressender Situationen, speziell zum Umgang mit abweichendem Kundenverhalten;
- zum Emotionsmanagement und Vermeiden emotionaler Dissonanz (vgl. Hacker, 2009).

Ein mögliches Vorgehen bei der Entwicklung und Evaluation von Trainings zur Qualifizierung für solche fachübergreifenden Kompetenzen wird im Folgenden am Beispiel eines Trainings des Emotionsmanagement zur Vermeidung emotionaler Dissonanz veranschaulicht. Wie sich die Einstellung der Mitarbeiter zum Service durch Training beeinflussen lässt, wird anschließend am Beispiel eines Trainings von Servicequalitätsführern dargestellt.

11.2.3.1 Training sozialer Fähigkeiten: Techniken des Tiefenhandelns

Bei komplexeren Dienstleistungstätigkeiten setzt die Ausbildung gewöhnlich an der Vermittlung sozialer Fähigkeiten, speziell der Schlüsselqualifikation für Dienstleistungen, der sozialen Kompetenz an. Wie neuere Untersuchungen zeigen, kann das kundenorientierte Verhalten aber auch in einfachen Tätigkeiten wie dem Verkauf von Backwaren durch ein Training sozialer Kompetenz verbessert werden (vgl. Neumann, 2011). Solche Fähigkeiten werden in der Regel „off-the-job" trainiert, wobei die verbale und nonverbale Kommunikation im Rollenspiel geübt wird. Durch Aufzeichnung des Spiels auf Video können anschließend die einzelnen Sequenzen in der Trainingsgruppe genau analysiert werden. Die Teilnehmer erhalten dadurch intensive Rückmeldung über ihr Verhalten, die hilfreich für die Bewältigung der Tätigkeit ist (zum Vorgehen bei solchen Trainings vgl. Kanning, 2005).

Bei der Auswertung von Rollenspielen wird sowohl die verbale als auch die nonverbale Kommunikation unter dem Aspekt analysiert, wie der Kunde das Verhalten des Mitarbeiters vermutlich erlebt. So können auch solche Servicestandards vermittelt werden, die ein Unternehmen für den Kontakt mit den Kunden für angemessen erachtet. Aber auch die Gefühle des Mitarbeiters in verschiedenen, besonders in kritischen Situationen mit Kunden sollten reflektiert werden. Die Mitarbeiter müssen darauf vorbereitet werden, dass sie in solchen Situationen ernste emotionale Konflikte erleben können. Daher ist es wichtig, Möglichkeiten für den effektiven Umgang mit den eigenen Gefühlen zu trainieren. Ein Training des Emotionsmanagement hat Tiffert (2006) entwickelt und evaluiert.

Tiffert (2006) ist der Frage nachgegangen, ob sich durch Training die negativen Konsequenzen der Emotionsarbeit vermeiden lassen. Wie eine Vielzahl von Untersuchungen belegt, löst Oberflächenhandeln emotionale Dissonanz aus und führt zu emotionaler Erschöpfung. Demgegenüber können durch Tiefenhandeln die Symptome von Stress und Burnout vermieden werden. Daher wurde ein Training des Tiefenhandelns mit der in Abbildung 41 dargestellten Struktur entwickelt.

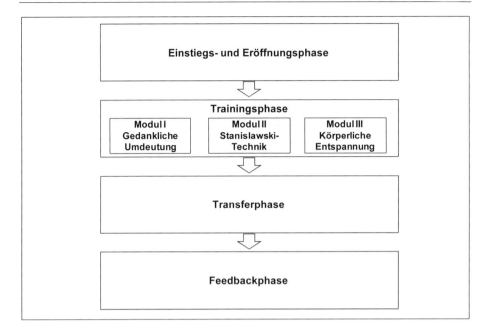

Abbildung 41: Aufbau eines Trainings des Tiefenhandelns (nach Tiffert, 2006)

In der *Einstiegsphase* wird ein Überblick über das Training gegeben und das Kennenlernen unter den Teilnehmern angeregt. In der anschließenden *Trainingsphase* werden in drei Modulen wesentliche Techniken des Tiefenhandelns geübt. Die Module sind so aufgebaut, dass jeweils auf eine Informationseinheit mit der Vermittlung theoretischer Grundlagen eine Übungseinheit folgt, in der die Techniken auf selbst gewählte Beispiele angewendet werden:

1. Im Modul zur Technik der *gedanklichen Umdeutung* wird zuerst die Entstehung von Emotionen als Folge gedanklicher Bewertungen von Situationen erläutert. Im Rahmen des Übungsteils reflektieren die Teilnehmer in Kleingruppen Situationen des Erlebens negativer Emotionen in der Tätigkeit und diskutieren über hierfür verantwortliche Bewertungen. Anschließend suchen sie alternative positive Bewertungen.
2. Zur Übung der *Stanislawski-Technik* müssen die Teilnehmer Fotografien zum Training mitbringen, die sie mit positiven Erlebnissen verbinden (z.B. Urlaubsfotos). In der entsprechenden Übungseinheit werden sie angeleitet, die Situation auf den Fotos wieder ins Gedächtnis zu rufen und dabei auftretende Gefühlsregungen zu reflektieren. Das dient dem Aufbau des und dem bewussten Rückgriff auf das Emotionsgedächtnis.
3. Als eine Technik der Beeinflussung körperlicher Vorgänge beim Erleben von Emotionen wird in einem dritten Modul die Methode der Progressiven Muskelentspannung eingeübt.

An die Übungen des Tiefenhandelns schließt sich die *Transferphase* an, in der Handlungspläne für die nächsten Wochen erstellt werden. Das Training endet mit *Rückmeldungen* zur Gruppe und zum Training.

Dieses Training wurde zunächst in zwei großen Versicherungsunternehmen an Verkäufern von Versicherungsdienstleistungen erprobt und anschließend anhand der Rückmeldungen der Teilnehmer die Durchführung optimiert. In der Hauptuntersuchung wurde dann überprüft, welche Auswirkungen dieses Training des Tiefenhandelns u.a. auf den Grad der erlebten emotionalen Erschöpfung und den Verkaufserfolg hat. Der Verkaufserfolg der Teilnehmer wurde dabei u.a. über die Veränderung der Verkaufsabschlüsse in den Wochen nach dem Training ermittelt. Die Trainingseffekte wurden über ein Kontrollgruppendesign mit Vorher-/Nachher-Messung und einem Follow Up nach vier Wochen an insgesamt 49 Kundenberatern einer Sparkasse geprüft. Trotz der relativ geringen Zahl von Versuchspersonen konnte u.a. belegt werden, dass ein solches Training zu einer Erhöhung einzelner Aspekte des Verkaufserfolgs und auch zu einer zwar geringen, aber nachweisbaren Reduzierung der emotionalen Erschöpfung führt. Die Ursache für die positiven Wirkungen auf den Verkaufserfolg liegt im signifikanten Anstieg der erlebten Selbstwirksamkeit, die sich nach dem Training feststellen lässt. Nach dem Training haben die Mitarbeiter ein größeres Vertrauen in ihre Fähigkeit, mit den Kunden in der erwarteten Weise zu interagieren und sind *deshalb* weniger emotional erschöpft bzw. erzielen größere Verkaufserfolge. Möglicherweise ist dieses Selbstvertrauen eine entscheidende Größe, die vor dem Ausbrennen bewahrt. Tiefenhandeln kann in dem Sinne erfolgreich trainiert werden, als sich das aufgabenspezifische Selbstvertrauen verbessert, mit positiven Wirkungen für die Dienstleister und die Organisation.

11.2.3.2 Training von Servicequalitätsführern

Einen ganz anderen Ansatz des Trainings haben Hui, Lam und Schaubroeck (2001) entwickelt. Sie gehen von der Überlegung aus, dass gute „Organisationsbürger" (good citizens) im Sinne des OCB, die als Servicequalitätsführer trainiert werden, in der Organisation als Rollenmodelle wirken und damit zur Verbesserung der Dienstleistungsqualität beitragen. Die Grundüberlegung ist folgende. Ein Training wird nur dann erfolgreich sein, wenn die Trainierten eine positive Einstellung zu den erwünschten Verhaltensweisen haben. Versuche, das Verhalten des Kundenkontaktpersonals zu ändern, scheitern häufig, wenn die Mitarbeiter nicht an den Änderungen beteiligt werden. Vorgesetzte sind selten so glaubwürdig, dass sie die Mitarbeiter zu einer Verhaltensänderung bewegen können und gängige Trainings leiden häufig am mangelnden Transfer des Gelernten in die Praxis. „Gute Bürger", die in der Arbeit durch ausgeprägtes Organizational Citizenship Behavior auffallen, sollten in Dienstleistungsorganisationen, die Wert auf guten Service legen, eine stark kundenorientierte Einstellung haben. Werden diese zusätzlich als Qualitätsführer trainiert, erleben die Kollegen sie als diejenigen, die „das praktizieren, was sie predigen". Da sie als glaubwürdige Rollenmodelle dienen, sollte ihr Einfluss auf die Kollegen besonders hoch sein.

Zur Überprüfung dieser Hypothese wurde in Zusammenarbeit mit einer großen Bank, die zum Zeitpunkt der Untersuchung eine Kampagne zur Verbesserung ihres

Service durchführte, folgendes Training für Servicequalitätsführer entwickelt: in drei aufeinander folgenden Wochen fand jeweils ein zweistündiges Training statt. In der ersten Sitzung wurde die neue Qualitätspolitik des Unternehmens vorgestellt und diskutiert. Diese Qualitätspolitik forderte sieben Verhaltensweisen im Umgang mit Kunden – u.a. Kundenbedürfnisse erkennen, wenn sie um Hilfe bitten; den Wünschen der Kunden genau zuhören; den Kunden persönliche Zuwendung zeigen etc. In der zweiten Sitzung wurde geübt, wie sich bestimmte Verhaltensänderungen identifizieren lassen, die für eine Verbesserung der Qualität wichtig sind. Außerdem wurden Kommunikationstechniken mit dem Ziel, die Kollegen für die potenziellen Vorzüge entsprechender Qualitätsverbesserungen zu sensibilisieren, vermittelt. Diese Techniken sollten sie anschließend in ihrer Tätigkeit anwenden. In der dritten Sitzung wurde über die Erfahrungen berichtet und für auftretende Probleme wurden alternative Strategien entwickelt.

Die Ergebnisse des Trainings wurden nach folgendem Design überprüft. Drei Filialen der Bank wurden für die Untersuchung ausgewählt, in Filiale A fand kein Qualitätsführer-Training statt; in Filiale B wurden sechs zufällig ausgewählte Mitarbeiter als Qualitätsführer trainiert; in Filiale C wurden gezielt nach der Einschätzung der Vorgesetzten sechs „good citizens" ausgewählt – diejenigen, deren OCB nach Meinung der Vorgesetzten besonders ausgeprägt war – und zu Servicequalitätsführern ausgebildet. Die Leistungsmessung erfolgt anhand von drei Quellen. Zwei Monate nach dem Training wurde die Zufriedenheit von insgesamt 424 Kunden, die sich in etwa gleich über die drei Filialen verteilten, erhoben. Außerdem wurden Selbsteinschätzungen aller Bankangestellten mit Kundenkontakt hinsichtlich der Einhaltung der geforderten Qualitätsstandards einen Monat vor und zwei Monate nach dem Training gemessen. Zu denselben Zeitpunkten wurde – im Sinne einer Fremdeinschätzung – ihr Verhalten durch die jeweiligen Vorgesetzten bewertet.

Durch das Training hat sich in der Filiale, in der „good citizens" trainiert wurden, die Kundenzufriedenheit signifikant erhöht und erreichte von den drei Filialen die höchsten Werte. Am zweithöchsten war sie in der Filiale mit zufällig ausgewählten Servicequalitätsführern, in der Filiale ohne Training lag die Kundenzufriedenheit am niedrigsten. Zu den gleichen Ergebnissen führen die Fremdbewertungen, hinsichtlich der Selbstbewertungen finden sich keine signifikanten Unterschiede zwischen den drei Filialen.

Zusammenfassend betrachtet kann das Verhalten im Kundenkontakt auf verschiedene Weise erfolgreich trainiert werden. Wie das im Detail zu machen ist, darüber lassen sich keine allgemeingültigen Aussagen treffen. Solange ein theoretisch begründetes, umfassendes Konzept der Qualifizierung für Dienstleistungstätigkeiten fehlt (Brater & Rudolf, 2006), muss jedes Unternehmen für seinen Markt, seine Kunden, passend zu seiner strategischen Zielsetzung und zu den Anforderungen der Tätigkeit seiner Mitarbeiter entsprechende Trainings konzipieren (vgl. Schneider & Bowen, 1995). Solche Trainings sollten auf den Bedarf abgestimmt sein. Werden beispielsweise alle Mitarbeiter mit Kundenkontakt zum selben Training verpflichtet, kann das mehr negative als positive Folgen haben. In solchen Fällen lernen die erfahrenen und erfolgreichen Mitarbeiter nichts mehr, möglicherweise werden sie sogar demotiviert, da sie die Entsendung zum Training als Ausdruck der Geringschätzung ihrer Fähigkeiten betrachten. Dadurch wird aber auch die Stimmung im

Training so gedrückt, dass diejenigen, denen Neues geboten wird, nicht mehr bereit sind zum Lernen. Daher sollte vor solchen Trainings immer eine Bedarfserhebung stattfinden (vgl. dazu Nerdinger et al., 2011).

11.2.4 Arbeitsgestaltung: Produktionsansatz vs. Empowerment

Unter *Arbeitsgestaltung* werden alle technischen, organisatorischen und ergonomischen Maßnahmen verstanden, die gestaltend auf den Arbeitsplatz, die Arbeitsumgebung, den Arbeitsablauf, die Arbeitsorganisation und die Aufgabeninhalte einwirken (Nerdinger et al., 2008). Diese Aktivitäten zielen natürlich zunächst darauf, unternehmerische Ziele wie die Steigerung der Produktivität zu realisieren. Aus psychologischer Sicht sollten die Maßnahmen darüber hinaus auch die Persönlichkeits- und Kompetenzentwicklung der Mitarbeiter fördern sowie dazu beitragen, dass Gesundheit und Leistungsfähigkeit langfristig erhalten bleiben.

Hacker (2009) hat einen ersten Versuch unternommen, die Bedingungen der Arbeitsgestaltung für einen wichtigen Ausschnitt von Dienstleistungstätigkeiten, die er als dialogisch-interaktive Erwerbsarbeit bezeichnet – dazu zählen in erster Linien Tätigkeiten im Gesundheitsbereich – zu systematisieren. Auf die große Mehrzahl von Dienstleistungen, die von Dienstleistungsunternehmen angeboten werden, lassen sich diese Überlegungen aber nur bedingt anwenden. Und auch die empirische Forschung hat bislang wenige Erkenntnisse über die optimale Gestaltung der Arbeit im Dienstleistungsbereich vorgelegt (zu einer dienstleistungsspezifischen Adaption eines arbeitsgestaltungsbezogenen Messinstruments vgl. Kil et al., 2000). Eine interessante Ausnahme bildet die explorative Studie von Dormann und Kaiser (2002), in der Aspekte der Kundenzufriedenheit mit einer Reihe von Merkmalen der Arbeitsgestaltung sowie den Konsequenzen der Tätigkeit für den Dienstleister an Kindergärtnerinnen und deren Kunden untersucht wurden. In Übereinstimmung mit den Erwartungen fanden sich u.a. Zusammenhänge zwischen Aspekten der Kundenzufriedenheit und dem Grad der von den Dienstleistern erlebten Kontrolle über die Aufgabe bzw. den Partizipationsmöglichkeiten. Das Erleben von emotionaler Dissonanz und Arbeitsunzufriedenheit durch die Dienstleister korreliert dagegen wie erwartet negativ mit der Kundenzufriedenheit. Demnach haben konkrete Merkmale der Arbeitsgestaltung Auswirkungen auf das Verhalten der Dienstleister und – darüber vermittelt – auf die Kundenzufriedenheit.

Ganz im Gegensatz zu den arbeitspsychologischen Forderungen nach menschengerechter Arbeitsgestaltung durch Erhöhung des Kontrollspielraums und der Partizipationsmöglichkeiten sind im Dienstleistungsbereich seit einiger Zeit eher gegenläufige Entwicklungen zu beobachten. Diese können als Realisierung des *Produktionsansatzes* von Dienstleistungen (Bowen & Lawler, 1992) beschrieben werden, ein Ansatz, der auf Standardisierung von Dienstleistungen abzielt und dazu im Wesentlichen vier Strategien zur Standardisierung empfiehlt:
1. Extreme Vereinfachung der Aufgaben;
2. Klare Arbeitsteilung;
3. Menschen durch Maschinen ersetzten, wo immer es möglich ist;
4. Keine Entscheidungsbefugnisse für Mitarbeiter.

Durch die Umsetzung solcher Strategien wird versucht, die Interaktionen zwischen Dienstleister und Kunden soweit zu standardisieren, dass sich neue Mitarbeiter z.B. durch skriptbasierte Trainings (Neumann, 2011) sehr schnell und kostengünstig einarbeiten lassen. Das ist angesichts der hohen Fluktuation in solchen Tätigkeiten ökonomisch äußerst relevant. Heute wird der Produktionsansatz in einer Vielzahl von Dienstleistungsketten wie Fast-Food-Restaurants, Hotels und Vergnügungsparks praktiziert.

Über den Produktionsansatz hat Rafaeli (1993) festgestellt: Kunden kommen in Unternehmen, die ihr Kundenkontaktpersonal solchen Bedingungen aussetzen, am häufigsten mit *den* Mitarbeitern in Kontakt, die am schlechtesten bezahlt, am wenigsten ausgebildet und am ineffizientesten geführt werden. Da jedoch Kunden gewöhnlich das Unternehmen mit den Mitarbeitern identifizieren, mit denen sie in Kontakt treten, wird dem Produktionsansatz häufiger als Alternative das Empowerment der Mitarbeiter mit Kundenkontakt gegenübergestellt.

Das Konzept des *Empowerment* ist im Gegensatz zu dem verwandten Begriff des Handlungsspielraums noch relativ vage. Der *Handlungsspielraum* umfasst die objektiv vorhandenen und subjektiv wahrgenommenen Wahlmöglichkeiten bei der Aufgabenbewältigung wie z.B. zeitliche Organisation, Auswahl der Arbeitsmittel und des Vorgehens (Nerdinger et al., 2008). Dagegen wird Empowerment häufig aus Sicht des Mitarbeiters als das Gefühl der Kontrolle über Situationen und damit des Einflusses auf Entscheidungen beschrieben (Ben-Zur & Yagil, 2005). Während dieses Konzept dem psychologischen Konstrukt der Selbstwirksamkeit sehr nahe kommt, wird es aus der Sicht des Managements auch definiert als der Grad, in dem die Mitarbeiter zu Eigeninitiative animiert, ihnen Entscheidungsfreiheiten eingeräumt und sie zu eigenen Urteilen aufgefordert werden (Hartline & Ferrell, 1996). Letztlich geht es aus dieser Sicht darum, die Verantwortung der Mitarbeiter für ihre Tätigkeit und die Arbeitsergebnisse zu erhöhen.

Im Vergleich zum Produktionsansatz werden dem Empowerment – sowohl mit Blick auf den Mitarbeiter als auch auf den Kunden – viele positive Konsequenzen zugesprochen. Für den Mitarbeiter sollte Empowerment wie eine organisationale Ressource im Sinne der COR-Theorie des Stress von Hobfoll (1989) wirken und auf diesem Wege dazu beitragen, dass Mitarbeiter mit Kundenkontakt zufriedener sind und sich gesundheitlich wohler fühlen. Für die Kunden hätte das ein flexibleres Eingehen auf ihre Wünsche und individuellere Problemlösungen zur Folge. In der Konsequenz würde Empowerment der Kundenkontaktmitarbeiter auch zu einer besseren Dienstleistungsqualität und höherer Kundenzufriedenheit mit allen ökonomischen Konsequenzen führen.

So plausibel diese Überlegungen sind, so wenig empirische Belege finden sich bislang dafür. Mit Blick auf die Konsequenzen für die Dienstleister ist vor allem die Studie von Hartline und Ferrell (1996) zu nennen. Manager von Hotels, die sich der Erreichung einer hohen Dienstleistungsqualität verpflichtet fühlen, gestalten demnach die Arbeitsplätze der Kundenkontaktmitarbeiter eher nach dem Empowerment-Ansatz. Interessanterweise hat diese Art der Arbeitsgestaltung nach den Befunden von Hartline und Ferrell (1996) aber nicht nur positive, sondern auch negative Konsequenzen. Ein positiver Zusammenhang findet sich zwischen dem Gebrauch von Methoden des Empowerment – eingestuft von Hotelmanagern – mit der erlebten

Selbstwirksamkeit aus Sicht der Kundenkontaktmitarbeiter. Empowerment erhöht demnach das aufgabenspezifische Selbstvertrauen der Mitarbeiter, das wiederum positiv mit der von Kunden eingestuften Dienstleistungsqualität korreliert. Empowerment könnte von den Mitarbeitern wie ein Zeichen des Vertrauens in ihre Fähigkeiten erlebt werden, diese nutzen in der Folge ihre Verhaltensspielräume, um die Kundenwünsche zu erfüllen. In dieser Untersuchung findet sich aber auch ein positiver Zusammenhang zwischen dem Einsatz von Empowerment und erlebten Rollenkonflikten, der wiederum – vermittelt über die von Mitarbeitern erlebte Rollenambiguität – negative Konsequenzen u.a. auf die Anpassungsfähigkeit und die Arbeitszufriedenheit der Kundenkontaktmitarbeiter hat. Nach Meinung der Autoren kann Empowerment bei manchen Mitarbeitern dazu führen, dass sie sich durch den Versuch, die damit verbundenen multiplen Rollen im Kundenkontakt zu erfüllen, überfordert fühlen. Dies erhöht die Unsicherheit über die an sie gerichteten Erwartungen (Rollenambiguität) und führt zu geringerer Arbeitszufriedenheit.

Die von Hartline und Ferrell (1996) nachgewiesenen negativen Wirkungen könnten auch auf die von ihnen untersuchten, eher einfachen Tätigkeiten in den Hotels zurückgeführt werden. Dieser Deutung stehen aber die von Peccei und Rosenthal (2001) in einer Untersuchung in Supermärkten ermittelten Ergebnisse entgegen. Demnach haben Personalentwicklungsansätze, die auf Empowerment basieren, positive Auswirkungen auf das Servicepersonal. Der Einsatz von Empowerment kann also sogar in Dienstleistungstätigkeiten, die im Sinne des Produktionsansatzes stark routinisiert wurden und nur geringe Fähigkeiten erfordern, positiv auf das Arbeitsverhalten des Kundenkontaktpersonals wirken (vgl. dazu auch Chebat & Kollias, 2000).

Auch Dormann et al. (2003) können anhand empirischer Ergebnisse positive Wirkungen des Empowerment bestätigen. Die Autoren haben das Konzept des kundenorientierten Handlungsspielraums entwickelt, mit dem über die klassischen Merkmale des Handlungsspielraums hinaus die Entscheidungsmöglichkeiten der Dienstleister im Kundenkontakt thematisiert werden. In einer Untersuchung an Arzthelferinnen korrelierte ein kundenorientierter Handlungsspielraum mit deren Arbeitszufriedenheit. Schließlich hat nach Ben-Zur und Yagil (2005) das Empowerment eine stresspuffernde Wirkung beim Kontakt mit aggressiven Kunden. In einer einfach angelegten Befragungsstudie an 228 Dienstleistern fanden diese Autoren eine positive Korrelation zwischen dem Erleben von Aggressionen durch Kunden und Symptomen des Burnouts (emotionale Erschöpfung und Depersonalisierung). Das selbst eingestufte Erleben von Empowerment korreliert dagegen negativ mit diesen Symptomen und mit Kundenaggressionen. Nach Meinung der Autoren reagieren Dienstleister unter der Bedingung des Empowerment im Umgang mit Kundenaggressionen mit problem-fokussiertem Coping und können damit die negativen Wirkungen aggressiven Kundenverhaltens verhindern.

Die Folgen des Empowerment von Dienstleistern für deren Kunden haben Sparks, Bradley und Callan (1997) direkt bei Kunden im Zusammenhang mit der Bewältigung von Servicefehlern untersucht. Unter Empowerment verstehen die Autoren den Grad, in dem Kundenkontaktpersonal Entscheidungsfreiheit und Autonomie eingeräumt wird und unterscheiden drei Stufen des Empowerment:

1. Die erste Stufe, die als *vollständiges* Empowerment bezeichnet wird, ist durch weitgehende Entscheidungsfreiheit der Mitarbeiter bestimmt. Das ermöglicht dem Dienstleister, Kundenprobleme schnell und flexibel zu lösen. Kunden sollten sich entsprechend in Interaktionen mit vollständig „ermächtigten" Dienstleistern respektiert fühlen und den Eindruck haben, sie würden die Interaktion kontrollieren. Für diesen Fall erwarten die Autoren eine hohe wahrgenommene Dienstleistungsqualität und die größte Kundenzufriedenheit.
2. Die zweite Stufe bildet das *begrenzte* Empowerment. Unter dieser Bedingung kann zwar das Personal einzelne Entscheidungen selbstständig treffen, es steht aber unter strenger Kontrolle durch das Management. Begrenztes Empowerment liegt vor, wenn ein Dienstleister bei der Lösung eines Problems seiner Kunden z.B. aus einer vorab festgelegten Liste an alternativen Problemlösungen die ihm geeignet erscheinende wählen kann. Aus Sicht der Unternehmen hat diese Form folgende Vorteile: die Dienstleistung fällt über alle Kunden hinweg konsistent aus und wird daher eher als gerecht eingestuft. Ein Nachteil solcher begrenzter Entscheidungsmöglichkeit liegt allerdings in der mangelnden Flexibilität und Individualität der Lösungen. Daher vermuten die Autoren für diesen Fall das Auftreten einer geringeren Kundenzufriedenheit im Vergleich zum ersten Fall.
3. Die dritte Stufe thematisiert den Fall des *Non-Empowerment*, in dem das Kundenkontaktpersonal alle Sonderwünsche der Kunden an den Vorgesetzten weiterleiten bzw. sich vor einer Lösung die Erlaubnis des Vorgesetzten holen müssen. Auch dieser Ansatz mag für Kunden Vorteile haben – z.B. wenn der „mächtigere" Vorgesetzte ihnen Zugeständnisse macht. Insgesamt erwarten die Autoren aber für Non-Empowerment die geringste Kundenzufriedenheit.

In videogestützten Service-Szenarios wurden diese Varianten des Empowerment manipuliert. In allen Fällen trat ein Fehler im Service eines Hotels auf (verzögertes Einchecken, ein falscher Zimmertyp wird zugewiesen etc.) und in der Folge geht ein Kunde zum Dienstleister und äußert seine Unzufriedenheit. Dieser reagiert in Anlehnung an die drei Formen des Empowerment entweder, indem er sich selbst als verantwortlich für die Lösung des Problems bezeichnet, das Problem mit den Hotel-Richtlinien erklärt oder aber durch die Entscheidungen des Vorgesetzten begründet. Die drei Varianten des Empowerment werden zusätzlich in unterschiedlichen Kommunikationsstilen vermittelt – entweder im aufgaben- oder im interaktionsorientierten Kommunikationsstil (vgl. Kapitel 6.3.3.1). Nach der varianzanalytischen Auswertung der dadurch entstehenden sechs Kombinationen bewirkt der Mitarbeiter mit dem höchsten Empowerment auch die größte Zufriedenheit bei den Beobachtern sowie die größte wahrgenommene Dienstleistungsqualität, allerdings nur, wenn der betreffende Dienstleister einen interaktionsorientierten Kommunikationsstil anwendet. Kommuniziert er aufgabenorientiert, so findet sich kein Unterschied nach dem Grad des Empowerment. Demnach wäre ein Aspekt des sozialen Verhaltens der Dienstleister aus Sicht der Kunden wichtiger für deren Zufriedenheit und die wahrgenommene Qualität im Vergleich zu einem objektiven Merkmal der Arbeitssituation (Grad des Empowerment). Das könnte aber auch ein Artefakt der Erhebungssituation sein – im Video mag der Kommunikationsstil auf eher unbeteiligte Beobachter stärker wirken als die lediglich verbal verdeutlichte Macht des Dienstleisters, selbst einen Fehler zu beseitigen.

Diese Befunde können u.U. erklären, warum Snipes, Oswald, LaTour und Armenakis (2005) in ihrer Untersuchung keinen direkten Effekt des Empowerment auf die von Kunden wahrgenommene Dienstleistungsqualität gefunden haben, sondern einen über die Mitarbeiterzufriedenheit vermittelten. In einer Untersuchung an 351 Mitarbeitern verschiedener Colleges und über 8000 Studierenden (Kunden) wollten die Autoren u.a. ermitteln, welche Bedeutung Empowerment für die Mitarbeiterzufriedenheit hat und welche Aspekte dieser Zufriedenheit auf die wahrgenommene Dienstleistungsqualität wirken. Dabei korrelierte das Gefühl des Empowerment der Dienstleister hochsignifikant mit ihrer Arbeitszufriedenheit, hatte aber keinen direkten Zusammenhang mit der Dienstleistungsqualität. Letzteres kann in Anlehnung an die Untersuchung von Sparks et al. (1998) darauf zurückgeführt werden, dass keine Moderatoren dieses Zusammenhangs berücksichtigt wurden. Von den unterschiedlichen Facetten der Arbeitszufriedenheit waren es drei, die direkt auf die Dienstleistungsqualität wirken: die Zufriedenheit mit den Kunden, mit den Sozialleistungen und mit der Arbeit selbst. Demnach zeigen Dienstleister unter der Bedingung des Empowerment eine qualitativ hochwertige Leistung, wenn sie intrinsisch motiviert sind (Freude an der Arbeit haben), wenn sie sich abgesichert fühlen und wenn sie die Interaktion mit den Kunden als belohnend erleben. Bei der Arbeitsgestaltung sollte also nicht nur ausreichender Handlungsspielraum eingeräumt, sondern zusätzlich weitere, in erster Linie motivationale Aspekte der Arbeit beachtet werden, damit das Arbeitsergebnis positiv ausfällt.

Zusammenfassend betrachtet bildet das Empowerment der Mitarbeiter einen wichtigen Aspekt der Arbeitsgestaltung, der sowohl zu einer Verbesserung der Arbeitssituation des Dienstleisters mit positiven stresspuffernden Wirkungen beitragen kann, als auch eine Möglichkeit bietet, die Mitarbeiter- wie die Kundenzufriedenheit und die wahrgenommene Dienstleistungsqualität zu erhöhen. Die wenigen empirischen Studien, die zu dieser Frage vorliegen, bestätigen diese Folgerungen weitgehend. Allerdings sollte nach dem Kontingenzansatz von Bowen und Lawler (1992) Empowerment nicht für jede Dienstleistungssituation angemessen sein. Vielmehr sind dann positive Konsequenzen zu erwarten, wenn die grundlegende Geschäftsstrategie auf Differenzierung durch individuellen Service zielt, langfristige Beziehungen zum Kunden angestrebt werden und das Unternehmen in einer schwer vorhersehbaren Geschäftsumwelt agiert.

11.2.5 Dienstleistungsklima

Die Verbindung zwischen Organisation und Kunden erfolgt im Dienstleistungsbereich über die Dienstleister. Sie kennen gewöhnlich sowohl die Wünsche, Bedürfnisse, Erwartungen und Ansprüche der Kunden, als auch die Bereitschaft und Fähigkeit der Organisation, diese zu erfüllen. Ihre Wahrnehmung der Arbeitssituation hinsichtlich der Frage, ob die Mitarbeiter durch die organisatorischen Prozesse in der Interaktion mit den Kunden unterstützt oder behindert werden, bleibt daher nicht ohne Folgen für ihr eigenes Verhalten gegenüber den Kunden. Den Kunden vermitteln die Mitarbeiter über verbale und nonverbale Kommunikation, wie sie ihre Organisation erleben (Sundaram & Webster, 2000), durch das Verhalten der Dienstleister im Kundenkontakt werden also Prozesse der Organisation mit dem Erleben der Kunden verknüpft. Im Verhalten der Mitarbeiter reflektiert sich ihre Wahrnehmung eben dieser Prozesse. Fühlen sich die Mitarbeiter von der Organisation in ihrer Tätigkeit unterstützt, werden sie sich auch (eher) kundenorientiert verhalten (Nerdinger, 2003a). Solche Wahrnehmungen der Organisation werden allgemein als Organisationsklima, in der hier diskutierten inhaltlichen Ausrichtung als Dienstleistungsklima bezeichnet (Schneider et al., 2000; Ryan & Ployhart, 2003).

11.2.5.1 Dienstleistungsklima und seine Folgen

Unter einem Organisationsklima verstehen Schneider et al. (2000) die Bedeutung, die Mitarbeiter mit der Politik, den Praktiken und den Prozeduren der Organisation verbinden und ihre Bewertung des Verhaltens, das von der Organisation erwartet, belohnt und unterstützt wird. Da ein Klima immer einen Objektbezug haben sollte, ergibt sich das *Dienstleistungsklima* aus den von den Mitarbeitern wahrgenommenen organisatorischen Prozessen zur Unterstützung der Dienstleistung. In den verschiedenen Untersuchungen von Schneider und seinen Mitarbeitern (vgl. zusammenfassend Schneider et al., 2000) wird das Dienstleistungsklima auf folgenden Dimensionen erfragt:

- *Dienstleistungsorientierung*: die Flexibilität, mit der die Organisation auf Bedürfnisse der Kunden reagiert;
- *Unterstützung durch das Management*: ob sich die Mitarbeiter durch ihre Führungskräfte unterstützt fühlen;
- *Unterstützung durch das System*: inwieweit die Zusammenarbeit mit anderen Abteilungen nützlich für die im Kontakt mit dem Kunden zu erbringende Dienstleistung ist;
- *Beachtung der Kundenbindung*: welche Aufmerksamkeit das Management der Kundenpflege widmet;
- *Logistische Unterstützung*: ob die bereitgestellte Technologie für die Durchführung der Dienstleistung hilfreich ist.

Jede dieser Dimensionen des Dienstleistungsklimas korreliert mit der Einschätzung der Qualität der Dienstleistung durch die Kunden. Die wahrgenommene Dienstleistungsorientierung der Organisation korreliert zudem signifikant negativ mit der erlebten Frustration, der Bereitschaft zum Arbeitgeberwechsel sowie erlebtem Rollenkonflikt und Rollenambiguität der Dienstleister (vgl. zusammenfassend Nerdinger, 2007a).

Infolge dieser positiven Wirkungen beeinflusst das vom Kundenkontaktpersonal wahrgenommene Dienstleistungsklima auch den ökonomischen Erfolg des Unternehmens. Borucki und Burke (1999) haben die Auswirkungen des Dienstleistungsklimas auf das Verhalten von Verkäufern und dessen Folgen für den geschäftlichen Erfolg von Einzelhandelsgeschäften untersucht. Das Dienstleistungsklima wurde in dieser Untersuchung über zwei Faktoren erfasst. Im ersten Faktor spiegelt sich das von den Verkäufern wahrgenommene Interesse der Organisation an den Mitarbeitern wider, der zweite Faktor bildet das von ihnen eingestufte Interesse der Organisation an den Kunden. Beide Faktoren des Dienstleistungsklimas haben Einfluss auf das Verhalten der Verkäufer, das wiederum signifikante Anteile an der Varianz des finanziellen Erfolgs der Geschäfte erklärt. Da das Klima nicht zuletzt durch die Unternehmenspolitik beeinflusst wird, kann demnach ein Management, das sich sowohl um den Kunden als auch um das Kundenkontaktpersonal bemüht, dessen Verhalten so beeinflussen, dass es positive Auswirkungen auf den Unternehmenserfolg hat (vgl. Hartline, Maxham & McKee, 2000; zu einem methodisch differenzierten Nachweis dieses Zusammenhangs vgl. Cooil, Aksoy, Keiningham & Maryott, 2009).

Auf die ökonomische Bedeutung des Dienstleistungsklimas in Relation zu anderen Determinanten des Mitarbeiterverhaltens gibt eine Studie von Liao und Chuang (2004) Hinweise. In einer Mehrebenenanalyse der Daten einer Befragung von insgesamt 257 Mitarbeitern, 44 Managern und 1.993 Kunden von 25 Restaurants konnten die Autoren zeigen, dass sowohl individuelle als auch aggregierte Faktoren (einzelne Restaurants) signifikant mit dem Dienstleistungsverhalten verbunden sind. Die Persönlichkeitsfaktoren „Gewissenhaftigkeit" und „Extraversion" – nicht jedoch Verträglichkeit und Neurotizismus – erklären Unterschiede im Dienstleistungsverhalten der Mitarbeiter *innerhalb* von Restaurants. Auf Ebene der aggregierten Geschäftseinheiten erklären das Dienstleistungsklima und das Mitarbeiter-Involvement im Sinne der Partizipation der Mitarbeiter an Entscheidungen – nicht jedoch die ebenfalls untersuchten Variablen „Dienstleistungstraining" und „Leistungsanreize" – Unterschiede *zwischen* Restaurants. Wird die Leistung der Mitarbeiter auf Restaurant-Niveau aggregiert, kann damit die Varianz in der Kundenzufriedenheit und der Kundenloyalität zwischen den Restaurants erklärt werden. Auf individueller Ebene erklärt das Serviceverhalten der Mitarbeiter mit Kundenkontakt die Kundenzufriedenheit, die Loyalität der Kunden und die von ihnen wahrgenommene Qualität der Dienstleistungen (der entsprechende T-Wert, der über separate HLM-Analysen ermittelt wurde, ist in Abbildung 42 nicht aufgeführt).

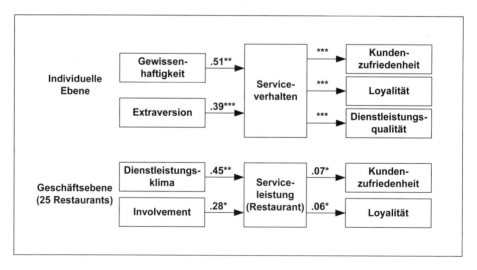

Abbildung 42: Mehrebenenanalyse der Antezedenzen des Serviceverhaltens und der Serviceleistung (nach Liao & Chuang, 2004); * p = .05; ** p = .01; *** p = .001

Das Dienstleistungsklima und die Partizipation der Mitarbeiter an Entscheidungen sind also entscheidende Faktoren im Wettbewerb, dagegen hatten in dieser Untersuchung solche Human-Ressource-Praktiken wie das Training der Mitarbeiter oder Leistungsanreize keine Wirkung auf die Leistung. Möglicherweise ist deren Einfluss aufgrund des Zusammenhangs mit dem Dienstleistungsklima statistisch nicht mehr nachweisbar.

Die ökonomische Bedeutung des Dienstleistungsklimas hat auch Schneider in verschiedenen Untersuchungen belegt. Zum Beispiel konnten er und seine Kollegen in einer Längsschnittstudie über einen Zeitraum von drei Jahren an Dienstleistungs*firmen* (nicht Geschäftseinheiten, die gewöhnlich für solche Untersuchungen verwendet werden) zeigen, dass das Dienstleistungsklima ein signifikanter Prädiktor der Kundenzufriedenheit ist, die wiederum mit dem finanziellen Erfolg der Unternehmen korreliert (Schneider, Macey, Lee & Young, 2009). Die Wirkung des Dienstleistungsklimas auf den finanziellen Erfolg wird in dieser Untersuchung vollständig durch die Kundenzufriedenheit mediiert. Nach Liao und Chuang (2004) sollte die Beziehung zwischen Dienstleistungsklima und Kundenzufriedenheit wiederum durch die aggregierte Serviceleistung des Kundenkontaktpersonals vermittelt werden. Genau das haben Schneider et al. (2005) in einer Untersuchung an Supermarkt-Departments bestätigen können. Diese Studie hat folgende Wirkungskette nachgewiesen: das Dienstleistungsklima wirkt auf das kundenorientierte Verhalten der Mitarbeiter (aggregiert für jedes Department), das wiederum die Zufriedenheit der Kunden mit dem Service des Departments erklärt; die Zufriedenheit der Kunden korreliert signifikant mit dem Absatz in den jeweiligen Departments.

Der Einfluss des Dienstleistungsklimas auf die Kundenzufriedenheit scheint allerdings von der Art der angebotenen Dienstleistung abhängig zu sein. Nach Mayer, Ehrhart und Schneider (2009) sollten drei Merkmale der Dienstleistung beachtet werden:
1. Die Kontaktfrequenz zum Kunden;
2. Der Grad der Intangibilität, d.h. der materiellen Greifbarkeit (vgl. Kapitel 1) der Dienstleistung;
3. Der Grad der Interdependenz zwischen den Dienstleistern, die für eine Aufgabe zuständig sind.

Die *Kontaktfrequenz* ist von Bedeutung, weil die Beteiligung des Kunden an der Produktion einer Dienstleistung die Unsicherheit des Dienstleisters erhöht. Ist die Kontaktfrequenz hoch, fällt es schwer, den Dienstleistungsprozess zu kontrollieren und zu standardisieren – desto wichtiger wird das Dienstleistungsklima, das in diesem Fall das Verhalten der Dienstleister indirekt steuert. Der Grad der *Intangibilität* hat große Auswirkungen, da es mit steigender Intangibilität immer schwieriger wird festzustellen, wie die Kunden die Dienstleistung tatsächlich erleben. Das Erleben der Dienstleister ist aber von der sozialen Dimension des Mitarbeiterverhaltens abhängig. Dieses wiederum wird besonders vom Dienstleistungsklima beeinflusst. Schließlich kann das Klima auch als Koordinationsmechanismus zwischen Dienstleistern betrachtet werden – je höher die *Interdependenz* der Dienstleister bei der Produktion – d.h. auch je komplexer die Dienstleistung – desto wichtiger wird dieser Steuerungsmechanismus. Diese Vermutungen haben die Autoren an 129 Supermarkt-Departments mit Daten von Kundenkontaktmitarbeitern, Führungskräften und Kunden überprüft und konnten sie durchweg bestätigen.

Die Frage der Kausalität, die in diesen Beziehungen wirksam wird, ist allerdings noch nicht eindeutig geklärt. Erste Hinweise darauf finden sich in einer Untersuchung von Ryan, Schmit und Johnson (1996), die anhand von Zeitreihenmessungen herausfanden, dass die Kundenzufriedenheit und die wahrgenommene Dienstleistungsqualität über verschiedene Befragungen hinweg signifikant mit Einstellungen der Mitarbeiter korreliert, der umgekehrte Zusammenhang sich aber nicht nachweisen lässt. Demgegenüber bestimmen nach Schneider, White und Paul (1998) die wahrgenommene Unterstützung der Dienstleistungsarbeit und der wahrgenommene Service zwischen den Abteilungen einer Bank das Dienstleistungsklima. Das wiederum wirkt auf die bei Kunden drei Jahre später erhobene, wahrgenommene Dienstleistungsqualität. In einer Cross-Lagged-Panel-Analyse zeigten sich allerdings reziproke Effekte. Demnach beeinflussen sich das vom Kundenkontaktpersonal wahrgenommene Dienstleistungsklima im Unternehmen und die von den Kunden erlebte Dienstleistungsqualität wechselseitig.

11.2.5.2 Antezedenzen des Dienstleistungsklimas

Erfasst das Dienstleistungsklima die Bedeutung, die von den Mitarbeitern mit der Politik, den Praktiken und den Prozeduren der Organisation verbunden wird, sollte das Dienstleistungsklima vor allem von entsprechenden Merkmalen der Organisation abhängen. Nach den Überlegungen von Salanova, Agut und Peiró (2005) wirken wahrgenommene organisationale Ressourcen – darunter fassen sie Training, Autonomie am Arbeitsplatz und technologische Unterstützung – sowohl direkt auf das Dienstleistungsklima als auch vermittelt über das dadurch beförderte Arbeitsengagement. Das Dienstleistungsklima beeinflusst demnach die von Kunden wahrgenommene Leistung der Mitarbeiter, die wiederum auf die Loyalität der Kunden einwirkt. Kundenloyalität sollte schließlich auf das Dienstleistungsklima zurückwirken. Die Autoren haben 342 Kundenkontaktmitarbeiter und 1.140 ihrer Kunden aus 114 Arbeitseinheiten – 58 Hotelrezeptionen und 56 Restaurants – befragt (vgl. Abbildung 43).

Die meisten Zusammenhänge konnten pfadanalytisch bestätigt werden. Erstaunlicherweise findet sich aber – ganz im Gegensatz zu den theoretischen Vermutungen – zwischen den organisationalen Ressourcen und dem Dienstleistungsklima kein direkter Zusammenhang, sondern nur ein über ihre Wirkung auf das Arbeitsengagement vermittelter. Das Arbeitsengagement wirkt im Widerspruch zu den Annahmen nicht direkt auf die von den Kunden wahrgenommene Leistung, sondern vermittelt über das Dienstleistungsklima. Die über die wahrgenommene Leistung beeinflusste Loyalität der Kunden hat einen starken, das Dienstleistungsklima unterstützenden Effekt.

Wie Dienstleister die organisationalen Ressourcen wahrnehmen, die vom Unternehmen zur Unterstützung bei der Dienstleistungsarbeit angeboten werden, hat demnach großen Einfluss auf das Arbeitsengagement und zumindest indirekt auf das Dienstleistungsklima. Daneben finden sich aber noch andere Einflussgrößen, darunter ist das Verhalten der Führungskräfte besonders zu beachten. Nach den Ergebnissen der bereits erwähnten Untersuchung in Supermarkt-Departments von Schneider et al. (2005) korreliert dienstleistungsorientierte Führung – d.h. die Vorgesetzten legen großen Wert auf qualitativ hochwertigen Service – signifikant mit dem Dienstleistungsklima. In der Untersuchung von Egold et al. (2009) in Arztpraxen erwies sich die Kundenorientierung der Ärzte als stärkstes Korrelat des von den Sprechstundenhilfen eingeschätzten Dienstleistungsklimas in der Praxis (das wiederum mit der Kundenorientierung der Mitarbeiter korreliert).

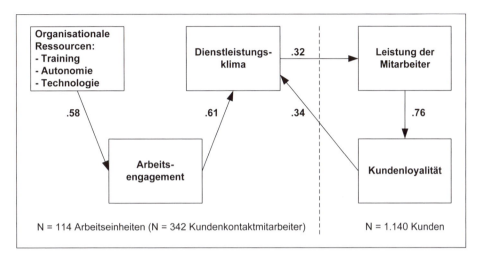

Abbildung 43: Antezedenzen und Konsequenzen des Dienstleistungsklimas (nach Salanova et al., 2005); alle Pfade sign. für mind. p = .05

Salvaggio, Nishii, Ramesh, Schneider, Mayer und Lyon (2007) haben diesen Zusammenhang noch genauer untersucht. Dienstleistungsorientierte Führung sehen sie als Funktion der Persönlichkeit, speziell der Kern-Selbstbewertungen der Führungskräfte an. *Kern-Selbstbewertungen* sind fundamentale Einschätzungen des eigenen Wertes, der Effektivität und der Leistungsfähigkeit der eigenen Person (Judge & Bono, 2001). Erfasst werden Kern-Selbstbewertungen durch folgende grundlegende Persönlichkeitsmerkmale: Selbstwertgefühl, generalisierte Selbstwirksamkeit, Locus of Control und emotionale Stabilität. Während unter dem *Selbstwertgefühl* die affektiv-evaluative Komponente des Selbst im Sinne einer zusammenfassenden Bewertung verstanden wird, beschreibt die generalisierte *Selbstwirksamkeit* die Überzeugung, eine Aufgabe bewältigen zu können. Das Konzept des *Locus of Control* gibt an, ob ein Mensch sich als Ursache der Kontrolle erlebt, d.h. ob er glaubt, er sei in der Lage, erwünschte Ereignisse selbst herbeizuführen oder aber die Ursache außerhalb der eigenen Person verortet (sich demnach als fremdbestimmt erlebt). *Emotionale Stabilität* ist schließlich eines der Persönlichkeitsmerkmale des Fünf-Faktoren-Modells, dessen Gegenpol als Neurotizismus bezeichnet wird, d.h. die Neigung, nervös, ängstlich, traurig, unsicher und verlegen zu sein.

Die Kern-Selbstbewertungen wurden über diese vier Persönlichkeitseigenschaften bei 1.100 Managern aus 173 Geschäften einer Supermarktkette erhoben, die Orientierung der Manager an der Dienstleistungsqualität und das Dienstleistungsklima haben 4.500 ihrer Mitarbeiter eingeschätzt. Die Ergebnisse stellt Abbildung 44 dar.

Die vermuteten Zusammenhänge können vollständig nachgewiesen werden, wobei die Kern-Selbstbewertungen auch bei Kontrolle der übrigen Persönlichkeitsmerkmale des Fünf-Faktoren-Modells noch nachweisbare Wirkungen haben. Die Mitarbeiter nehmen einen starken Zusammenhang zwischen der Orientierung der Manager an der Dienstleistungsqualität und dem Dienstleistungsklima wahr. Dass die von den Managern selbst eingeschätzten Kern-Selbstbewertungen mit ihrer fremd eingeschätzten Dienstleistungsorientierung zusammenhängen, ist besonders bemerkenswert. Ein gewisses Maß an Selbstvertrauen, an emotionaler Stabilität und an Glauben, die Welt beeinflussen zu können, ist also Voraussetzung, damit sich Führungskräfte dienstleistungsorientiert verhalten.

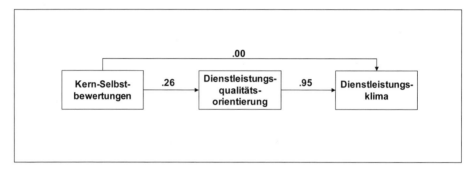

Abbildung 44: Persönlichkeit der Führungskräfte, Orientierung an der Dienstleistungsqualität und Dienstleistungsklima (nach Salvaggio et al., 2007); alle Pfade sign. für mind. p = .05

Nach diesen Befunden ist es von grundlegender Bedeutung für die Qualitätswahrnehmung der Kunden, ob die konkreten Führungsverhaltensweisen sowie Praktiken und Strukturen der Organisation von den Mitarbeitern als dienstleistungsorientiert wahrgenommen werden. Das Erleben der Organisation reflektiert sich in der Zufriedenheit und dem Verhalten des Kundenkontaktpersonals (Payne & Webber, 2006) und dadurch bedingt in der Einschätzung von deren Verhalten bzw. – was für viele Kunden dasselbe ist – in der Qualität der Dienstleistung durch die Kunden. Nichts anderes als eine solche Wahrnehmung der Organisation beschreibt das Dienstleistungsklima.

11.2.5.3 Gestaltung des Dienstleistungsklimas

Theoretisch ist das Dienstleistungsklima über die Wahrnehmung der für die Funktion einer Organisation wesentlichen Subsysteme im Sinne von Katz und Kahn (1978; vgl. Nerdinger, 2007a) erklärbar. Nach Katz und Kahn finden sich in Organisationen fünf Grundfunktionen, die jeweils an Subsysteme delegiert werden. Als Schlussfolgerung ihrer Untersuchungen fordern Schneider und Bowen (1995) die gezielte Gestaltung dieser fünf Subsysteme zur Herstellung eines Dienstleistungsklimas:

1. Das *Produktionssystem* muss demnach so gestaltet werden, dass Kunden möglichst rasch und unter optimalen Bedingungen ihre Dienstleistungsbedürfnisse befriedigen können.
2. Die *Unterstützungssysteme* müssen für die notwendigen Informationen und Ressourcen sorgen, damit die Dienstleistung richtig ausgeführt wird.
3. Die Systeme der *Anpassung* haben die Funktion, künftige Entwicklungen vorweg zu nehmen und die größere Umwelt der Organisation zu explorieren. Durch partizipative Entscheidungen soll das Wissen des Kundenkontaktpersonals über die Wünsche und Erwartungen der Kunden stärker in die Anpassungssysteme integriert werden.
4. Dem *Leitungssystem* kommt zentrale Bedeutung zu, da es die Subsysteme so koordinieren muss, dass durch reibungslose Zusammenarbeit optimale Bedingungen für das Kontaktpersonal ermöglicht werden.
5. Schließlich muss das System zur *Aufrechterhaltung* der Dienstleistung, das in erster Linie die Leistungen der Personalabteilung umfasst, den Vorstellungen der Kunden entsprechend gestaltet werden. Durch Rekrutierung, Selektion und Training des Kundenkontaktpersonals sind die nötigen Fähigkeiten und Fertigkeiten auf Seiten der Dienstleister zu sichern, durch Gestaltung des Anreizsystems in Einklang mit dem Ziel der Dienstleistung muss kundenorientiertes Verhalten unterstützt werden.

Am System zur Aufrechterhaltung der Dienstleistung wird die wechselseitige Bezogenheit von Dienstleistungsklima und organisationspsychologischen Interventionen besonders deutlich. Bei der Untersuchung der Mitarbeiter einer Bank wurde festgestellt, dass es gerade die kundenorientierten Mitarbeiter sind, die unter einem bürokratischen Klima der Organisation stark gelitten haben – sie erleben ein bürokratisches Klima als Behinderung bei der Realisierung ihrer Arbeitseinstellung (Nerdinger, 1992). Demnach genügt nicht allein die Auswahl geeigneter Mitarbeiter, vielmehr müssen auch alle Subsysteme der Organisation auf die Mitarbeiter abgestimmt werden.

Solche Interventionen mit dem Ziel, ein positives Dienstleistungsklima zu erzeugen, können zu den *Praktiken des Human-Resource-Management* gezählt werden. Diese Praktiken lassen sich als Strategien, Programme oder Systeme verstehen, die mit dem Ziel eingeführt werden, ein bestimmtes Verhalten möglichst organisationsweit zu implementieren (Gibson, Porath, Benson & Lawler, 2007). Insofern eine Dienstleistungsorganisation z.B. Kundenorientierung als strategisches Ziel definiert und mithilfe personalpolitischer Maßnahmen versucht, die Mitarbeiter zum dadurch umschriebenen Verhalten zu ermutigen, liegen Human-Ressource-Praktiken vor. Eine zentrale Frage betrifft die Wirkung solcher Praktiken, wobei mittlerweile wohl die meisten Forscher auf diesem Gebiet darin übereinstimmen, dass diese Wirkung davon abhängt, wie die Praktiken von den Mitarbeitern wahrgenommen werden.

Nishii, Lepak und Schneider (2008) sind noch einen Schritt weitergegangen und haben vermutet, dass die Wirkung von Personalpraktiken davon abhängt, wie sich die Mitarbeiter erklären, was das Management mit der entsprechenden Personalpolitik bezweckt. Die Autoren befragten 4.208 Mitarbeiter und 1.010 Manager einer Supermarktkette, die in 362 Abteilungen von 95 Supermärkten arbeiteten, außerdem wurden die Ergebnisse von Kundenbefragungen je Abteilung (wobei die Kunden das

Verhalten der Kundenkontaktmitarbeiter eingestuft haben) berücksichtigt. Dieselben Human-Resource-Praktiken werden von den Mitarbeitern unterschiedlich erklärt, was bei ihnen zu unterschiedlichen Einstellungen und Verhaltensweisen führt. Glauben die Mitarbeiter, das Ziel derselben Maßnahmen sei die Verbesserung der Dienstleistungsqualität und die Entwicklung der Mitarbeiter, hat das positive Wirkungen auf deren Arbeitszufriedenheit und die affektive Bindung an die Organisation. Glauben sie dagegen, das eigentliche Ziel der Maßnahmen sei die Reduzierung von Kosten bzw. gar die Ausbeutung der Mitarbeiter, wirkt die Wahrnehmung der Maßnahmen negativ auf die Zufriedenheit und die Bindung. Keine Auswirkungen hat es dagegen, wenn die Mitarbeiter die Maßnahmen external, d.h. als nicht in der Macht des Management stehend, begründet sehen (z.B. die Meinung, diese Maßnahmen gingen letztlich auf den Einfluss der Gewerkschaften zurück). Diese Einstellungen der Mitarbeiter korrelieren wiederum mit ihrem OCB (von ihren Managern eingestuft) und die Dimension *Altruismuns* des OCB korreliert damit, wie zufrieden die Kunden mit dem Verhalten der Mitarbeiter sind.

Demnach genügt es nicht, die richtigen Human-Resource-Praktiken zu implementieren, um das Dienstleistungsklima und letztlich die Kundenzufriedenheit zu verbessern, vielmehr müssen die Ursachen aller Maßnahmen *glaubwürdig* und *überzeugend* kommuniziert werden (vgl. Gibson et al., 2007). Glaubwürdig und überzeugend wird aber die Kommunikation des Management, wenn es auch früher schon durch Taten bewiesen hat, dass es sich um die Mitarbeiter- und die Kundenzufriedenheit bemüht. Damit wird auch in dieser Frage wieder die Quintessenz einer Psychologie der Dienstleistung deutlich – Dienstleistungen sind eben Produkte, die von Menschen interaktiv produziert und konsumiert werden. Der Verlauf der Interaktion beeinflusst die Wahrnehmung der Dienstleistungsqualität durch die Kunden und ihre Zufriedenheit. Auf diese Merkmale wirkt die Person des Dienstleisters und ihr Verhalten in der Interaktion, wobei sich das von ihnen erlebte Dienstleistungsklima interaktiv den Kunden vermittelt.

Literatur

Abelson, R.F. (1981). Psychological status of the script concept. *American Psychologist, 36,* 715-729.

Allen, J.A., Pugh, S.D., Grandey, A.A. & Groth, M. (2010). Following display rules in good or bad faith? Customer orientation as a moderator of the display rule-emotional labor relationship. *Human Performance, 23,* 101-115.

Ashforth, B.E., Kulik, C.T. & Tomiuk, M.A. (2008). How service agents manage the person-role interface. *Group & Organization Management, 33,* 5-45.

Ashforth, B.E. & Tomiuk, M.A. (2000). Emotional labour and authenticity: Views from service agents. In S. Fineman (Ed.), *Emotion in organizations* (pp. 184-203). London: Sage.

Axtell, C.M., Parker, S.K., Holman, D. & Totterdell, P. (2007). Enhancing customer service: Perspective taking in a call centre. *European Journal of Work and Organizational Psychology, 16,* 141-168.

Babakus, E., Yavas, U. & Ashill, N.J. (2009). The role of customer orientation as a moderator of the job demand-burnout-performance relationship: A surface-level trait perspective. *Journal of Retailing, 85,* 480-492.

Babin, B. J. & Boles, J.S. (1998). Employee behavior in a service environment: A model and test of potential differences between men and women. *Journal of Marketing, 62(2),* 77-91.

Bandura, A. (1997). *Self-efficacy. The exercise of control.* New York: Freeman.

Bansal, H.S., Irving, P.G. & Taylor, S.F. (2004). A three-component model of customer commitment to service providers. *Journal of the Academy of Marketing Science, 32,* 234-250.

Barger, P.B. & Grandey, A.A. (2006). Service with a smile and encounter satisfaction: Emotional contagion and appraisal mechanisms. *Academy of Management Journal, 49,* 1229-1238.

Bastians, F. & Runde, B. (2002). Instrumente zur Messung sozialer Kompetenzen. *Zeitschrift für Psychologie, 210,* 186-196.

Batson, C.D. (1991). *The altruismus question: Toward a social-psychological answer.* Hillsdale, NJ: Erlbaum.

Beal, D.J., Trougakos, J.P., Weiss, H.M. & Green, S.G. (2006). Episodic processes in emotional labor: Perceptions of affective delivery and regulation strategies. *Journal of Applied Psychology, 91,* 1053-1065.

Beetles, A.C. & Harris, L.C. (2010). The role of intimacy in service relationships: An exploration. *Journal of Services Marketing, 24,* 347-358.

Bell, S.J. & Menguc, B. (2002). The employee-organization relationship, organizational citizenship behaviors, and superior service quality. *Journal of Retailing, 78,* 131-146.

Bendapudi, N. & Leone, R.P. (2003). Psychological implications of customer participation in co-production. *Journal of Marketing, 67(1),* 14-28.

Ben-Zur, H. & Yagil, D. (2005). The relationship between empowerment, aggressive behaviors of customers, coping, and burnout. *European Journal of Work and Organizational Psychology, 14,* 81-99.

Bettencourt, L.A. & Brown, S.W. (2003). Role stressors and customer-oriented boundary-spanning behaviors in service organizations. *Journal of the Academy of Marketing Science, 31,* 394-408.
Bettencourt, L.A., Brown, S.W. & MacKenzie, S.B. (2005). Customer-oriented boundary-spanning behaviors: Test of a social exchange model of antecedents. *Journal of Retailing, 81,* 141-157.
Bettencourt, L.A., Gwinner, K.P. & Meuter, M.L. (2001). A comparison of attitude, personality, and knowledge predictors of service-oriented organizational citizenship behaviors. *Journal of Applied Psychology, 86,* 29-41.
Beverland, M.B., Kates, S.M., Lindgreen, A. & Chung, E. (2010). Exploring consumer conflict management in service encounters. *Journal of the Academy of Marketing Science, 38,* 617-633.
Bitner, M.J. (1990a). The evolution of the services marketing mix and its relationship to service quality. In S.W. Brown, E. Gummesson, B. Edvardsson & B.O. Gustavsson (Eds.), *Service quality* (pp. 23-37). Lexington, MA: Lexington.
Bitner, M.J. (1990b). Evaluating service encounters: The effects of physical surroundings and employee responses. *Journal of Marketing, 54(2),* 69-82.
Bitner, M.J. (1992). Servicescapes: The impact of physical surroundings on customers and employee's. *Journal of Marketing, 56(2),* 52-71.
Bitner, M.J., Booms, B.H. & Mohr, L.A. (1994). Critical service encounters: The employee's viewpoint. *Journal of Marketing, 58(4),* 95-106.
Bitner, M.J., Booms, B.H. & Tetreault, M.S. (1990). The service encounter: Diagnosing favorable and unfavorable incidents. *Journal of Marketing, 54(1),* 71-84.
Bitner, M.J., Nyquist, J.D. & Booms, B.H. (1985). The critical incident technique for analyzing the service encounter. In T.M. Bloch, G.D. Upah & V.A. Zeithaml (Eds.), *Services marketing in a changing environment* (pp. 48-51). Chicago, IL: AMA.
Blickle, G. (2004). Organisationale Interaktion und Kommunikation. Rekonstruktion von fünfzig Jahren empirischer Forschung im Lichte grundlegender Paradigmen. In H. Schuler (Hrsg.), *Organisationspsychologie – Gruppe und Organisation* (Enzyklopädie der Psychologie, Serie Wirtschafts-, Organisations- und Marktpsychologie, Bd. 4, S. 55-128). Göttingen: Hogrefe.
Blümelhuber, C. (1998). Über die Szenerie der Dienstleistung: Aufgaben, Wahrnehmungs- und Gestaltungsaspekte von „Geschäftsräumen". In A. Meyer (Hrsg.), *Handbuch Dienstleistungsmarketing* (S. 1194-1218). Stuttgart: Schäffer-Poeschel.
Böhle, F. & Glaser, J. (Hrsg.). (2006). *Arbeit in der Interaktion – Interaktion in der Arbeit. Arbeitsorganisation und Interaktionsarbeit in der Dienstleistung.* Wiesbaden: Verlag für Sozialwissenschaften.
Bono, J.E., Foldes, H.J., Vinson, G. & Muros, J.P. (2007). Workplace emotions: The role of supervision and leadership. *Journal of Applied Psychology, 92,* 1357-1367.
Borkenau, P. & Ostendorf, F. (2008). *NEO FFI – NEO-Fünf-Faktoren-Inventar nach Costa und McCrae* (2. Aufl.). Göttingen: Hogrefe.
Borucki, C.C. & Burke, M.J. (1999). An examination of service-related antecedents to retail store performance. *Journal of Organizational Behavior, 20,* 943-962.
Bougie, R., Pieters, R. & Zeelenburg, M. (2003). Angry customers don't come back, they get back: The experience and behavioral implications of anger on dissatisfaction in services. *Journal of the Academy of Marketing Science, 31,* 377-393.
Bowen, D. & Lawler, E.E. III. (1992). The empowerment of service workers: What, why, how, and when. *Sloan Management Review, 33,* 31-39.
Brater, M. & Rudolf, P. (2006). Qualifizierung für Interaktionsarbeit – ein Literaturbericht. In F. Böhle & J. Glaser (Hrsg.), *Arbeit in der Interaktion – Interaktion in der Arbeit. Ar-*

beitsorganisation und Interaktionsarbeit in der Dienstleistung (S. 261-308). Wiesbaden: Verlag für Sozialwissenschaften.

Brotheridge, C.M. & Lee, R.T. (2002). Testing a conservation of resources model of the dynamics of emotional labor. *Journal of Occupational Health Psychology, 7,* 57-67.

Brown, S.P. & Lam, S.K. (2008). A meta-analysis of relationships linking employee satisfaction to customer responses. *Journal of Retailing, 84,* 243-255.

Brown, T.J., Mowen, J.C., Donavan, D.T. & Licata, J.W. (2002). The customer orientation of service workers: Personality trait effects on self- and supervisor performance ratings. *Journal of Marketing Research, 39,* 110-119.

Bruhn, M. (1999). *Internes Marketing. Integration der Kunden- und Mitarbeiterorientierung* (2. Aufl.). Wiesbaden: Gabler.

Bruhn, M. (2007). *Kundenorientierung. Bausteine für ein exzellentes Customer Relationship Management* (3. Aufl.). München: dtv.

Bruhn, M. & Georgi, D. (2005). *Services Marketing: Managing the service value chain.* Upper Saddle River, NJ: Prentice Hall.

Bruhn, M., Richter, M. & Georgi, D. (2006). Dynamik von Kundenerwartungen im Dienstleistungsprozess. Empirische Befunde eines experimentellen Designs zur Bildung und Wirkung von Erwartungen. *Marketing – ZFP, 28,* 116-133.

Bruhn, M. & Stauss, B. (2000). *Dienstleistungsqualität* (3. Aufl.). Wiesbaden: Gabler.

Burisch, M. (2005). *Das Burnout-Syndrom* (3. Aufl.). Berlin: Springer.

Burns, G.N. & Bowling, N.A. (2010). Dispositional approach to customer satisfaction and behavior. *Journal of Business Psychology, 25,* 99-107.

Burns, J.M. (1978). *Leadership.* New York: Harper & Row.

Butcher, K., Sparks, B. & O'Callaghan, F. (2003). Beyond core service. *Psychology & Marketing, 20,* 187-208.

Chau, S.L., Dahling, J.J., Levy, P.E. & Diefendorff, J.M. (2009). A predictive study of emotional labor and turnover. *Journal of Organizational Behavior, 30,* 1151-1163.

Chebat, J.-C. & Kollias, P. (2000). The impact of empowerment on customer contact employees' roles in service organizations. *Journal of Service Research, 3,* 66-81.

Chebat, J.-C. & Michon, R. (2003). Impact of ambient odors on mall shoppers' emotions, cognition, and spending. A test of competitive causal theories. *Journal of Business Research, 56,* 529-539.

Cialdini, R.B. (2007). *Die Psychologie des Überzeugens* (5. Aufl.). Bern: Huber.

Clark, M. & Mills, J. (1993). The difference between communal and exchange relationships: What it is and is not. *Personality and Social Psychology Bulletin, 19,* 684-691.

Cooil, B., Aksoy, L., Keiningham, T.L. & Maryott, K.M. (2009). The relationship of employee perceptions of organizational climate to business-unit outcomes. *Journal of Service Research, 11,* 277-294.

Coté, S. (2005). A social interaction model of the effects of emotion regulation on work strain. *Academy of Management Review, 30,* 509-530.

Cowley, E. (2005). Views from consumers next in line: The fundamental attribution error in a service setting. *Journal of the Academy of Marketing Science, 33,* 139-152.

Cran, D.J. (1994). Towards validation of the service orientation construct. *The Services Industries Journal, 14,* 34-44.

Cropanzano, R., Rupp, D.E. & Byrne, Z.S. (2003). The relationship of emotional exhaustion to work attitudes, job performance, and organizational citizenship behaviors. *Journal of Applied Psychology, 88,* 160-169.

Crosno, J.L., Rinaldo, S.B., Black, H.G. & Kelley, S.W. (2009). Half full or half empty. The role of optimism in boundary-spanning positions. *Journal of Service Research, 11*, 295-309.

Dallimore, K.S., Sparks, B.A. & Butcher, K. (2007). The influence of angry customer outbursts on service providers' facial displays and affective states. *Journal of Service Research, 9*, 1-15.

Danaher, P.J., Conroy, D.M. & McColl-Kennedy, J.R. (2008). Who wants a relationship anyway? Conditions when consumers expect a relationship with their service provider. *Journal of Service Research, 11*, 43-62.

Darwin, Ch. (1872/2000). *Der Ausdruck der Gemütsbewegungen bei dem Menschen und den Tieren.* Frankfurt/M.: Eichborn.

DeCremer, D., Stinglhamber, F. & Eisenberger, R. (2005). Effects of own versus other's fair treatment on positive emotions: A field study. *Journal of Social Psychology, 145*, 741-744.

Dick, R. van (2003). *Commitment und Identifikation mit Organisationen.* Göttingen: Hogrefe.

Diefendorff, J.M., Croyle, M.H. & Gosserand, R.H. (2005). The dimensionality and antecedents of emotional labor strategies. *Journal of Vocational Behavior, 66*, 339-357.

Diefendorff, J.M. & Gosserand, R.H. (2003). Understanding the emotional labor process: A control theory perspective. *Journal of Organizational Behavior, 24*, 945-959.

Diefendorff, J.M. & Greguras, G.J. (2009). Contextualizing emotional display rules: Examining the roles of targets and discrete emotions in shaping display rule perceptions. *Journal of Management, 35*, 880-898.

Diefendorff, J.M., Richard, E.M. & Croyle, M.H. (2006). Are emotional display rules formal job requirements? Examination of employee and supervisor perceptions. *Journal of Occupational and Organizational Psychology, 79*, 273-298.

Diefendorff, J.M., Richard, E.M. & Yang, J. (2008). Linking emotion regulation strategies to affective events and negative emotions at work. *Journal of Vocational Behavior, 73*, 498-508.

Di Mascio, R. (2010). The service models of frontline employees. *Journal of Marketing, 74(4)*, 63-80.

Doherty, R.W. (1997). The emotional contagion scale: A measure of individual differences. *Journal of Nonverbal Behavior, 21*, 131-154.

Donovan, D.T., Brown, T.J. & Mowen, J.C. (2004). Internal benefits of service-worker customer orientation: Job satisfaction, commitment, and organizational citizenship behaviors. *Journal of Marketing, 68(1)*, 128-146.

Dormann, C. & Kaiser, D.M. (2002). Job conditions and customer satisfaction. *European Journal of Work and Organizational Psychology, 11*, 257-283.

Dormann, C., Spethmann, K., Weser, D. & Zapf, D. (2003). Organisationale und persönliche Dienstleistungsorientierung und das Konzept des kundenorientierten Handlungsspielraums. *Zeitschrift für Arbeits- und Organisationspsychologie, 47*, 194-207.

Dormann, C. & Zapf, D. (2004). Customer-related social stressors and burnout. *Journal of Occupational Health Psychology, 9*, 61-82.

Dormann, C. & Zapf, D. (2007). Kundenorientierung und Kundenzufriedenheit. In D. Frey & L. von Rosenstiel (Hrsg.), *Wirtschaftspsychologie* (Enzyklopädie der Psychologie, Serie Wirtschafts-, Organisations- und Marktpsychologie, Bd. 6, S. 751-835). Göttingen: Hogrefe.

Dormann, C., Zapf, D. & Isic, A. (2002). Emotionale Arbeitsanforderungen und ihre Konsequenzen bei Call Center-Arbeitsplätzen. *Zeitschrift für Arbeits- und Organisationspsychologie, 46,* 201-215.

Doucet, L. (2004). Service provider hostility and service quality. *Academy of Management Journal, 47,* 761-771.

Drach-Zahavy, A. (2010). How does service workers' behaviour affect their health? Service climate as a moderator in the service behaviour-health relationship. *Journal of Occupational Health Psychology, 15,* 105-119.

Dubé, L., Chebat, J.-C. & Morin, S. (1995). The effects of background music on consumers' desire to affiliate in buyer-seller interactions. *Psychology & Marketing, 12,* 305-319.

Dubé-Rioux, L., Schmitt, B.H. & Leclerc, F. (1991). Consumers' affective response to delays at different phases of a service delivery. *Journal of Applied Social Psychology, 21,* 810-820.

Dunkel, W. & Voß, G.G. (Hrsg.). (2004). *Dienstleistung als Interaktion.* Mering: Hampp.

Dunkel, W. & Weihrich, M. (2010). Arbeit als Interaktion. In F. Böhle, G.G. Voß & G. Wachtler (Hrsg.), *Handbuch Arbeitssoziologie* (S. 177-200). Wiesbaden: Verlag für Sozialwissenschaft.

Eagly, A.H. & Chaiken, S. (2005). Attitude research in the 21st century: The current state of knowledge. In D. Albarracin, B.T. Johnson & M.P. Zanna (Eds.), *The handbook of attitudes* (pp. 742-767). Mahway, NJ: Lawrence Erlbaum.

Egold, N.W., van Dick, R. & Zapf, D. (2009). Personale und organisationale Prädiktoren von Kundenorientierung und Kundenzufriedenheit. Eine Untersuchung im therapeutischen Dienstleistungsbereich. *Zeitschrift für Personalpsychologie, 8,* 180-190.

Ekman, P. (2003). *Emotions revealed. Understanding faces and feelings.* New York: Times Books.

Estelami, H. & de Maeyer, P. (2002). Customer reactions to service provider overgenerositiy. *Journal of Service Research, 4,* 205-216.

Falk, T., Hammerschmidt, M. & Schepers, J.J.L. (2010). The service quality-satisfaction link revisited: Exploring asymmetries and dynamics. *Journal of the Academy of Marketing Science, 38,* 288-302.

Felfe, J. (2006). Transformationale und charismatische Führung – Stand der Forschung und aktuelle Entwicklungen. *Zeitschrift für Personalpsychologie, 5,* 163-176.

Fischbach, A. (2009). Cross-national cross-cultural research of emotions at work. In C.E.J. Härtel, N.M. Ashkanasy & W.J. Zerbe (Eds.), *Research on emotions in organizations, Vol. 5: Emotions in groups, organizations and cultures* (pp. 299-325). Bingley: Emerald.

Fischer, L. & Wiswede, G. (2009). *Grundlagen der Sozialpsychologie* (3. Aufl.). München: Oldenbourg.

Fitzgerald, L.F., Drasgow, F., Hulin, C.L., Gelfand, M.J. & Magley, V.J. (1997). Antecedents and consequences of sexual harassment in organizations: A test of an integrated model. *Journal of Applied Psychology, 82,* 578-589.

Flanagan, J.G. (1954). The critical incident technique. *Psychological Bulletin, 51,* 327-358.

Folger, R. & Cropanzano, R. (1997). *Organizational justice and human resource management.* Thousand Oaks, CA: Sage.

Försterling, F. (2006). Attributionstheorien. In H.-W. Bierhoff & D. Frey (Hrsg.), *Handbuch der Sozialpsychologie und Kommunikationspsychologie* (S. 354-362). Göttingen: Hogrefe.

Fourastié, J. (1954). *Dienstleistungen: Die große Hoffnung des 20. Jahrhunderts.* Köln: Dietz.

Franke, G.R. & Park, J.-E. (2006). Salesperson adaptive selling behavior and customer orientation: A meta-analysis. *Journal of Marketing Research, 42,* 693-702.

Frei, R.L. & McDaniel, M.A. (1998). Validity of customer service measures in personnel selection: A review of criterion and construct evidence. *Human Performance, 11,* 1-27.

French, J.R.P. & Raven, B. (1959). The bases of social power. In D. Cartwright (Ed.), *Studies in social power* (pp. 150-167). Ann Arbor, MI: University Press.

Frese, M. & Fay, D. (2001). Personal initiative: An active performance concept for work in the 21st century. *Research in Organizational Behavior, 23,* 133-188.

Fullerton, R.A. & Punj, G. (2004). Repercussions of promoting an ideology of consumption: Consumer misbehavior. *Journal of Business Research, 57,* 1239-1249.

Gabbott, M. & Hogg, G. (2000). An empirical investigation of the impact of non-verbal communication on service evaluation. *European Journal of Marketing, 34,* 384-398.

Gardner, P. (1985). Mood states and consumer behavior: A critical review. *Journal of Consumer Research, 12,* 281-300.

Gelade, G.A. & Young, S. (2005). Test of a service profit chain model in the retail banking sector. *Journal of Occupational and Organizational Psychology, 78,* 1-22.

Georgi, D. (2001). Einfluss der normativen Erwartungen auf die Transaktionsqualität – Bedeutung der Beziehungsqualität. In M. Bruhn & B. Stauss (Hrsg.), *Dienstleistungsmanagement Jahrbuch 2001. Interaktionen im Dienstleistungsbereich* (S. 91-113). Wiesbaden: Gabler.

Gerpott, T.J. & Paukert, M. (2011). Der Zusammenhang zwischen Mitarbeiter- und Kundenzufriedenheit: Eine Metaanalyse. *Zeitschrift für Personalforschung, 25,* 28-54.

Gettman, H.J. & Gelfand, M. J. (2007). When the customer shouldn't be king: Antecedents and consequences of sexual harassment by clients and customers. *Journal of Applied Psychology, 92,* 757-770.

Giardini, A. & Frese, M. (2006). Reducing the negative effects of emotion work in service occupations: Emotional competence as a psychological resource. *Journal of Occupational Health Psychology, 11,* 63-75.

Gibson, C.B., Porath, C.L., Benson, G.S. & Lawler, E.E.III. (2007). What results when firms implement practices: The differential relationship between specific practices, firm financial performance, customer service, and quality. *Journal of Applied Psychology, 92,* 1467-1480.

Goffman, E. (1959). *The presentation of self in everyday life.* New York: Doubleday Anchor.

Goffman, E. (1961). *Asylums: Essays on the social situation of mental patients and other inmates.* New York: Doubleday Anchor.

Goldberg, L.S. & Grandey, A.A. (2007). Display rules versus display autonomy: Emotion regulation, emotional exhaustion, and task performance in a call center simulation. *Journal of Occupational Health Psychology, 12,* 301-318.

Gosserand, R.H. & Diefendorff, J.M. (2005). Emotional display rules and emotional labor: The moderating role of commitment. *Journal of Applied Psychology, 90,* 1256-1264.

Gouthier, M. (2003). *Kundenentwicklung im Dienstleistungsbereich.* Wiesbaden: DUV.

Grandey, A.A. (2003). When „the show must go on": Surface acting and deep acting as determinants of emotional exhaustion and peer-rated service delivery. *Academy of Management Journal, 46,* 86-96.

Grandey, A.A. & Diamond, J.A. (2009). Interactions with the public: Bridging job design and emotional labor perspectives. *Journal of Organizational Behavior, 31,* 338-350.

Grandey, A.A., Dickter, D.N. & Sin, H.-P. (2004). The customer is *not* always right: Customer aggression and emotion regulation of services employees. *Journal of Organizational Behavior, 25,* 397-418.

Grandey, A.A. & Fisk, G.M. (2005). Display rules and strain in service jobs: What's fairness got to do with it? *Research in Occupational Stress and Wellbeing, 3,* 265-293.

Grandey, A.A., Fisk, G.M. & Steiner, D.D. (2005). Must „service with a smile" be stressful? The moderating role of personal control for American and French employees. *Journal of Applied Psychology, 90,* 893-904.

Grandey, A.A., Kern, J.H. & Frone, M.R. (2007). Verbal abuse from outsiders versus insiders: Comparing frequency, impact and emotional exhaustion, and the role of emotional labor. *Journal of Occupational Health Psychology, 12,* 63-79.

Grebner, S., Semmer, N.K., Faso, L.L., Gut, S., Kälin, W. & Elfering, A. (2003). Working conditions, well-being, and job-related attitudes among call center agents. *European Journal of Work and Organizational Psychology, 12,* 341-365.

Grégoire, Y. & Fisher, R.J. (2008). Customer betrayal and retaliation: When your best customers becomes your worst enemies. *Journal of the Academy of Marketing Science, 36,* 247-261.

Gremler, D.D. & Gwinner, K.P. (2008). Rapport-building behavior used by retail employees. *Journal of Retailing, 84,* 308-324.

Grizzle, J.W., Lee, J.M., Zablah, A.R., Brown, T.J. & Mowen, J.C. (2009). Employee customer orientation in context: How the environment moderates the influence of customer orientation on performance outcomes. *Journal of Applied Psychology, 94,* 1227-1242.

Gross, J.J. (1998). Antecedent- and response-focused emotion regulation: Divergent consequences for experience, expression, and physiology. *Journal of Personality and Social Psychology, 74,* 224-237.

Gross, J.J. (2002). Emotion regulation: Affective, cognitive, and social consequences. *Psychophysiology, 39,* 271-299.

Groß-Engelmann, M. (1999). *Kundenzufriedenheit als psychologisches Konstrukt.* Lohmar: Eul.

Groth, M., Hennig-Thurau, T. & Walsh, G. (2009). Customer reactions to emotional labor: The roles of employee acting strategies and customer detection accuracy. *Academy of Management Journal, 52,* 958-974.

Grove, S.J. & Fisk, R.P. (1997). The impact of other customers on service experiences: A critical incident examination of „getting along". *Journal of Retailing, 73,* 63-85.

Gruber, T., Szmigin, I. & Voss, R. (2009). Developing a deeper understanding of the attributes of effective customer contact employees in personal complaint-handling encounters. *Journal of Services Marketing, 23,* 422-435.

Gruca, T.S. & Rego, L.L. (2005). Customer satisfaction, cash flow, and shareholder value. *Journal of Marketing, 69(3),* 115-130.

Gutek, B.A. (1995). *The dynamics of service: Reflections on the changing nature of customer/provider interactions.* San Francisco: Jossey-Bass.

Gutek, B.A. (1999). The social psychology of service interactions. *Journal of Social Issues, 55,* 603-617.

Gutek, B.A., Bhappu, A.D., Liao-Troth, M.A. & Cherry, B. (1999). Distinguishing between service relationships and encounters. *Journal of Applied Psychology, 84,* 218-233.

Gwinner, K.P., Bitner, M.J., Brown, S.W. & Kumar, A. (2005). Service customization through employee adaptiveness. *Journal of Service Research, 8,* 131-148.

Hacker, W. (2009). *Arbeitsgegenstand Mensch: Psychologie dialogisch-interaktiver Erwerbsarbeit.* Lengerich: Pabst.

Haller, S. (2009). *Dienstleistungsmanagement* (4. Aufl.). Wiesbaden: Gabler.

Harris, L.C. & Ogbonna, E. (2002). Exploring service sabotage. The antecedents, types and consequences of frontline, deviant, antiservice behaviors. *Journal of Service Research, 4,* 163-183.

Harris, L.C. & Ogbonna, E. (2006). Service sabotage: A study of antecedents and consequences. *Journal of the Academy of Marketing Science, 34,* 543-558.

Harris, L.C. & Ogbonna, E. (2010). Hiding customer complaints: Studying the motivations and forms of service employees' complaint concealment behaviours. *British Journal of Management, 21,* 262-279.

Harris, L.C. & Reynolds, K.L. (2003). The consequences of dysfunctional customer behaviour. *Journal of Service Research, 6,* 144-161.

Hartline, M.D. & Ferrell, O.C. (1996). The management of customer-contact service employees: An empirical investigation. *Journal of Marketing, 60(4),* 52-70.

Hartline, M.D., Maxham, J.G.III. & McKee, D.O. (2000). Corridors of influence in the dissemination of customer-oriented strategy to customer contact service employees. *Journal of Marketing, 64(2),* 35-50.

Hatfield, E., Cacioppo, J.T. & Rapson, R.L. (1994). *Emotional contagion.* New York: Cambridge University Press.

Hausknecht, J.P., Howard, M.J. & Trevor, C.O. (2009). Unit-level voluntary turnover rates and customer service quality: Implications of group cohesiveness, newcomer concentration, and size. *Journal of Applied Psychology, 94,* 1068-1075.

Hellbrück, J. & Fischer, M. (1999). *Umweltpsychologie. Ein Lehrbuch.* Göttingen: Hogrefe.

Hemphill, J. K. & Coons, A. E. (1957). Development of the Leader Behavior Description Questionaire. In R. M. Stogdill & A. E. Coons (Eds.), *Leader behavior. Its description and measurement.* Research Monograph No. 88, Columbus, 6-38.

Hennig-Thurau, T. (2004). Customer orientation of service employees. Its impact on customer satisfaction, commitment, and retention. *International Journal of Service Industry Management, 15,* 460-478.

Hennig-Thurau, T., Groth, M., Paul, M. & Gremler, D. (2006). Are all smiles created equal? How emotional contagion and emotional labor affect service relationships. *Journal of Marketing, 70(3),* 58-73.

Hershcovis, M.S., Turner, N., Barling, J., Arnold, K.A., Dupré, K.E., Inness, M., Le-Blanc, M.M. & Sivanathan, N. (2007). Predicting workplace aggression: A meta-analysis. *Journal of Applied Psychology, 92,* 228-238.

Herz, A., Beck, A. & Felfe, J. (2009). Organisationales Commitment als Mediator zwischen transformationaler Führung und Kundenzufriedenheit. *Wirtschaftspsychologie, 11(3),* 106-118.

Herzberg, F., Mausner, B. & Snyderman, B.B. (1959). *The motivation to work.* New York: Wiley.

Heskett, J.L., Jones, T.O, Loveman, G.W., Sasser, W.E. Jr. & Schlesinger, L.A. (1994). Putting the service profit chain to work. *Harvard Business Review, 72(2),* 164-170.

Heskett, J.L. & Sasser, W.E.Jr. (2010). The service profit chain. From satisfaction to ownership. In P.P. Maglio, C.A. Kieliszewski & J.C. Spohrer (Eds.), *Handbook of service science* (pp. 19-30). Berlin: Springer.

Hobfoll, S.E. (1989). Conservation of resources: A new attempt at conceptualising stress. *American Psychologist, 44,* 513-524.

Hochschild, A. (1990). *Das gekaufte Herz. Zur Kommerzialisierung der Gefühle.* Frankfurt/M.: Campus.

Höft, S. & Funke, U. (2006). Simulationsorientierte Verfahren der Personalauswahl. In H. Schuler (Hrsg.), *Lehrbuch der Personalpsychologie* (2. Aufl., S. 145-187). Göttingen: Hogrefe.

Hogan, J., Hogan, R. & Busch, C.M. (1984). How to measure service orientation. *Journal of Applied Psychology, 69,* 167-173.

Holman, D., Chissick, C. & Totterdell, P. (2002). The effects of performance monitoring on emotional labor and well-being in call centers. *Motivation and Emotion, 26,* 57-81.

Homburg, C. & Faßnacht, M. (2001). Kundennähe, Kundenzufriedenheit und Kundenbindung bei Dienstleistungsunternehmen. In H. Meffert & M. Bruhn (Hrsg.), *Handbuch Dienstleistungsmanagement* (2. Aufl., S. 441-463). Wiesbaden: Gabler.

Homburg, C. & Stock, R.M. (2002). Führungsverhalten als Einflussgröße der Kundenorientierung von Mitarbeitern: Ein dreidimensionales Konzept. *Marketing – ZFP, 24,* 123-137.

Homburg, C. & Stock, R.M. (2008). Theoretische Perspektiven zur Kundenzufriedenheit. In C. Homburg (Hrsg.), *Kundenzufriedenheit* (5. Aufl., S. 17-52). Wiesbaden: Gabler.

Homburg, C., Wieseke, J. & Bornemann, T. (2009). Implementing the marketing concept at the employee-customer interface: The role of customer need knowledge. *Journal of Marketing, 73(4),* 64-81.

Homburg, C., Wieseke, J. & Hoyer, W. D. (2009). Social identity and the service profit chain. *Journal of Marketing, 73(2),* 38-54.

Horsmann, C. (2005). *Bedingungen und Folgen der Kundenorientierung im persönlichen Verkauf.* Mering: Hampp.

Houston, M.B., Bettencourt, L.A. & Wenger, S. (1998). The relationship between waiting in a service queue and evaluations of service quality: A field theory perspective. *Psychology & Marketing, 15,* 735-753.

Huang, W.-H., Lin, Y.-Ch. & Wen, Y.-Ch. (2010). Attributions and outcomes of customer misbehaviour. *Journal of Business Psychology, 25,* 151-161.

Hülsheger, U.R., Lang, J.W.B. & Maier, G.W. (2010). Emotional labor, strain, and performance: Testing reciprocal relationships in a longitudinal panel study. *Journal of Occupational Health Psychology, 15,* 505-521.

Hui, C., Lam, S.K. & Schaubroeck, J. (2001). Can good citizens lead the way in providing quality service? A field quasi experiment. *Academy of Management Journal, 44,* 988-995.

Hui, M.K. & Tse, D.K. (1996). What to tell consumers in waits of different length: An integrative model of service evaluation. *Journal of Marketing, 60(2),* 81-90.

Humphrey, R.H. & Ashforth, B.E. (1994). Cognitive scripts and prototypes in service encounters. *Advances in Services Marketing and Management, 3,* 175-199.

Humphrey, S.E., Nahrgang, J.D. & Morgeson, F.P. (2007). Integrating motivational, social, and contextual work design features: A meta-analytic summary and theoretical extension of the work design literature. *Journal of Applied Psychology, 92,* 1332-1356.

Hurley, R.F. (1998). Service disposition and personality: A review and a classification scheme for understanding where service disposition has an effect on customers. *Advances in Services Marketing and Management, 7,* 159-191.

Jackson, S.E. & Schuler, R.S. (1985). A meta-analysis and conceptual critique of research on role ambiguity and role conflict in work settings. *Organizational Behavior and Human Decision Processes, 36,* 16-78.

Jacobshagen, N. & Semmer, N.K. (2009). Wer schätzt eigentlich wen? Kunden als Quelle der Wertschätzung am Arbeitsplatz. *Wirtschaftspsychologie, 11(1),* 11-19.

Jensen, O. (2008). Kundenorientierte Vergütungssysteme als Schlüssel zur Kundenzufriedenheit. In C. Homburg (Hrsg.), *Kundenzufriedenheit* (7. Aufl., S. 313-336). Wiesbaden: Gabler.
Johnston, R. & Heineke, J. (1998). Exploring the relationship between perception and performance: Priorities for action. *The Service Industries Journal, 18*, 101-112.
Jonas, E., Kauffeld, S. & Frey, D. (2007). Psychologie der Beratung. In D. Frey & L. von Rosenstiel (Hrsg.), *Wirtschaftspsychologie* (Enzyklopädie der Psychologie, Serie Wirtschafts-, Organisations- und Marktpsychologie, Bd. 6, S. 283-325). Göttingen: Hogrefe.
Jones, E.E. & Gerard, H.B. (1967). *Foundations of social psychology*. New York: Wiley.
Jones, T., Taylor, S.F. & Bansal, H.S. (2008). Commitment to a friend, a service provider, or a service company – are they distinctions worth making? *Journal of the Academy of Marketing Science, 36*, 473-487.
Judge, T.A. & Bono, J.E. (2001). Relationships of core self-evaluations traits – self-esteem, generalized self-efficacy, locus of control, and emotional stability – with job satisfaction and job performance: A meta-analysis. *Journal of Applied Psychology, 86*, 80-92.
Judge, T.A., Piccolo, R.F. & Ilies, R. (2004). The forgotten ones? The validity of consideration and initiating structure in leadership research. *Journal of Applied Psychology, 89*, 36-51.
Judge, T.A., Woolf, E.F. & Hurst, C. (2009). Is emotional labor more difficult for some than for others? A multilevel, experience-sampling study. *Personnel Psychology, 62*, 57-88.

Kaminski, G. (2008). Das Behavior Setting-Konzept – Entstehungsgeschichte und Weiterentwicklung. In E.-D. Lantermann & V. Linneweber (Hrsg.), *Grundlagen, Paradigmen und Methoden der Umweltpsychologie* (Enzyklopädie der Psychologie, Serie Umweltpsychologie, Bd. 1, S. 333-376). Göttingen: Hogrefe.
Kanning, U.P. (2005). *Soziale Kompetenzen. Entstehung, Diagnose und Förderung*. Göttingen: Hogrefe.
Kanning, U.P. (2009). *Diagnostik sozialer Kompetenz* (2. Aufl.). Göttingen: Hogrefe.
Kanning, U.P. & Bergmann, N. (2006). Bedeutung sozialer Kompetenzen für die Kundenzufriedenheit: Zwei Studien. *Zeitschrift für Arbeits- und Organisationspsychologie, 50*, 148-154.
Katz, D. (1964). The motivational basis of organizational behavior. *Behavioral Science, 9*, 131-146.
Katz, D. & Kahn, R.L. (1978). *The social psychology of organizations* (2nd ed.). New York: Wiley.
Katz, K. L., Larson, B.M. & Larson, R.C. (1991). Prescription for the waiting-in-line blues: Entertain, enlighten, and engage. *Sloan Management Review, 32(4)*, 44-53.
Kauffeld, S., Jonas, E. & Schneider, H. (2009). Strategisches Verhalten in der Berater-Klienten-Beziehung. In H. Möller & B. Hausinger (Hrsg.), *Quo vadis Beratungswissenschaft?* (S. 119-139). Wiesbaden: Verlag für Sozialwissenschaft.
Keaveney, S.M. (1995). Customer switching behavior in service industries: An exploratory study. *Journal of Marketing, 59(2)*, 71-82.
Kil, M., Leffelsend, S. & Metz-Göckel, H. (2000). Zum Einsatz einer revidierten und erweiterten Fassung des Job Diagnostic Survey im Dienstleistungs- und Verwaltungssektor. *Zeitschrift für Arbeits- und Organisationspsychologie, 44*, 115-128.
Klaus, P.G. (1984). Auf dem Weg zu einer Betriebswirtschaftslehre der Dienstleistungen: Der Interaktionsansatz. *Die Betriebswirtschaft, 44*, 467-475.
Kray, L.J., George, L.G., Liljenquist, K.A., Galinsky, A.D., Tetlock, P.E. & Roese, N.J. (2010). From what *might* have been to what *must* have been: Counterfactual thinking creates meaning. *Journal of Personality and Social Psychology, 98*, 106-118.

Krumhuber, E.G. & Manstead, A.S.R. (2009). Can Duchenne smiles be feigned? New evidence on felt and false smiles. *Emotion, 9,* 807-820.

Kruse, L. (1986). Drehbücher für Verhaltensschauplätze oder: Scripts für Settings. In G. Kaminski (Hrsg.), *Ordnung und Variabilität im Alltagsgeschehen* (S. 135-153). Göttingen: Hogrefe.

Kumar, P. (2005). The competitive impact of service process improvement: Examining customers' waiting experiences in retail markets. *Journal of Retailing, 81,* 171-180.

Lazarus, R. & Folkman, S. (1984). *Stress, appraisal and coping.* New York: Springer.

Lee, R.T. & Ashforth, B.E. (1996). A meta-analytic examination of the correlates of the three dimensions of job burnout. *Journal of Applied Psychology, 81,* 123-133.

Leigh, T. & McGrew, P.F. (1995). Mapping the procedural knowledge of industrial sales personnel: A script-theoretic investigation. *Journal of Marketing, 53(1),* 16-34.

Lewin, K. (1963). *Feldtheorie in den Sozialwissenschaften.* Bern: Huber.

Liao, H. (2007). Do it right this time: The role of employee service recovery performance in customer-perceived justice and customer loyalty after service failures. *Journal of Applied Psychology, 92,* 475-489.

Liao, H. & Chuang, A. (2004). A multilevel investigation of factors influencing employee service performance and customer outcomes. *Academy of Management Journal, 47,* 41-58.

Liao, H. & Chuang, A. (2007). Transforming service employees and climate: A multilevel, multisource examination of transformational leadership in building long-term service relationships. *Journal of Applied Psychology, 92,* 1006-1019.

Liljander, V. & Mattsson, J. (2002). Impact of customer preconsumption mood on the evaluation of employee behavior in service encounters. *Psychology & Marketing, 19,* 837-860.

Machleit, K.A., Eroglu, S.A. & Powell Mantel, S. (2000). Perceived retail crowding and shopping satisfaction: What modifies the relationship? *Journal of Consumer Psychology, 9,* 29-42.

Madjar, N. & Ortiz-Walters, R. (2009). Trust in supervisors and trust in customers: Their independent, relative, and joint effects on employee performance and creativity. *Human Performance, 22,* 128-142.

Maister, D.H. (1985). The psychology of waiting lines. In J.A. Czepiel, M.R. Solomon & C.F. Surprenant (Eds.), *The service encounter* (pp. 113-123). Lexington, MA: Heath.

Marcus, B. & Schuler, H. (2004). Antecedents of counterproductive behavior at work: A general perspective. *Journal of Applied Psychology, 89,* 647-660.

Marcus, B. & Schuler, H. (2006). Leistungsbeurteilung. In H. Schuler (Hrsg.), *Lehrbuch der Personalpsychologie* (2. Aufl., S. 431-469). Göttingen: Hogrefe.

Martin, C.L. & Pranter, C.A. (1989). Compatibility management: Customer-to-customer relationships in service environments. *Journal of Services Marketing, 3,* 5-15.

Maslach, C. & Jackson, S.E. (1984). Burnout in organizational settings. In S. Oskamp (Ed.), *Applied social psychology annual* (pp. 133-154). Beverly Hills, CA: Sage.

Masterson, S.S. (2001). A trickle-down model of organizational justice: Relating employees' and customers' perceptions of and reactions to fairness. *Journal of Applied Psychology, 86,* 594-604.

Mattila, A. & Enz, C.E. (2002). The role of emotions in service encounters. *Journal of Service Research, 4,* 268-277.

Mattila, A. & Wirtz, J. (2000). The role of preconsumption affect in postpurchase evaluations of services. *Psychology & Marketing, 17,* 587-605.

Maxham, J.G. III & Netemeyer, R.G. (2002). A longitudinal study of complaining customers' evaluations of multiple service failures and recovery efforts. *Journal of Marketing, 66(4)*, 57-71.

Mayer, D.M., Ehrhart, M.G. & Schneider, B. (2009). Service attribute boundary conditions of the service climate-customer satisfaction link. *Academy of Management Journal, 52*, 1034-1050.

McColl-Kennedy, J.R., Patterson, P.G., Smith, A.K. & Brady, M.K. (2009). Customer rage episodes: Emotions, expressions and behaviors. *Journal of Retailing, 85*, 222-237.

Mcintosh, G. (2009). The role of rapport in professional services: Antecedents and outcomes. *Journal of Services Marketing, 23*, 71-79.

Meffert, H. & Bruhn, M. (2009). *Dienstleistungsmarketing* (6. Aufl.). Wiesbaden: Gabler.

Mehra, A. & Schenkel, M.T. (2008). The price chameleons pay: Self-monitoring, boundary spanning and role conflict in the workplace. *British Journal of Management, 19*, 138-144.

Mennerick, L.A. (1974). Client typologies. A method of coping with conflict in the service worker-client relationship. *Sociology of Work and Occupations, 1*, 396-418.

Menon, K. & Dubé, L. (2004). Service provider responses to anxious and angry customers: Different challenges, different payoffs. *Journal of Retailing, 80*, 229-237.

Meuter, M.L., Ostrom, A.L., Roundtree, R.I. & Bitner, M.J. (2000). Self-service technologies: Understanding customer satisfaction with technology-based service encounters. *Journal of Marketing, 64(3)*, 50-64.

Meyer, A. & Blümelhuber, C. (1998). Dienstleistungs-Design: Zu Fragen des Designs von Leistungen, Leistungserstellungs-Konzepten und Dienstleistungs-Systemen. In A. Meyer (Hrsg.), *Handbuch Dienstleistungsmarketing* (S. 911-940). Stuttgart: Schäffer-Poeschel.

Michon, R., Chebat, J.-C. & Turley, L.W. (2005). Mall atmospherics: The interaction effects of the mall environment on shopping behavior. *Journal of Business Research, 58*, 576-583.

Milliman, R.E. (1986). The influence of background music on the behavior of restaurant patrons. *Journal of Consumer Research, 13*, 286-299.

Morin, S., Dubé, L. & Chebat, J.-C. (2007). The role of pleasant music in servicescapes: A test of the dual model of environmental perception. *Journal of Retailing, 83*, 115-130.

Morris, J.A. & Feldman, D.C. (1996). The dimensions, antecedents, and consequences of emotional labor. *Academy of Management Review, 21*, 986-1010.

Mount, M.K., Barrick, M.R. & Stewart, G.L. (1998). Five-factor model of personality and performance in jobs involving interpersonal interactions. *Human Performance, 11*, 145-165.

Munichor, N. & Rafaeli, A. (2007). Number or apologies? Customer reactions to telephone waiting time fillers. *Journal of Applied Psychology, 92*, 511-518.

Nerdinger, F. W. (1992). Bedingungen und Folgen von Burnout bei Schalterangestellten einer Sparkasse. *Zeitschrift für Arbeitswissenschaft, 46*, 77-84.

Nerdinger, F.W. (1994). *Zur Psychologie der Dienstleistung*. Stuttgart: Schäffer-Poeschel.

Nerdinger, F.W. (1997). Konflikte in Dienstleistungstätigkeiten – das Beispiel der Firmenkundenberater. In V. Heyse (Hrsg.), *Kundenbetreuung im Banken- und Finanzwesen* (S. 107-121). Münster: Waxmann.

Nerdinger, F.W. (2001a). Gefühlsarbeit in Dienstleistungsinteraktionen. In M. Bruhn & B. Stauss (Hrsg.), *Interaktionen im Dienstleistungsbereich. Jahrbuch für Dienstleistungsmanagement 2001* (S. 501-519). Wiesbaden: Gabler.

Nerdinger, F.W. (2001b). *Psychologie des persönlichen Verkaufs*. München: Oldenbourg.

Nerdinger, F.W. (2003a). *Kundenorientierung*. Göttingen: Hogrefe.

Nerdinger, F.W. (2003b). Mitarbeiter- und Kundenzufriedenheit. *Zeitschrift für Arbeits- und Organisationspsychologie, 47,* 179-181.

Nerdinger, F.W. (2004). Organizational Citizenship Behavior und Extra-Rollenverhalten. In H. Schuler (Hrsg.), *Organisationspsychologie – Gruppe und Organisation* (Enzyklopädie der Psychologie, Serie Wirtschafts-, Organisations- und Marktpsychologie, Bd. 4, S. 293-333). Göttingen: Hogrefe.

Nerdinger, F.W. (2005a). Verhaltenstheoretische Bausteine der Dienstleistungsökonomie. In H. Corsten & R. Gössinger (Hrsg.), *Dienstleistungsökonomie – Beiträge zu einer theoretischen Fundierung* (S. 129-152). Berlin: Duncker & Humblot.

Nerdinger, F.W. (2005b). Das Zeiterleben von Dienstleistungskunden: Probleme des Wartens. *Wirtschaftspsychologie, 7(3),* 22-27.

Nerdinger, F.W. (2006). Motivierung. In H. Schuler (Hrsg.), *Lehrbuch Personalpsychologie* (2. Aufl., S. 385-407). Göttingen: Hogrefe.

Nerdinger, F.W. (2007a). Dienstleistung. In L. von Rosenstiel & D. Frey (Hrsg.), *Marktpsychologie* (Enzyklopädie der Psychologie, Serie Wirtschafts-, Organisations- und Marktpsychologie, Bd. 5, S. 375-418). Göttingen: Hogrefe.

Nerdinger, F.W. (2007b). Verkäufer-Käufer-Interaktion. In L. von Rosenstiel & D. Frey (Hrsg.), *Marktpsychologie* (Enzyklopädie der Psychologie, Serie Wirtschafts-, Organisations- und Marktpsychologie, Bd. 5, S. 671-708). Göttingen: Hogrefe.

Nerdinger, F.W. (2008a). *Grundlagen des Verhaltens in Organisationen* (2. Aufl.). Stuttgart: Kohlhammer.

Nerdinger, F.W. (2008b). *Unternehmensschädigendes Verhalten erkennen und verhindern.* Göttingen: Hogrefe.

Nerdinger, F.W. (2009). Die Relevanz des Emotional-Contagion-Effekts in der Interaktion zwischen Mitarbeiter und Kunde. *WiSt – Wirtschaftswissenschaftliches Studium, 38(5),* 264-266.

Nerdinger, F.W., Blickle, G. & Schaper, N. (2011). *Arbeits- und Organisationspsychologie* (2. Aufl.). Heidelberg: Springer.

Nerdinger, F.W. & Röper, M. (1999). Emotionale Dissonanz und Burnout im Pflegebereich. *Zeitschrift für Arbeitswissenschaft, 53,* 187-193.

Netemeyer, R.G., Maxham, J.G. III. & Pullig, C. (2005). Conflicts in the work-family interface: Links to job stress, customer service employee performance, and customer purchase intent. *Journal of Markting, 69(2),* 130-143.

Neuberger, O. (2002). *Führen und führen lassen* (6. Aufl.). Stuttgart: Lucius & Lucius.

Neuberger, O. (2006). *Mikropolitik und Moral in Organisationen* (2. Aufl.). Stuttgart: Lucius & Lucius.

Neuman, J. H. & Baron, R. A. (1997). Aggession in the workplace. In R. A. Giacalone & R. J. Greenberg (Eds.), *Antisocial behavior in the workplace* (pp. 37-67). Thousand Oaks: Sage.

Neuman, J. H. & Baron, R. A. (2005). Aggression in the workplace: A social-psychological perspective. In S. Fox & P. E. Spector (Eds.), *Counterproductive work behavior. Investigations of actors and targets* (pp. 13-39). Washington, DC: APA.

Neumann, C. (2011). *Entwicklung und Evaluation eines Trainingsprogramms zur Schulung von kundenorientiertem Verhalten.* Mering: Hampp.

Nishi, L.H., Lepak, D.P. & Schneider, B. (2008). Employee attributions of the „why" of HR practices: Their effects on employee attitudes and behaviors, and customer satisfaction. *Personnel Psychology, 61,* 503-545.

Norton, R.W. (1978). Foundation of a communicator style construct. *Human Communication Research, 4,* 99-112.

Oliver, R.L. (1996). *Satisfaction: A behavioral perspective on the consumer.* Boston, MA: McGraw-Hill.

Ones, D.S. & Viswesvaran, C. (2001). Integrity tests and other criterion-focused occupational personality scales (COPS) used in personnel selection. *International Journal of Selection and Assessment, 9,* 31-39.

Organ, D.W. (1977). A reappraisal and reinterpretation of the satisfaction-causes-performance hypothesis. *Academy of Management Review, 2,* 46-53.

Organ, D.W. (1988). *Organizational citizenship behavior.* Lexington, MA: Lexington Books.

Organ, D.W., Podsakoff, P.M. & MacKenzie, S.B. (2005). *Organizational Citizenship Behavior. Its nature, antecedents and consequences.* Thousand Oaks, CA: Sage.

Orsingher, C., Valentini, S. & de Angelis, M. (2010). A meta-analysis of satisfaction with complaint handling in services. *Journal of the Academy of Marketing Science, 38,* 169-186.

Parasuraman, A., Zeithaml, V.A. & Berry, L.L. (1985). A conceptual model of service quality and its implications for future research. *Journal of Marketing, 49(4),* 41-50.

Parish, J.T., Berry, L.L. & Lam, S.Y. (2008). The effect of the servicescape on service workers. *Journal of Service Research, 10,* 220-238.

Parker, S.K. & Axtell, C.M. (2001). Seeing another view point: Antecedents and outcomes of employee perspective taking activity. *Academy of Management Journal, 44,* 1085-1101.

Payne, S.C. & Webber, S.S. (2006). Effects of service provider attitudes and employment status on citizenship behaviors and customers' attitudes and loyalty behavior. *Journal of Applied Psychology, 91,* 365-378.

Peccei, R. & Rosenthal, P. (2001). Delivering customer-oriented behaviour through empowerment: An empirical test of HRM assumptions. *Journal of Management Studies, 38,* 831-857.

Pfeffer, J. & Salancik, G.R. (1978). *The external control of organizations: A resource dependence perspective.* New York: Harper & Row.

Philipp, A. & Schüpbach, H. (2010). Longitudinal effects of emotional labor on emotional exhaustion and dedication of teachers. *Journal of Occupational Health Psychology, 15,* 494-504.

Ployhart, R.E., Weekley, J.A. & Ramsey, J. (2009). The consequences of human resource stocks and flows: A longitudinal examination of unit service orientation and unit effectiveness. *Academy of Management Journal, 52,* 996-1015.

Pons, F., Laroche, M. & Mourali, M. (2006). Consumer reactions to crowded retail settings: Cross-cultural differences between North America and the Middle East. *Psychology & Marketing, 23,* 555-572.

Pratt, M.G. & Rafaeli, A. (1997). Organizational dress as a symbol of multilayered social identities. *Academy of Management Journal, 40,* 862-898.

Pugh, S.D. (2001). Service with a smile: Emotional contagion in the service encounter. *Academy of Management Journal, 44,* 1018-1027.

Pundt, A. & Nerdinger, F.W. (2010). Transformationale Führung und sozialer Austausch als Bedingungen interner Serviceorientierung. *Die Unternehmung – Swiss Journal of Business Research and Practice, 64,* 66-89.

Raaij, W.F. van & Pruyn, A.T.H. (1998). Customer control and evaluation of service validity and reliability. *Psychology & Marketing, 15,* 811-832.

Rafaeli, A. (1989). When cashiers meet customers: An analysis of the role of supermarket cashiers. *Academy of Management Journal, 32*, 245-273.
Rafaeli, A. (1993). Dress and behavior of customer contact employees: A framework for analysis. *Advances in Services Marketing and Management, 2*, 175-211.
Rafaeli, A., Barron, G. & Haber, K. (2002). The effects of queue structure on attitudes. *Journal of Service Research, 5*, 125-139.
Rafaeli, A. & Kluger, A.N. (2000). Affective reactions to physical appearances. In N.M. Ashkenasy, C.E.J. Hartel & W.J. Zerbe (Eds.), *Emotions in the workplace* (pp. 141-155). Westpoint, CT: Quorum.
Rafaeli, A. & Sutton, R.I. (1987). Expression of emotion as part of the work role. *Academy of Management Review, 12*, 23-37.
Rafaeli, A. & Sutton, R.I. (1990). When clerks meet customers: A test of variables related to emotional expression on the job. *Journal of Applied Psychology, 74*, 385-393.
Rafaeli, A. & Sutton, R.I. (1991). Emotional contrast strategies as means of social influence: Lessons from criminal interrogators and bill collectors. *Academy of Management Journal, 34*, 749-775.
Rafaeli, A., Ziklik, L. & Doucet, L. (2007). The impact of call center employees' customer orientation behaviors on service quality. *Journal of Service Research, 10*, 239-255.
Rank, J., Carsten, J.M., Unger, J.M. & Spector, P.E. (2007). Proactive customer service performance: Relationships with individual, task, and leadership variables. *Human Performance, 20*, 363-390.
Rastetter, D. (2008). *Zum Lächeln verpflichtet. Emotionsarbeit im Dienstleistungsbereich.* Frankfurt/M.: Campus.
Reynolds, K.L. & Harris, L.C. (2005). When service failure is not service failure: An exploration of the forms and motives of „illegitimate" customer complaining. *Journal of Services Marketing, 19*, 321-335.
Reynolds, K.L. & Harris, L.C. (2006). Deviant customer behaviour: An exploration of frontline employee tactics. *Journal of Marketing Theory and Practice, 14*, 95-111.
Reynolds, K.L. & Harris, L.C. (2009). Dysfunctional customer behavior severity: An empirical examination. *Journal of Retailing, 85*, 321-335.
Richter, P.G. (2008). *Architekturpsychologie. Eine Einführung* (3. Aufl.). Lengerich: Pabst.
Rieder, K., Laupper, E., Dorsemagen, C. & Krause, A. (2008). Die Ausbreitung von Selbstbedienungstechnologien und die Konsequenzen im Alltag von Seniorinnen und Senioren. In E. Maier & P. Roux (Hrsg.), *Seniorengerechte Schnittstellen zur Technik* (S. 168-175). Lengerich: Pabst.
Román, S. & Iacobucci, D. (2010). Antecedents and consequences of adaptive selling confidence and behavior: A dyadic analysis of salespeople and their customers. *Journal of the Academy of Marketing Science, 38*, 363-382.
Rosenbaum, M.S. (2006). Exploring the social supportive role of third places in consumers' lives. *Journal of Service Research, 9*, 59-72.
Rosenbaum, M.S., Ward, J., Walker, B.A. & Ostrom, A.L. (2007). A cup of coffee with a dash of love. *Journal of Service Research, 10*, 43-59.
Rosenstiel, L. von (2004). Arbeits- und Organisationspsychologie – wo bleibt der Anwendungsbezug? *Zeitschrift für Arbeits- und Organisationspsychologie, 48*, 87-97.
Rosenstiel, L. von & Nerdinger, F. W. (2011). *Grundlagen der Organisationspsychologie* (7. Aufl.). Stuttgart: Schäffer-Poeschel.
Rosenstiel, L. von & Wegge, J. (2004). Führung. In H. Schuler (Hrsg.), *Organisationspsychologie – Gruppe und Organisation* (Enzyklopädie der Psychologie, Serie Wirtschafts-, Organisations- und Marktpsychologie, Bd. 4, S. 494-558). Göttingen: Hogrefe.

Ross, L. (1977). The intuitive psychologist and his shortcomings: Distortions in the attribution process. *Advances in Experimental Social Psychology, 10,* 173-220.

Rupp, D.E., McCance, A.S. & Grandey, A.A. (2007). A cognitive-emotional theory of customer injustice and emotional labor. Implications for customer service, fairness theory and the multifoci perspective. In D. DeCremer (Ed.), *Advances in the psychology of justice and affect* (pp. 205-232). Charlotte, NC: Information Age.

Rupp, D.E., McCance, A.S., Spencer, S. & Sonntag, K. (2008). Customer (in)justice and emotional labor: The role of perspective taking, anger, and emotional regulation. *Journal of Management, 34,* 903-924.

Rupp, D.E. & Spencer, S. (2006). When customers lash out: The effect of customer interactional injustice on emotional labor and the mediating role of descrete emotions. *Journal of Applied Psychology, 91,* 971-978.

Ryan, A.M. & Ployhart, R.E. (2003). Customer service behavior. In W.C. Borman, D.R. Ilgen & R.J. Klimoski (Eds.), *Handbook of psychology. Vol. 12: Industrial and organizational psychology* (pp. 377-397). New York: Wiley.

Ryan, A.M., Schmit, M. & Johnson, R. (1996). Attitudes and effectiveness: Examining relations at an organizational level. *Personnel Psychology, 48,* 521-536.

Salanova, M., Agut, S. & Peiró, J. M. (2005). Linking organizational resources and work engagement to employee performance and customer loyalty: The mediation of service climate. *Journal of Applied Psychology, 90,* 1217-1227.

Salvaggio, A.N., Nishii, L., Ramesh, A., Schneider, B., Mayer, D.M. & Lyon, J.S. (2007). Manager personality, manager service quality orientation, and service climate: Test of a model. *Journal of Applied Psychology, 92,* 1741-1750.

Scherer, K.R. & Wallbott, H.G. (1990). Ausdruck von Emotionen. In K.R. Scherer (Hrsg.), *Psychologie der Emotion* (Enzyklopädie der Psychologie, Serie Motivation und Emotion, Bd. 3, S. 345-422). Göttingen: Hogrefe.

Schmitt, B.H., Dubé-Rioux, L. & Leclerc, F. (1992). Intrusions into waiting lines: Does the queue constitute a social system? *Journal of Personality and Social Psychology, 63,* 806-815.

Schmitz, G. (2004). Organizational Citizenship Behavior Intention des Kundenkontaktpersonals in Dienstleistungsunternehmen. Theoretische Grundlagen und empirische Befunde. *Marketing – ZFP, 26,* 15-32.

Schneider, B. & Bowen, D.E. (1985). Employee and customer perceptions of service in banks: Replication and extension. *Journal of Applied Psychology, 70,* 423-433.

Schneider, B. & Bowen, D.E. (1995). *Winning the service game.* Boston: Drew.

Schneider, B., Bowen, D.E., Ehrhart, M.E. & Holcombe, K.M. (2000). The climate for service: Evolution of a construct. In N.M. Ashkenasy, C. Wilderom & M.F. Peterson (Eds.), *Handbook of organizational culture and climate* (pp. 21-36). Thousand Oaks, CA: Sage.

Schneider, B., Ehrhart, M.G., Mayer, D.M., Saltz, J.L. & Niles-Jolly, J. (2005). Understanding organization-customer links in service settings. *Academy of Management Journal, 48,* 1017–1032.

Schneider, B., Macey, W.H., Lee, W.C. & Young, S.A. (2009). Organizational service climate drivers of the American Customer Satisfaction Index (ACSI) and financial and market performance. *Journal of Service Research, 12,* 3-14.

Schneider, B., Parkington, J.J. & Buxton, V.M. (1980). Employee and customer perceptions of service in banks. *Administrative Science Quarterly, 25,* 252-267.

Schneider, B., White, S.S. & Paul, M.C. (1998). Linking service climate and customer perceptions of service quality: Test of a causal model. *Journal of Applied Psychology, 83,* 150-163.

Schuler, H. (2000). *Psychologische Personalauswahl* (3. Aufl.). Göttingen: Hogrefe.
Schuler, H. (2002). *Das Einstellungsinterview*. Göttingen: Hogrefe.
Schuler, H., Diemand, A. & Moser, K. (1993). Filmszenen. Entwicklung und Konstruktvalidierung eines neuen eignungsdiagnostischen Verfahrens. *Zeitschrift für Arbeits- und Organisationspsychologie, 37*, 3-9.
Schuler, H. & Höft, S. (2006). Konstruktorientierte Verfahren der Personalauswahl. In H. Schuler (Hrsg.), *Lehrbuch der Personalpsychologie* (2. Aufl., S. 101-144). Göttingen: Hogrefe.
Seery, B.L. & Corrigall, E.A. (2009). Emotional labor: Links to work attitudes and emotional exhaustion. *Journal of Managerial Psychology, 24*, 797-813.
Shamir, B. (1980). Between service and servility: Role conflict in subordinate service roles. *Human Relations, 33*, 741-756.
Sharma, A. & Levy, M. (1995). Categorization of customers by retail salespeople. *Journal of Retailing, 71*, 71-82.
Sheth, J.N. (1976). Buyer-seller interaction: A conceptual framework. *Advances of Consumer Research, 3*, 382-386.
Silvester, J., Patterson, F., Koczwara, A. & Ferguson, E. (2007). „Trust me ...": Psychological and behavioral predictors of perceived physician empathy. *Journal of Applied Psychology, 92*, 519-527.
Singh, J. (2000). Performance productivity and quality of frontline employees in service organizations. *Journal of Marketing, 64(2)*, 15-34.
Skarlicki, D.P., van Jaarsveld, D.D. & Walker, D.D. (2008). Getting even for customer mistreatment: The role of moral identity in the relationship between customer interpersonal injustice and employee sabotage. *Journal of Applied Psychology, 93*, 1335-1347.
Sliter, M., Jex, S., Wolford, K. & McInnerney, J. (2010). How rude! Emotional labor as a mediator between customer incivility and employee outcomes. *Journal of Occupational Health Psychology, 15*, 468-481.
Snipes, R.L., Oswald, S.L., LaTour, M. & Armenakis, A.A. (2005). The effects of specific job satisfaction facets on customer perceptions of service quality: An employee-level analysis. *Journal of Business Research, 58*, 1330-1339.
Snyder, M. (1987). *Public appearances and private realities: The psychology of self-monitoring.* New York: Freeman.
Solomon, M.R., Surprenant, C., Czepiel, J.A. & Gutman, E.G. (1985). A role theory perspective on dyadic interactions: The service encounter. *Journal of Marketing, 49(4)*, 99-111.
Sonntag, K. & Stegmaier, R. (2006). Verhaltensorientierte Verfahren in der Personalentwicklung. In H. Schuler (Hrsg.), *Lehrbuch der Personalpsychologie* (2. Aufl., S. 281-304). Göttingen: Hogrefe.
Sparks, B.A., Bradley, G.L. & Callan, V.J. (1997). The impact of staff empowerment and communication style on customer evaluations: The special case of service failure. *Psychology & Marketing, 14*, 475-493.
Specht, N. & Fichtel, S. (2006). Anstrengung und Fähigkeiten des Kundenkontaktmitarbeiters im Service Encounter als zentrale Determinanten der Kundenzufriedenheit: Eine empirische Analyse aus Kundensicht. In M. Kleinaltenkamp (Hrsg.), *Innovatives Dienstleistungsmarketing in Theorie und Praxis* (S. 122-151). Wiesbaden: Gabler.
Spencer, S. & Rupp, D.E. (2009). Angry, guilty, and conflicted: Injustice toward coworkers heightens emotional labor through cognitive and emotional mechanisms. *Journal of Applied Psychology, 94*, 429-444.
Statistisches Bundesamt (2009). *Der Dienstleistungssektor – Wirtschaftsmotor in Deutschland.* Wiesbaden: Statistisches Bundesamt.

Stauss, B. (1999). Kundenzufriedenheit. *Marketing – ZFP, 21*, 5-24.

Stauss, B. (2000). „Augenblicke der Wahrheit" in der Dienstleistungserstellung – ihre Relevanz und ihre Messung mit Hilfe der Kontaktpunkt-Analyse. In M Bruhn & B. Stauss (Hrsg.), *Dienstleistungsqualität* (3. Aufl., S. 321-340). Wiesbaden: Gabler.

Stegmann, S., Dick, R. van, Ullrich, J., Charalambous, J., Menzel, B., Egold, N. & Wu, T.-C. (2010). Der Work Design Questionnaire. Vorstellung und erste Validierung einer deutschen Version. *Zeitschrift für Arbeits- und Organisationspsychologie, 54*, 1-28.

Stel, M. & Vonk, R. (2009). Empathizing via mimicry depends on whether emotional expressions are seen as real. *European Psychologist, 14*, 342-350.

Stemmler, G., Hagemann, D., Amelang, M. & Bartussek, D. (2010). *Differentielle Psychologie und Persönlichkeitsforschung* (7. Aufl.). Stuttgart: Kohlhammer.

Stock, R.M. & Hoyer, W.D. (2002). Leadership style as driver of salespeople's customer orientation. *Journal of Market-Focused Management, 5*. 355-376.

Stock, R.M. & Hoyer, W.D. (2005). An attitude-behavior model of salespeople's customer orientation. *Journal of the Academy of Marketing Science, 33*, 536-552.

Stock-Homburg, R.M. (2009). *Der Zusammenhang zwischen Mitarbeiter- und Kundenzufriedenheit* (4. Aufl.). Wiesbaden: Gabler.

Stock-Homburg, R.M., Bieling, G. & El Ouadoudi, Y. (2010). Das Stressoren-Ressourcen-Modell der Dienstleistungsinteraktion – eine theoretische Betrachtung. *Die Unternehmung – Swiss Journal of Business Research and Practice, 64*, 43-65.

Strack, F., Martin, L.L. & Stepper, S. (1988). Inhibiting and facilitating conditions of the human smile: A nonobtrusive test of the facial feedback hypothesis. *Journal of Personality and Social Psychology, 54*, 768-777.

Strauss, A., Fagerhaugh, S., Suczek, B. & Wiener, C. (1980). Gefühlsarbeit. Ein Beitrag zur Arbeits- und Berufssoziologie. *Kölner Zeitschrift für Soziologie und Sozialpsychologie, 32*, 629-651.

Sundaram, D.S. & Webster, C. (2000). The role of nonverbal communication in service encounters. *Journal of Services Marketing, 14*, 378-389.

Sutton, R.I. (1991). Maintaining norms about expressed emotions: The case of bill collectors. *Administrative Science Quarterly, 36*, 245-268.

Sutton, R.I. & Rafaeli, A. (1988). Untangling the relationship between displayed emotions and organizational sales: The case of convenience stores. *Academy of Management Journal, 31*, 461-489.

Swan, J.E. & Bowers, M.R. (1998). Service quality and satisfaction. The process of people doing things together. *The Journal of Services Marketing, 12*, 59-72.

Szymanski, D.M. & Henard, D.H. (2001). Customer satisfaction: A meta-analysis of the empirical evidence. *Journal of the Academy of Marketing Science, 29*, 16-35.

Taylor, S. (1995). The effects of filled waiting time and service provider control over delay on evaluations of service. *Journal of the Academy of Marketing Science, 23*, 38-48.

Tiffert, A. (2006). *Entwicklung und Evaluierung eines Trainingsprogramms zur Schulung von Techniken des Emotionsmanagement.* Mering: Hampp.

Totterdell, P. & Holman, D. (2003). Emotion regulation in customer service roles: Testing a model of emotional labor. *Journal of Occupational Health Psychology, 8*, 55-73.

Tschan, F., Rochat, S. & Zapf, D. (2005). It´s not only clients: Studying emotion work with clients and co-workers with an event-sampling approach. *Journal of Occupational and Organizational Psychology, 78*, 195-220.

Ulich, E. (2005). *Arbeitspsychologie* (6. Aufl.). Stuttgart: Schäffer-Poeschel.

Ulich, E. & Wülser, M. (2008). *Gesundheitsmanagement im Unternehmen: Arbeitspsychologische Perspektiven* (3. Aufl.). Wiesbaden: Gabler.

Vandenberghe, C., Bentein, K., Michon, R., Chebat, J.-C., Tremblay, M. & Fils, J.-F. (2007). An examination of the role of perceived support and employee commitment in employee-customer encounters. *Journal of Applied Psychology, 92,* 1177-1187.
Varca, P.E. (2009). Emotional empathy and front line employees: Does it make sense to care about the customer? *Journal of Services Marketing, 23,* 51-56.
Verbeke, W. (1997). Individual differences in emotional contagion of salespersons: Its effect on performance and burnout. *Psychology & Marketing, 14,* 617-636.
Vilnai-Yavetz, I. & Rafaeli, A. (2003). Organizational interactions: A basic skeleton with spiritual tissue. In R.A. Giacalone & C.L. Jurkiewicz (Eds.), *Handbook of workplace spirituality and organizational performance* (pp. 76-92). Armonk, NY: Sharpe.
Voorhees, C.M., Baker, J., Bourdeau, B.L., Brocato, E.D. & Cronin, J.J.Jr. (2009). It depends. Moderating the relationships among perceived waiting time, anger, and regret. *Journal of Service Research, 12,* 138-155.
Voswinkel, St. (2005). *Welche Kundenorientierung? Anerkennung in der Dienstleistungsarbeit.* Berlin: Sigma.
Voß, G.G. (1988). „Schalten und Walten", nichts für sture Bürokraten? Eine Untersuchung der Bedeutung autonomen und innovativen Handelns von Schalterbeschäftigten in öffentlichen Verwaltungen. In K.M. Bolte (Hrsg.), *Mensch, Arbeit und Betrieb* (S. 55-93). Weinheim: VCH.
Voß, G.G. & Rieder, K. (2005). *Der arbeitende Kunde. Wenn Konsumenten zu unbezahlten Mitarbeitern werden.* Frankfurt/M.: Campus.

Wakefield, K.L. & Blodgett, J.G. (1999). Customer response to intangible and tangible service factors. *Psychology & Marketing, 16,* 51-68.
Walsh, G. (2007). Wahrgenommene Kundendiskriminierung in Dienstleistungsunternehmen. Entwicklung eines Bezugsrahmens. *Marketing – ZFP, 29,* 23-39.
Walsh, G. (2009). Disadvantaged consumers' experiences of marketplace discrimination in customer services. *Journal of Marketing Management, 25,* 143-169.
Walsh, G. & Klinner-Möller, N.S. (2010). Die kundenseitige Wahrnehmung von Diskriminierung bei der Dienstleistungserbringung. *Marketing – ZFP, 32,* 218-234.
Weber, W. G. & Rieder, K. (2004). Dienstleistungsarbeit und soziale Entfremdung - theoretische Konzeptualisierung und empirische Hinweise aus einer Studie im Call Center einer Direktbank. In W. Dunkel & G. G. Voß (Hrsg.), *Dienstleistung als Interaktion. Beiträge aus einem Forschungsprojekt* (S. 181-205). München: Hampp.
Webster, C. & Sundaram, D.S. (2009). Effect of service provider's communication style on customer satisfaction in professional services setting: The moderating role of criticality and service nature. *Journal of Services Marketing, 23,* 104-114.
Wegge, J., van Dick, R. & von Bernstorff, C. (2010). Emotional dissonance in call centre work. *Journal of Managerial Psychology, 25,* 596-619.
Weihrich, M. & Dunkel, W. (2003). Abstimmungsprobleme in Dienstleistungsbeziehungen. Ein handlungstheoretischer Zugang. *Kölner Zeitschrift für Soziologie und Sozialpsychologie, 55,* 738-761.
Weiss, H.M. & Cropanzano, R. (1996). Affective events theory: A theoretical discussion of the structure, causes and consequences of affective experiences at work. *Research in Organizational Behavior, 18,* 1-74.
Weitz, B. (1978). Relationship between salesperson performance and understanding of customer decision making. *Journal of Marketing Research, 15,* 501-516.

Wentzel, D., Henkel, S. & Tomczak, T. (2010). Can I live up to that ad? Impact of implicit theories of ability on service employees' responses to advertising. *Journal of Service Research, 13*, 137-152.

Whiting, A. & Donthu, N. (2006). Managing voice-to-voice encounters. Reducing the agony of being put on hold. *Journal of Service Research, 9*, 234-244.

Wieseke, J., Ahearne, M., Lam, S.K. & van Dick, R. (2009). The role of leaders in internal marketing. *Journal of Marketing, 73(2),* 123-145.

Wilk, S.L. & Moynihan, L.M. (2005). Display rule „regulators": The relationship between supervisors and worker emotional exhaustion. *Journal of Applied Psychology, 90,* 917-927.

Williams, K.C. & Spiro, R.L. (1985). Communication style in the salesperson-customer dyad. *Journal of Marketing Research, 22,* 434-442.

Winsted, K.F. (2000). Service behaviors that lead to satisfied customers. *European Journal of Marketing, 34,* 399-417.

Wirtz, J. & McColl-Kennedy, J.R. (2009). Opportunistic customer claiming during service recovery. *Journal of the Academy of Marketing Science, 38,* 654-675.

Wong, C.L. & Tjosvold, D. (1995). Goal interdependence and quality in services marketing. *Psychology & Marketing, 12,* 189-205.

Wright, T.A. & Cropanzano, R. (1998). Emotional exhaustion as a predictor of job performance and voluntary turnover. *Journal of Applied Psychology, 83,* 486-493.

Wrzesniewsky, A. & Dutton, J.E. (2001). Crafting a job: Revisioning employees as active crafters of their work. *Academy of Management Review, 26,* 179-201.

Yagil, D. (2008). When the customer is wrong: A review of research on aggression and sexual harassment in service encounters. *Aggression and Violent Behavior, 13,* 141-152.

Zapf, D. (1999). Mobbing in Organisationen. Überblick zum Stand der Forschung. *Zeitschrift für Arbeits- und Organisationspsychologie, 43,* 1-25.

Zapf, D. (2002). Emotion work and psychological well-being. A review of the literature and some conceptual considerations. *Human Resource Management Review, 12,* 237-268.

Zapf, D. & Holz, M. (2006). On the positive and negative effects of emotion work in organizations. *European Journal of Work and Organizational Psychology, 15,* 1-28.

Zeithaml, V.A. (1981). How consumer evaluation processes differ between goods and services. In J.A. Donnelly & W.R. George (Eds.), *Marketing of services* (pp. 186-190). Chicago, IL: AMA.

Zeithaml, V., Parasuraman, A. & Berry, L.L. (1992). *Qualitätsservice.* Frankfurt/M.: Campus.

Zhang, J., Beatty, S.E. & Mothersbaugh, D. (2010). A CIT investigation of other customers' influence in services. *Journal of Services Marketing, 24,* 389-399.

Friedemann W. Nerdinger

Kundenorientierung

(Reihe: »Praxis der Personalpsychologie«, Band 4)
2003, VI/97 Seiten,
€ 24,95 / sFr. 42,–
(Im Reihenabonnement
€ 19,95 / sFr. 33,90)
ISBN 978-3-8017-1476-5

Der Band stellt theoretische Modelle der Kundenzufriedenheit und Methoden zu ihrer Erfassung vor. Detailliert wird das Vorgehen bei der Rekrutierung und Auswahl von Mitarbeitern, bei der Beurteilung ihrer Leistung, beim Training notwendiger Fähigkeiten und bei der Belohnung kundenorientierten Verhaltens beschrieben.

Heinz Schuler
Karlheinz Sonntag (Hrsg.)

Handbuch der Arbeits- und Organisationspsychologie

(Reihe: »Handbuch der Psychologie«, Band 6)
2007, 838 Seiten, geb.,
€ 59,95 / sFr. 99,–
(Bei Abnahme von mind. 4 Bänden in Folge € 49,95 / sFr. 84,–)
ISBN 978-3-8017-1849-7

Das Handbuch vermittelt die Essenz des heutigen Wissens auf dem Gebiet der Arbeits- und Organisationspsychologie. Auf der Basis der wichtigsten Theorien und Methoden spannen die Beiträge einen weiten Bogen, der von der Arbeitsgestaltung über individuelles und Gruppenverhalten, Personalgewinnung und -auswahl bis zur Veränderung von Organisationen reicht. Das Handbuch eignet sich als Nachschlagewerk und Lehrtext für Studierende, Fachkollegen und Angehörige von Nachbardisziplinen sowie zur raschen, kompetenten Information für alle, die an Fragen der Arbeits- und Organisationspsychologie interessiert sind.

Friedemann W. Nerdinger

Unternehmensschädigendes Verhalten erkennen und verhindern

(Reihe: »Praxis der Personalpsychologie«, Band 15)
2008, VI/90 Seiten,
€ 24,95 / sFr. 42,–
(Im Reihenabonnement
€ 19,95 / sFr. 33,90)
ISBN 978-3-8017-1971-5

Das Buch gibt einen praxisorientierten Überblick über aktuelle Erkenntnisse zum unternehmensschädigenden Verhalten und zeigt Konsequenzen für die Praxis auf. Als mögliche Bedingungen unternehmensschädigenden Verhaltens werden Persönlichkeitsmerkmale, Merkmale der Arbeit, der Arbeitsgruppe bzw. der Organisation beschrieben. Zudem wird auf die Rolle von Kontrollsystemen und von erlebter Ungerechtigkeit eingegangen. Schließlich werden Möglichkeiten der Prävention sowie der Schadensbegrenzung dargestellt.

Erich M. Kirchler

Wirtschaftspsychologie

Individuen, Gruppen, Märkte, Staat

4., vollständig überarbeitete und erweiterte Auflage 2011
ca. 950 Seiten, geb.,
ca. € 59,– / sFr. 89,–
ISBN 978-3-8017-2362-0

Die Neubearbeitung des Lehrbuches befasst sich mit menschlichem Erleben und Verhalten in verschiedenen Bereichen der Wirtschaft. Nach einer Einführung in die ökonomische Psychologie werden die Grundlagen von (Finanz-)Entscheidungen dargestellt. Besondere Aufmerksamkeit wird Konsum-, Arbeits- und Kapitalmärkten gewidmet. Weitere Kapitel beschäftigen sich mit Alltagstheorien über die Wirtschaft und dem Verhalten von Steuerzahlen sowie der Frage, ob Wohlstand und Wohlbefinden zusammenhängen.

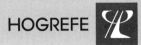

Hogrefe Verlag GmbH & Co. KG
Rohnsweg 25 · 37085 Göttingen · Tel: (0551) 49609-0 · Fax: -88
E-Mail: verlag@hogrefe.de · Internet: www.hogrefe.de

Die Buchreihe:
Wirtschaftspsychologie

Herausgegeben von Heinz Schuler

Heinz Schuler
Assessment Center zur Potenzialanalyse
Band 26: 2007, X/397 Seiten, geb.
€ 49,95 / sFr. 79,–
ISBN 978-3-8017-2035-3

Rosina M. Gasteiger
Selbstverantwortliches Laufbahnmanagement
Das proteische Erfolgskonzept
Band 27: 2007, 243 Seiten, geb.
€ 34,95 / sFr. 59,–
ISBN 978-3-8017-2087-2

Jörg Felfe
Mitarbeiterbindung
Band 28: 2008, 259 Seiten, geb.
€ 36,95 / sFr. 62,–
ISBN 978-3-8017-2132-9

Weitere Bände der Reihe:

Band 3 Führungsinstrument Mitarbeiterbefragung · Band 4 Mitarbeiterentsendung ins Ausland · Band 5 Psychologische Personalauswahl · Band 6 Assessment-Center · Band 7 Sex-Appeal in der Werbung · Band 8 Ethik in Organisationen · Band 10 Erfolgreiche Unternehmensgründer · Band 11 Formen der Kooperation · Band 13 Unternehmerisch erfolgreiches Handeln · Band 14 Kontraproduktives Verhalten im Betrieb · Band 15 Personalmanagement in Europa · Band 16 Perspektiven der Potentialbeurteilung · Band 17 Projektgruppen in Organisationen · Band 18 Konflikte in Organisationen · Band 20 Produktivitätsverbesserung durch zielorientierte Gruppenarbeit · Band 21 Das Einstellungsinterview · Band 22 Eigenverantwortung für Organisationen · Band 23 Innovation und Information · Band 24 Beurteilung und Förderung beruflicher Leistung · Band 25 Arbeitszufriedenheit

www.hogrefe.de

Hogrefe Verlag GmbH & Co. KG
Rohnsweg 25 · 37085 Göttingen · Tel: (0551) 49609-0 · Fax: -88
E-Mail: verlag@hogrefe.de · Internet: www.hogrefe.de